住房和城乡建设部"十四五"规划教材

"十三五"江苏省高等学校重点教材（编号：2020-2-259）

高等职业教育建筑设备类专业群"互联网+"活页式创新系列教材

安全技术防范系统工程

王建玉　主　编

中国建筑工业出版社

图书在版编目（CIP）数据

安全技术防范系统工程/王建玉主编. —北京：
中国建筑工业出版社，2022.7（2024.11重印）
住房和城乡建设部"十四五"规划教材　"十三五"
江苏省高等学校重点教材（编号：2020-2-259）　高等职
业教育建筑设备类专业群"互联网+"活页式创新系列教
材
ISBN 978-7-112-27230-3

Ⅰ.①安… Ⅱ.①王… Ⅲ.①保卫工作—高等职业学
校—教材 Ⅳ.①D631.3

中国版本图书馆CIP数据核字（2022）第047676号

　　本教材作为住房和城乡建设部"十四五"规划教材以及"十三五"江苏省高等学校重点教
材，全面对接安防工程技术行业的技术行业标准、工作标准和职业资格标准，以项目为载体、任
务为驱动，全面介绍了安全技术防范系统的基本概念、视频监控系统、入侵报警系统、出入口控
制系统、电子巡更系统以及停车场管理系统的设计与施工方法。本书作为活页式教材所有的知识
点和技能点都有课程资源支撑，是教育部国家级教学资源库（建筑智能化工程技术专业）配套教
材，读者只需扫描书中的二维码即可免费观看相关内容。

　　本教材主要针对建筑设备类等专业的学生编写，同时也适用于安全防范系统工程技术的设
计、施工以及运行维护的技术和管理人员参考和学习。为了便于本课程教学，作者自制免费课件
资源，索取方式为：1. 邮箱：jckj@cabp.com.cn；2. 电话：（010）58337285；3. 建工书院：http://
edu.cabplink.com；4. QQ交流群：786735312。

责任编辑：司　汉
文字编辑：胡欣蕊
书籍设计：锋尚设计
责任校对：李欣慰

教学服务群

住房和城乡建设部"十四五"规划教材
"十三五"江苏省高等学校重点教材（编号：2020-2-259）
高等职业教育建筑设备类专业群"互联网+"活页式创新系列教材

安全技术防范系统工程
王建玉　主　编

*

中国建筑工业出版社出版、发行（北京海淀三里河路9号）
各地新华书店、建筑书店经销
北京锋尚制版有限公司制版
北京市密东印刷有限公司印刷

*

开本：787毫米×1092毫米　1/16　印张：16　字数：320千字
2022年8月第一版　　2024年11月第四次印刷
定价：**49.00**元（赠教师课件）
ISBN 978-7-112-27230-3
（39098）

出 版 说 明

　　党和国家高度重视教材建设。2016年，中办国办印发了《关于加强和改进新形势下大中小学教材建设的意见》，提出要健全国家教材制度。2019年12月，教育部牵头制定了《普通高等学校教材管理办法》和《职业院校教材管理办法》，旨在全面加强党的领导，切实提高教材建设的科学化水平，打造精品教材。住房和城乡建设部历来重视土建类学科专业教材建设，从"九五"开始组织部级规划教材立项工作，经过近30年的不断建设，规划教材提升了住房和城乡建设行业教材质量和认可度，出版了一系列精品教材，有效促进了行业部门引导专业教育，推动了行业高质量发展。

　　为进一步加强高等教育、职业教育住房和城乡建设领域学科专业教材建设工作，提高住房和城乡建设行业人才培养质量，2020年12月，住房和城乡建设部办公厅印发《关于申报高等教育职业教育住房和城乡建设领域学科专业"十四五"规划教材的通知》（建办人函〔2020〕656号），开展了住房和城乡建设部"十四五"规划教材选题的申报工作。经过专家评审和部人事司审核，512项选题列入住房和城乡建设领域学科专业"十四五"规划教材（简称规划教材）。2021年9月，住房和城乡建设部印发了《高等教育职业教育住房和城乡建设领域学科专业"十四五"规划教材选题的通知》（建人函〔2021〕36号）。为做好"十四五"规划教材的编写、审核、出版等工作，《通知》要求：（1）规划教材的编著者应依据《住房和城乡建设领域学科专业"十四五"规划教材申请书》（简称《申请书》）中的立项目标、申报依据、工作安排及进度，按时编写出高质量的教材；（2）规划教材编著者所在单位应履行《申请书》中的学校保证计划实施的主要条件，支持编著者按计划完成书稿编写工作；（3）高等学校土建类专业课程教材与教学资源专家委员会、全国住房和城乡建设职业教育教学指导委员会、住房和城乡建设部中等职业教育专业指导委员会应做好规划教材的指导、协调和审稿等工作，保证编写质量；（4）规划教材出版单位应积极配合，做好编辑、出版、发行等工作；（5）规划教材封面和书脊应标注"住房和城乡建设部'十四五'规划教材"字样和统一标识；（6）规划教材应在"十四五"期间完成出版，逾期不能完成的，不再作为《住房和城乡建设领域学科专业"十四五"规划教材》。

住房和城乡建设领域学科专业"十四五"规划教材的特点，一是重点以修订教育部、住房和城乡建设部"十二五""十三五"规划教材为主；二是严格按照专业标准规范要求编写，体现新发展理念；三是系列教材具有明显特点，满足不同层次和类型的学校专业教学要求；四是配备了数字资源，适应现代化教学的要求。规划教材的出版凝聚了作者、主审及编辑的心血，得到了有关院校、出版单位的大力支持，教材建设管理过程有严格保障。希望广大院校及各专业师生在选用、使用过程中，对规划教材的编写、出版质量进行反馈，以促进规划教材建设质量不断提高。

住房和城乡建设部"十四五"规划教材办公室

2021年11月

前　言

　　构建中国特色职业教育体系的重要内容之一就是改革教材，增强教材的实操性，突出职业特色，强调个性化、差异化，强化理论与实践的结合。本书作为新型活页式教材相对于传统教材，具有主体的联合性、内容的开放性、更新的及时性、使用的便捷性，更加符合职业人才培养要求。

　　安全技术防范系统的设计、施工、运行和维护是建筑智能化工程技术及相关专业学生必须掌握的基本技能，也是建筑智能化工程技术岗位群必备的核心职业能力。编者基于多年的教学经验，根据安全技术防范系统最新的发展编写，在介绍安全技术防范系统工程概念的基础之上，对视频监控、入侵报警、门禁系统、电子巡更和停车场系统的设计、安装、调试和维护等进行了详细讲解，使教材具有以下特点：

　　1. 融入课程思政，发挥价值引领作用

　　教材在每个项目中都确立了思政目标，注重对学生健全的人格、发展能力、责任意识、创新能力等方面的培养，将"育德"与"修技"有机结合，提高学生就业创业能力。

　　2. 对接行业标准，服务产业转型升级

　　教材全面对接建筑智能化行业的发展，根据安全技术防范系统产业转型升级和职业岗位需求，将安全技术防范系统工作的新设备、新技术、新工艺和新方法融入课程中。

　　3. 共同开发资源，支撑教材活页式呈现

　　教材为活页式教材，基于教育部国家级教学资源库（建筑智能化工程技术专业）中的标准化课程，有全国100余所高职院校、40余家大型企业和科研院所支持，能够将及时更新资源，把企业最新的技术和产品提供给学生。

4. 适应课堂革命，优化教学流程

教材以实际工程项目为载体、任务为驱动，模块化教学，通过教学目标与思路、学生任务单、知识与技能、问题思考和知识拓展等环节，打破了传统的教学流程，为以学生为中心，创设师生共同课堂奠定了基础。

本书由江苏城乡建设职业学院王建玉教授主编并统稿，黑龙江建筑职业技术学院董娟、重庆电子工程职业学院杨张利为副主编并审核稿件。项目1由江苏城乡建设职业学院王建玉老师编写，项目2由江苏城乡建设职业学院管名豪老师编写，项目3由江苏城乡建设职业学院张超老师编写，项目4由江苏城乡建设职业学院陈滨掖老师编写，项目5、6由江苏城乡建设职业学院言娟老师编写，全书由王建玉老师统稿，由江苏新有建设集团有限公司吕建文总工程师、江苏达实久信医疗科技有限公司奚军总经理主审。

由于时间仓促，且作者水平有限，难免会有错漏之处，敬请广大读者批评指正。

目 录

项目 1　安全技术防范系统概述　　1

任务1.1　安全技术防范系统的认知　　2

任务1.2　安全技术防范系统的设计　　12

任务1.3　安全技术防范系统的施工　　29

项目 2　视频监控系统的设计与施工　　42

任务2.1　视频监控系统的认知　　43

任务2.2　视频监控系统的设计　　60

任务2.3　视频监控系统的安装与接线　　68

任务2.4　视频监控系统的设置与调试　　75

项目 **3**　入侵报警系统的设计与施工　93

任务3.1　入侵报警系统的认知　94

任务3.2　入侵报警系统的设计　112

任务3.3　入侵报警系统的安装与接线　119

任务3.4　入侵报警系统的设置与调试　131

项目 **4**　出入口控制系统的设计与施工　146

任务4.1　出入口控制系统的认知　147

任务4.2　出入口控制系统的设计　156

任务4.3　出入口控制系统的安装与接线　165

任务4.4　出入口控制系统的设置与调试　171

项目 **5**　电子巡更系统的设计与施工　177

任务5.1　电子巡更系统的认识　178

任务5.2　电子巡更系统的设计　184

任务5.3　电子巡更系统的安装与接线　192

任务5.4　电子巡更系统的设置与调试　197

项目 6 停车库（场）管理系统的设计与施工   206

任务6.1 停车库（场）管理系统的认知   207

任务6.2 停车库（场）管理系统的设计   216

任务6.3 停车库（场）管理系统的安装与接线   226

任务6.4 停车库（场）管理系统的设置与调试   233

附录   **工程项目平面图及实训平台位置图**   241

参考文献   245

CHAPTER 1

项目 1

安全技术防范
系统概述

任务 1.1　安全技术防范系统的认知
任务 1.2　安全技术防范系统的设计
任务 1.3　安全技术防范系统的施工

任务 1.1
安全技术防范系统的认知

1.1.1 教学目标与思路

【教学目标】

知识目标	能力目标	素养目标	思政要素
1. 熟悉安全技术防范系统的基本概念和主要功能； 2. 掌握安全技术防范系统的工作原理和系统结构。	1. 能绘制安全技术防范系统的原理图； 2. 能说明各子系统的主要功能和作用。	具有良好的倾听能力，能有效地获得各种资讯。	1. 培养民族自豪感； 2. 树立以人为本，预防为主，安全第一的思想。

【学习任务】对安全技术防范系统的概念、内涵、主要功能有一个全面的了解，为系统的规划、设计、施工和维护打下基础。

【建议学时】4~6学时。

【思维导图】

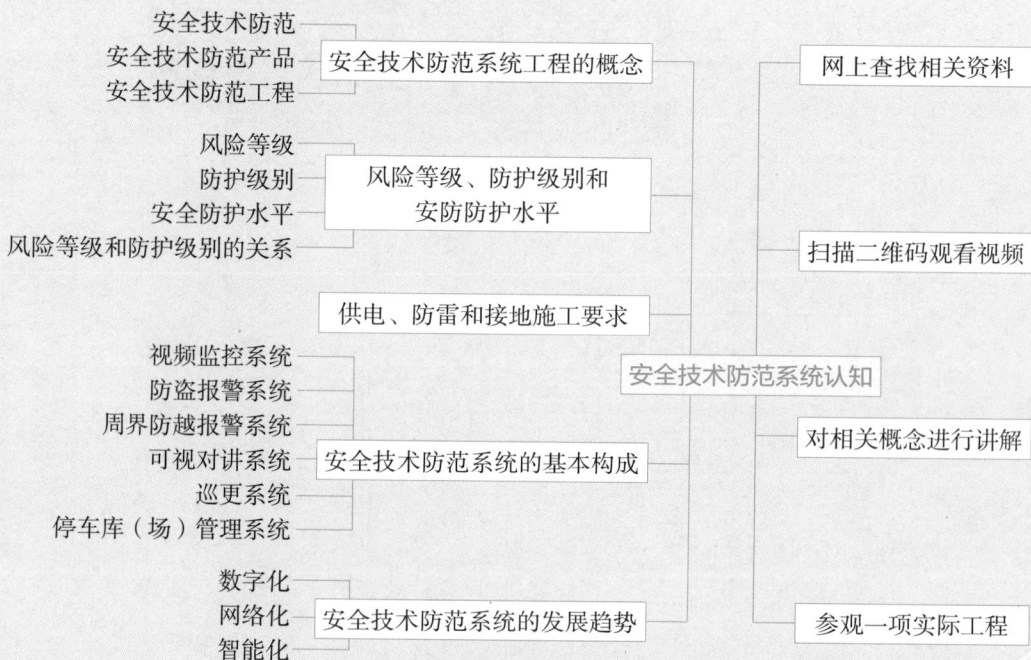

1.1.2 学生任务单

任务名称	安全技术防范系统的认知	
学生姓名	班级学号	
同组成员		
负责任务		
完成日期	完成效果	
	教师评价	

自学简述	课前预习	学习内容、浏览资源、查阅资料		
	拓展学习	任务以外的学习内容		
任务研究	完成步骤	用流程图表达		
	任务分工	任务分工	完成人	完成时间

		本人任务					
		角色扮演					
		岗位职责					
		提交成果					
任务实施	完成步骤	第1步					
		第2步					
		第3步					
		第4步					
		第5步					
	问题求助						
	难点解决						
	重点记录	完成任务过程中，用到的基本知识、公式、规范、方法和工具等				成果提交	
学习反思	不足之处						
	待解问题						
	课后学习						
过程评价	自我评价（5分）	课前学习	时间观念	实施方法	知识技能	成果质量	分值
	小组评价（5分）	任务承担	时间观念	团队合作	知识技能	成果质量	分值

1.1.3 知识与技能

1. 知识点——安全技术防范系统的概念

（1）安全技术防范

所谓安全技术防范（一般简称为"技防"）是指以运用技防产品、实施技防工程为手段，结合各种相关现代科学技术，预防、制止违法犯罪和重大治安事故，维护社会公共安全的活动（《安全防范系统验收规则》GA 308）。

安全技术防范是以安全防范技术为先导，以人防为基础，以技防和物防为手段，所建立的一种具有探测、延迟、反应有序结合的安全防范服务保障体系。它是以预防损失和预防犯罪为目的的一项公安保卫业务和社会公共事业。

（2）安全技术防范产品

安全技术防范产品是指用于防入侵、防盗窃、防抢劫、防破坏、防爆炸和安全检查等方面的特种器材（《安全防范系统验收规则》GA 308）。

安全技术防范产品现阶段主要包括：入侵探测和防盗报警设备、视频监视与监控设备、出入口目标识别与控制设备、报警信息传输设备、实体防护设备、防爆安检设备、固定目标和移动目标防盗防劫设备、相应的软件，以及由它们组合和集成的系统。

安全技术防范产品是一种专用的特殊产品，国家制订了专门的《安全技术防范产品目录》。目前，我国对安全技术防范产品的生产和销售分别实行工业产品生产许可证制度、安全认证制度、生产登记制度。也就是说，任何单位和个人都不得生产、销售和使用没有经过许可的技防产品。

（3）安全技术防范工程

安全技术防范工程（设施、系统）是指以维护社会公共安全和预防、制止重大治安事故为目的，综合运用技防产品和其他相关产品所组成的电子系统或网络（《安全防范系统验收规则》GA 308）。

具体地讲，安全技术防范工程是指以安全防范为目的，将具有防入侵、防盗窃、防抢劫、防破坏、防爆炸（五防）功能的专用设备、软件有效地组合成一个有机整体，构成一个具有探测、延迟、反应综合功能的技术网络。安全技术防范工程是人、设备、技术、管理的综合产物。

2. 知识点——风险等级、防护级别和安全防护水平

（1）风险等级

风险等级是指存在于人和财产（被保护对象）周围，并对他（它）们构成严重威胁的程度。这里所说的威胁，主要是指可能产生的人为的威胁（或风险）。

被保护对象的风险等级，主要根据其人员、财产、物品的重要价值、日常业务数量、所处地理环境、受侵害的可能性以及公安机关对其安全水平的要求等因素，综合确定。一般分为三级：一级风险为最高风险，二级风险为高风险，三级风险为一般风险。

（2）防护级别

防护级别是指对人和财产安全所采取的防范措施（技术的和组织的）水平。防护级别的高低，既取决于技术防范的水平，也取决于组织管理的水平。

被保护对象的防护级别，主要由所采取的综合安全防范措施（人防、物防、技防）的硬件、软件水平来确定。一般也分为三级，一级防护为最高安全防护，二级防护为高安全防护，三级防护为一般安全防护。

重要场所的风险等级和防护级别的具体划分办法，公安部制定了相关的技术标准，如：银行营业场所、文物系统（博物馆）、军工产品储存的风险等级和安全防护级别的规定等。各有关单位参照标准、按照程序划分。技防工程从业单位在安全技术防范工程设计和施工过程中，要严格按照风险等级和防护级别的标准进行技防工程的设计和施工，使被保护的对象达到安全防护的要求。

（3）安全防护水平

安全防护水平是指风险等级被防护级别所覆盖的程度，即达到或实现安全的程度。安全防护水平，是一个难以量化的定性概念。它既与安全技术防范工程设施的功能、可靠性、安全性等因素有关，更与系统的维护、使用、管理等因素有关。对安全防护水平的正确评估，往往需要在工程竣工验收后经过相当长时间的运营，才能做出。

（4）风险等级和防护级别的关系

一般来说，风险等级与防护级别的划分应有一定的对应关系：各风险的对象应采取高级别的防护措施，才能获得高水平的安全防护。如果高风险的对象采用低级别的防护，安全性必然差，被保护的对象很容易发生危险；但如果低风险的对象采用高级别的防护，安全水平当然高，但这种工程就会造成经济上的浪费，也是不可取的。

3. 知识点——安全技术防范系统的基本构成

1.1-3
安全技术防范系统的
基本构成

安全技术防范系统的结构模式经历了一个由简单到复杂、由分散到组合再到集成的发展变化过程。从早期单一分散的电子防盗报警器或者是由多个报警器组成的防盗报警系统，到后来的报警联网系统、报警-监控系统，发展到防盗报警-视频监控-出入口控制等综合防范系统。近年来，在智能建筑和社区安全防范中，又形成了视频监控、防盗报警、周界防越、可视对讲、巡更和停车库（场）管理等系统综合监控与管理的系统结构模式。

（1）视频监控系统，其主要功能是对建筑物内的现场环境进行实时图像监视。它使管理人员在控制室中能观察到建筑物内所有重要地点的情况，对楼内各种设备的运行和人员活动进行监视。如在出入口、主要通道、车库等重要场所安装摄像机，将监视区的情况以图像方式实时传送到管理中心，值班人员通过监视器可以随时了解这些重要场所的情况。

（2）防盗报警系统，是根据各类建筑中的公共安全防范管理的要求，并根据防范区域及部位的具体情况，安装红外线或微波探测器等各种类型的探测设备和系统报警控制设备，实现对防范区域的非法入侵、火警等异常情况进行及时、准确、可靠报警的安全防范系统。

（3）周界防越报警系统，其主要由设在被保护区周界（或围墙）上的检测装置（如红外收发器、振动传感器、接近感应线等）、周界报警器、设在终端控制室的报警控制主机，以及各种报警联动装置和传输线路等构成。在布防状态下，一旦入侵者企图跨越周界（或围墙），即发生报警；终端控制室主机显示器上便可清楚地看到现场报警部位。利用周界防范系统就可实施对场区的封闭式保护。通常周界报警系统大多采用两种方案，一种采用主动红外对射报警设备，另一种采用周界感应电缆报警设备。

（4）可视对讲系统，是一套现代化的小康住宅服务措施，提供访客与住户之间双向可视通话，达到图像、语音双重识别从而增加安全可靠性，同时节省大量的时间，提高了工作效率。更重要的是，一旦住家内所安装的门磁开关、红外报警探测器、烟雾探险测器、瓦斯报警器等设备连接到可视对讲系统的保全型室内机上以后，可视对讲系统就升级为一个安全技术防范网络，它可以与住宅小区物业管理中心或小区警卫有线或无线通信，从而起到防盗、防灾、防煤气泄漏等安全保护作用，为业主的生命财产安全提供最大程度的保障。

（5）巡更系统，能对巡更地点、巡更状态、巡更人员进行数字标识，可以将任意的巡更地点按需要定义为不同的巡更路线。这些巡更路线可以根据各个部位的具体管理规定进行巡更规定的定义。用户可通过巡更规则的使用，定义每条线路每天的巡更次数和巡更时间。巡更线路上的每个巡更地点均可以规定时间间隔和允许误差，并可利用状态模板，由巡更人员记录当时巡更地点周围的环境状态或设备工作状态。在巡更结束后，管理人员可以通过管理软件将记录的数据传送到个人电脑，并根据制定的巡更规则，对全部数据进行自动化处理，最后可将检查结果直观地进行显示，这些检查的结果可以在管理系统中保存、查询和报表打印。在各层走廊设置巡更钮（点），确保巡更人员可以巡更到大楼的各个角落。

（6）停车库（场）管理系统，是通过计算机、网络设备、车道管理设备搭建的一套对停车场车辆出入、场内车流引导、收取停车费进行管理的网络系统。它通过采集记录车辆出入记录、场内位置，实现车辆出入和场内车辆的动态和静态的综合管理。前期系统一般以射频感应卡为载体，目前使用广泛的光学数字镜头车牌识别方式代替传统射频卡计费，通过感应卡记录车辆进出信息，通过管理软件实现收费账务管理、车道设备控制等功能。

4．知识点——安全技术防范系统的发展趋势

随着现代化科学技术的飞速发展，犯罪分子犯罪智能性、复杂性、隐蔽性更强，因此促使安全防范技术手段不论在器件上还是系统功能上都要有飞速的发展。器件上的探测器由原来的比较简单、功能单一的产品发展成多种技术复合的新产品。如用微波与被动红外复合的双鉴探测器，在控制器范围内，只有两种探测器都产生报警信号时，才能输出报警信号，从而大大降低了误报率；又如用声音和振动技术复合的双鉴式玻璃探测器，只有在同时感受到玻璃破碎时的高频声音和玻璃振动时的振动，才发出报警信号等。

视频监控系统的飞速发展，使安防技术防范系统更有效、更直观。日夜摄像机使安防技术防范系统实现全天候及昼夜工作，摄像机的微型化和智能化使探测器更隐蔽。数字化的硬盘录像机代替了过去的多画面分割、控制主机与长延时磁带录像机等，使系统更加简单，并增加了视频移动探测报警，也使远距离传输联网变得容易。数字化系统的出现，不仅大大减少了系统的设备数量，使系统更加可靠，而且监控的范围也越来越大，距离也越来越远。探测信号用数字式的有线与无线传输，大大降低了施工过程中的布线工作量，并节约了材料和劳力。

目前，几个分系统可构成一个综合的安防系统，它既有视频监视、入侵防盗、门禁控制的功能，又有防火、防爆和安全检查的功能。当某一被探测点发出报警信号时，能自动向报警中心报警，而报警中心也能自动探知报警信号的性质、地点等。

安全技术防范系统的发展趋势是数字化、网络化、智能化。显然，要想网络化必先数字化，而要想系统真正智能化，必须网络化。

（1）安全技术防范系统的数字化

由于数字信号具有频谱效率高、抗干扰性强、失真小等优点，因而可使传统的安全技术防范系统，在图像数字化技术的基础上逐步转为以图像探测和数字图像处理为核心，并利用数字图像压缩技术和调制解调制技术远程传输动态图像。

安全技术防范系统数字化的真正标志，应是系统中的视频、音频、控制与数据等信息流从模拟转换为数字。这样，才能从本质上改变安全技术防范系统从信息采集、数据传输、处理和系统控制等的方式和结构形态，实现安全技术防范系统中的各种技术设备和子系统间的无缝连接，从而能在统一的操作平台上实现管理和控制，为安全技术防范系统的网络化打下坚实的基础。

（2）安全技术防范系统的网络化

系统的数字化和网络技术的发展，使安全技术防范系统网络化更便捷。安全技术防范系统的网络化现有两种构成方式：

1）采用网络技术的系统设计

这种构成方式的主要表现是安全技术防范系统的结构由集中式向集散式系统过渡。所谓集散式系统是采用多层分级的结构形式，它具有微内核技术的实时多任务、多用户及分布式操作系统，从而可实现抢先任务调度算法的快速响应。

一般，构成集散式安全技术防范系统的硬件和软件均应采用标准化、模块化和系统化的设计。这样，有利于合理的设备配置和充分的资源共享，从而使安全技术防范系统实现各子系统之间的真正意义上的集成，在一个操作平台上进行系统的管理和控制。这种构成方式是安全技术防范系统结构的一个发展方向，而这个方向也可促进安全防范技术与其他技术之间的融合，促进安全技术防范系统与其他系统之间的融合和集成。如安全技术防范系统与三表查抄、有线电视、通信和信息系统的融合和集成等。

2）利用网络来构成系统

这种构成方式是指利用公共信息网络来构成安全技术防范系统。即利用公共信息网络可随时随地建立一个专用的安全技术防范系统，并可随时随地改变和撤销它。这种构成方式预示着安全技术防范系统将发生巨大的变革，使安全技术防范系统由封闭结构向开放结构转化，使系统由固定设置向自由生成的方向发展。

（3）安全技术防范系统的智能化

安全技术防范系统的智能化是实现真实的探测，并实现图像信息和各种特征的自动识别（如视频移动探测、车辆与车牌的识别、人与物异常行为的探测与识别等），使系统的联动机构和相关系统之间，能准确、可靠、有效、协调地动作。

安全技术防范系统的智能化要求，必须采用人性化的设计，即系统具有模仿人的思维方法的分析和判断功能。如，探测报警系统就不是简单地探测环境物理量和状态的变化，而是还要分析时间、频率、频度、次序、空间分布等各种探测数据之间的关系，再做出是否报警的判断；又如，对运动探测中的自适应系统也不是简单地设定一个阈值，而是在把各种环境因素综合起来考虑的基础上，对目标进行分析。实际上，以目标分析为基础的探测是直接对目标进行识别与跟踪的技术，它以图像特征识别技术为基础。未来的安防系统，应是在网络化的基础上使整个网络系统硬件和软件资源共享，以及任务和负载共享，从而实现真正意义上的集成与智能，能真正做到防患于未然。

1.1.4 问题思考

根据你的学习，你觉得安全技术防范系统应该在哪些领域发挥更大的作用？今后的发展趋势是怎样的？

1．填空题

（1）安全技术防范是以_____为先导，以_____为基础，以_____为手段，所建立的一种具有探测、延迟、反应有序结合的安全防范服务保障体系。

（2）安全技术防范工程是_____、_____、_____、_____的综合产物。

（3）安全防护水平既与安全技术防范工程设施的_____、_____、_____等因素有关，更与系统的维护、使用、管理等因素有关。

（4）安全技术防范系统的结构模式经历了一个由_____到_____、由分散到组合再到集成的发展变化过程。

2．判断题

（1）任何单位和个人都不得生产、销售和使用没有经过许可的技防产品。（　　）

（2）被保护对象的防护级别由所采取的综合安全防范措施（人防、物防、技防）的硬件来确定。（　　）

（3）低风险的对象采用高级别的防护，可以提高安全水平，是最佳的防护方案。（　　）

3．单选题

（1）下列不属于安全技术防范系统的发展趋势的是（　　）。

A．数字化　　　B．网络化　　　　C．智能化　　　　D．模拟化

（2）采用多层分级的结构形式，具有微内核技术的实时多任务、多用户及分布式

操作系统是（　　）系统。

A．分散式　　　　　B．集散式　　　　　C．集中式　　　　　D．主动式

4．问答题

（1）安全技术防范系统工程基本概念是什么？

（2）风险等级、防护级别和安全防护水平之间的关系是怎样的？

（3）安全技术防范系统主要由哪些子系统构成？

（4）安全技术防范系统的发展趋势是什么？

1.1-5
习题答案

1.1.5　知识拓展

资源名称	安全技术防范系统概念与含义	安全技术防范系统的主要内容	火灾安防系统	安防系统介绍
资源类型	视频	视频	视频	视频
资源二维码				

任务 1.2
安全技术防范系统的设计

1.2.1 教学目标与思路

【教学目标】

知识目标	能力目标	素养目标	思政要素
1. 掌握安全技术防范系统的设计方法和步骤； 2. 掌握安全技术防范系统的设计要求和规范。	1. 能说明安全技术防范系统施工图的基本组成； 2. 能说明安全技术防范系统施工图的绘制方法。	1. 能不断学习新知识，并能应用到具体工作中； 2. 能统筹考虑多方意见，形成科学合理的方案。	能自觉遵守法律法规、行业规范和标准。

【学习任务】了解安全技术防范系统的设计规范和标准，掌握安全技术防范系统设计的步骤和方法。

【建议学时】4～6学时。

【思维导图】

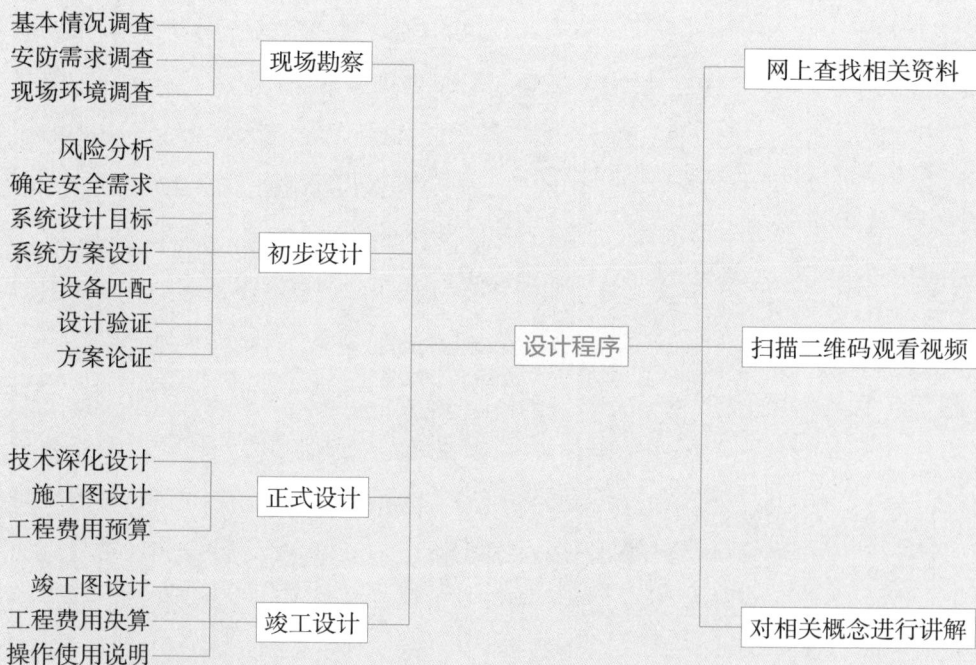

1.2.2 学生任务单

任务名称	安全技术防范系统的设计	
学生姓名	班级学号	
同组成员		
负责任务		
完成日期	完成效果	
	教师评价	

自学简述	课前预习	学习内容、浏览资源、查阅资料		
	拓展学习	任务以外的学习内容		
任务研究	完成步骤	用流程图表达		
	任务分工	任务分工	完成人	完成时间

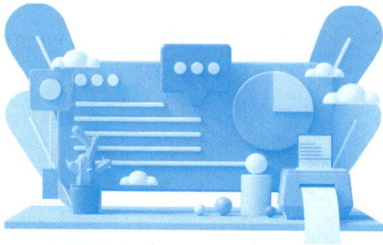

	本人任务	
	角色扮演	
	岗位职责	
	提交成果	

任务实施	完成步骤	第1步	
		第2步	
		第3步	
		第4步	
		第5步	
	问题求助		
	难点解决		
	重点记录	完成任务过程中，用到的基本知识、公式、规范、方法和工具等	成果提交

学习反思	不足之处	
	待解问题	
	课后学习	

过程评价	自我评价（5分）	课前学习	时间观念	实施方法	知识技能	成果质量	分值
	小组评价（5分）	任务承担	时间观念	团队合作	知识技能	成果质量	分值

1.2.3 知识与技能

1. 知识点——安全技术防范工程的设计程序

安全技术防范工程的方案设计（初步设计），是安全技术防范工程立项后进入实质性工作的第一步，

> 1.2-1
> 安全技术防范工程的
> 设计程序

也是非常关键的一步。众所周知，任何一个工程项目，设计的正确与否、合理与否，将直接关系着后面的整个工程的实施，并对完工后工程的质量、系统的综合性能以及效能的发挥等方面产生重大影响，也对投资人的利益保护和对设计施工方的收益保障和社会形象产生影响。因此安全技术防范工程的设计事关重大，必须高度重视。

安全技术防范工程的设计要符合《安全防范工程程序与要求》GA/T 75的规定。安全技术防范工程设计的一般程序应该有现场勘察、初步设计、方案论证、正式设计和竣工设计五个过程，视工程的规模大小、重要性和复杂程度可适当从简。而初步设计又包括风险分析、确定安全需求、系统设计目标、系统方案设计、设备匹配和设计验证等过程。

2. 知识点——现场勘察

现场勘察是风险分析和风险评估的必要手段，是工程设计的基础和依据。现场勘察报告是方案论证

> 1.2-2
> 现场勘察

的重要文件。现场勘察的内容主要包括基本情况调查、安全防范需求调查和现场环境调查。

（1）基本情况调查

调查的内容包括：项目名称、建设单位的性质、被防护对象所涉及的建筑物、构筑物或其群体的基本概况（如占地面积、建筑栋数、建筑面积、建筑结构、建筑图纸、使用功能分配、通道、门窗、电梯楼梯配置、管道、供电线路布局等）；被防护对象的物防设施能力与人防组织管理概况，原先安全技术防范系统设施的基本情况及存在的问题等。

（2）安全防范需求调查

这部分调查主要是为安防系统设计时，进行风险分析和确定安全需求收集基础数据。主要内容包括：用户立项（建设安防系统）的目的和要求；用户主管部门的要求；现阶段被防护对象的风险等级与所要求的防护级别；以往发生过的各种不安全事件的情况，同类、同行业安防系统建设的情况及用户准备的投入（资金）等。安全防范需求调查表可以按整体和各具体部位分别进行和描述。

系统防范的基本区域可分为周界、开放区、限制区、要害区。按照纵深防护的原

则，草拟布防方案，拟定周界、监视区、防护区、禁区的位置，并对布防方案所确定的防区进行现场勘察。周界区勘察包括周界形状、周期长度，周界内外地形地物状况等，并提出周界警戒线的设置和基本防护形式建议。周界内勘察主要包括勘察防区内防护部位、防护目标，勘察防区内所有出入口位置、通道长度、门洞尺寸，所有门窗（包括天窗）的位置、尺寸等。

勘察并拟定前端设备安装方案，必要时应做模拟试验；勘察探测器的安装位置、覆盖范围和现场环境；勘察摄像机的安装位置，监视现场一天的光照度变化和夜间提供光照度的能力，监视范围和供电情况；勘察并拟定线缆、管、桥架敷设方案；勘察并拟定监控中心位置及设备布置方案，确定监控中心面积、终端设备布置与安装位置、线路进线、接线方式以及电源、接地和人机环境等。

（3）现场环境调查

现场环境调查的目的是为系统设计提供有关（测量）数据和参数。主要内容包括物理环境、气候环境、社会与人文环境、电气及其他环境等。

1）物理环境：建筑、道路、辅助设施的布局、关系、特点，地形地貌及植被（绿化规划）等物理和自然环境。

2）气候环境：主要是室内外的自然气候条件。调查工程现场一年中温度、湿度、风、雨、雾、霜等变化情况和持续时间（以当地气象资料为准）；调查了解当地的雷电活动情况和所采取的雷电防护措施；了解室内外自然的照度及变化情况。要能判断各种自然环境的变化范围和可以人工改造达到的情况。

3）社会与人文环境：当地的社会环境、相邻区域的治安情况等，单位的人员、工作性质和周边的人流活动特点都应是调查的内容。

4）电气及其他环境：供电条件、方式；可能发生的（以往系统和设备是否出现过）电磁干扰等情况；振动、易燃易爆、盐、酸雾等情况。

现场勘察结束后需要整理调查表和编制现场勘察报告。

1）整理现场勘察情况调查表（勘察记录）包括：基本情况调查表、安全防范需求调查表和现场环境调查表。

2）现场勘察报告需要详细说明现场勘察的情况，并根据现场勘察记录和设计任务书，按纵深防护体系的原则对系统初步设计提出合理化建议。现场勘察报告经参与勘察的各方授权人签字后存档。

3．知识点——风险分析与安全需求确定

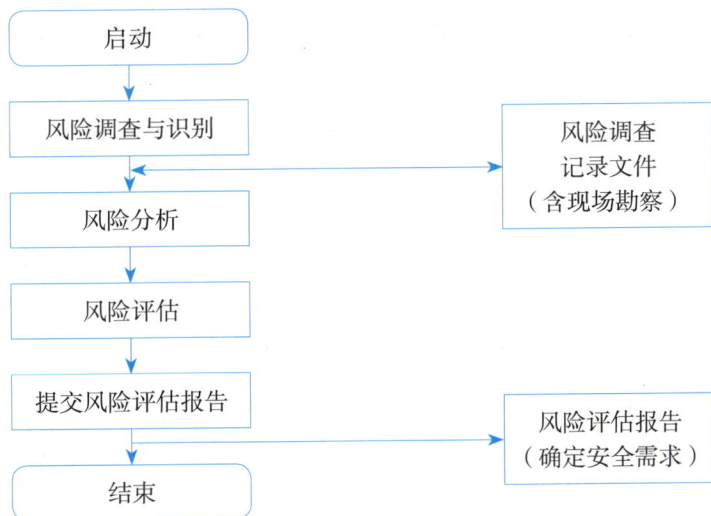

（1）风险与风险因素

风险是指系统易受攻击的程度及攻击可能产生的损失。风险主要有价值、威胁、弱点三个因素。

1）价值：被保护对象的价值（有形的或无形的）。

2）威胁：是可能对关键资产造成损害的潜在原因。它不仅有时间、空间的相关性，同时还带有方向性。

3）弱点：也称薄弱点或脆弱点，它是一种既存状态，它有可能被威胁所利用而导致资产损失。

被保护对象面临的风险取决于其由于不良事件的发生遭受损失的可能性及损失/影响程度。它与被保护对象的价值、针对被保护对象的威胁及被保护对象存在的弱点三个风险因素的重合度有关，重合度越高风险越大。

（2）被保护对象风险评估流程

被保护对象风险评估流程包括风险调查与识别、风险分析和风险评估三个阶段，如图1-1所示。

风险调查与识别阶段主要完成的工作是：调查获取与被保护对象、威胁和弱点相关的信息；分析收集到的信息，识别出需要被保护的关键资产，针对关键资产的威胁，关键资产的弱点。

风险分析阶段主要完成的工作是：通过分析威胁与弱点的关系，获得威胁利用弱点造成关键资产损失的可能性；通过分析威胁与资产的关系，获得关键资产遭受威胁可

图1-1　风险评估流程

能的潜在的损失或影响程度。

风险评估阶段主要完成的工作是：依据上一阶段分析，评估出的关键资产遭受损失的可能性及损失/影响程度，综合评判给出被保护对象的风险程度。

（3）风险分析要点

1）确定基准威胁（危险源的辨识）

根据社会环境、物理环境、现在当地的治安形势、发生过的及同类单位发生的案件、被保护对象自身特点（财富，人物的地位、知名度、影响力，活动，重要设施等）进行综合分析；明确威胁的主要来源（来自内部、外部或内外勾结；个体还是有组织的犯罪；一般犯罪还是具有暴力性质的活动；一般性的盗、抢事件，还是高技术犯罪；犯罪目的是获得财富，还是攻击人身或破坏设施造成社会影响）；假设、确定威胁来源可能具备的能力，实施入侵的手段。

2）脆弱性分析

脆弱性分析就是寻找系统薄弱点或安全漏洞。脆弱性就是系统对危险的易感受性和从灾难中恢复的能力，它与财产、人员、重要设施及重要活动的暴露性和系统安全体系的欠缺有关。通过调查与分析，针对被保护对象（价值）排列出其弱点和对其威胁两个方面的诸因素，然后分析三者是否有交集。交集的程度（重合度）即是风险所在。为降低风险需要采取的措施就是安全需求。

（4）确定安全需求

安全需求是指为防止攻击和减少损失而需要采取的措施。根据可能出现损失的程度，确定可以承受的最低风险（涉及安全经济学、安全投入水平）。可以从防护功能和防范程度两方面表达安全需求。

1）系统的防护功能：威慑入侵者；阻止和制止入侵活动；制止入侵活动并制服入侵者。

2）系统的防范程度：一般性防范（防止贼偷）；防范有策划的犯罪；对防护对象提供（某种意义上）绝对的安全。

4．知识点——系统设计

（1）确定系统设计目标

风险分析将确定防护的部位、过程及采用的技术

1.2-4
系统设计

手段。在此基础上，制定客观地反映系统技术能力和实际效果的基本指标体系，这就是设计目标。它是安全需求的具体化和量化，既能直接表达系统的实际效果，又具有可操作性，便于现场测试。

制定设计目标是实行项目管理的前提，是风险分析程序的最后一步。实际工程项

目的这些内容经常是由建设方提出，并与设计和施工方互相沟通、共同完成。

（2）确定系统的组成和技术架构

确定系统的组成（包括子系统）、系统技术架构（构建模式）是系统设计的关键，它决定了系统的结构、布线方式、中心控制设备的选择，关系到系统的集成方式、信息流的形态、网络、设备间的通信协议和方式等。当前正处于经典模式向现代模式转变的过程中，要从效果（性能、功能）、成熟程度、实现的难易、经济性等方面综合地考虑，做出选择，不可盲目地从概念出发、追求时髦。

安全防范系统的组成一般由安全管理系统（SMS）与若干个相关子系统组成。常见的子系统主要有入侵报警子系统、视频安防监控子系统、出入口控制子系统、电子巡更子系统、停车场（库）管理子系统和其他子系统（如防爆安全检查子系统、高安全的实体防护、高压电网等）。

系统的技术架构（构建模式）主要有集成式、组合式和分散式三种。随着信息技术和网络技术的不断发展，安全防范系统的规模、集成深度和广度也在不断变化，"一体化集成"模式将会是为了安全防范系统的发展方向。

（3）系统功能设计

安全管理系统应设置在禁区内（监控中心），应能通过统一的通信平台和管理软件将监控中心设备与各子系统设备联网，实现由监控中心对各子系统的自动化管理与监控。安全管理系统的故障应不影响各子系统的运行，某一子系统的故障应不影响其他子系统的运行。

安全防范系统应能对各子系统的运行状态进行监测和控制，应能对系统运行状况和报警信息数据等进行记录和显示；应设置足够容量的数据库；应建立以有线传输为主、无线传输为辅的信息传输系统；应能对信息传输系统进行检验，并能与所有重要部位进行有线和/或无线通信联络；应设置紧急报警装置；应留有向接处警中心联网的通信接口；应留有多个数据输入、输出接口，应能连接各子系统的主机，应能连接上位管理计算机，以实现更大规模的系统集成。

（4）安全性设计

1）对人身安全的设计

设备及其安装部件要有足够的强度和刚度，重心稳定、安装牢固，对突出物、锐利边缘、显示设备爆裂等有防护措施；产生的气体、X射线、激光辐射和电磁辐射等有处置方法；有防触电、防火、防过热的措施；控制室面积、温度、湿度、采光符合环保要求，具备自身防护能力，人机界面符合人机工程学要求。

2）对自身安全的设计

入侵报警系统应具备防拆、开路、短路报警功能；系统传输线路的出入端线应隐蔽，并有保护措施；系统宜有自检功能和故障报警、欠压报警功能；高风险防护对象的安防系统宜考虑遭意外电磁攻击的防护措施。

3）对信息安全的设计

供电应安全、可靠，应设置备用电源，防止突然断电信息丢失；系统应设置操作密码，并区分控制权限，保证数据安全；传输应有防泄密措施，有线/专线传输应有防信号泄漏和/或加密措施，有线公网传输和无线传输应有加密措施；防病毒和防网络入侵的措施。

（5）电磁兼容性设计

系统所用设备和线缆的电磁兼容性设计应符合电磁兼容性试验和测量技术等系列相关标准、规范的要求。试验的严酷等级根据实际需要，在设计文件中确定。

信号电缆的屏蔽性能、敷设方式、接头工艺、接地等要符合规范要求，电力线与信号线的敷设、电梯轿厢内的监控点和线路敷设要进行抗干扰设计。

为防止电磁干扰，所用设备宜采用金属外壳，其开口尺寸应尽可能小、开口数量尽可能少。无线发射设备的电磁辐射频率、功率，非无线设备的对外电磁辐射频率、功率均应符合国家现行有关法规和技术标准的要求。

（6）可靠性（MTBF）设计

各子系统的MTBF≥系统的MTBF，所有设备器材的MTBF≥各子系统的MTBF；让系统设备在低于额定值的状态下工作，加大安全余量；采用尽可能简化的结构、少的设备、短的路由来实现系统的功能，获得最佳性能价格比和最佳可靠性；储备冗余（冷热备份）和主动冗余设计。

为保障系统的可维修性，系统设备应标准化、规格化、通用化，以便维修和更换；主机结构应模块化；系统线路接头应插件化，线端必须做永久性标识；设备安装或放置的位置应留有足够的维修空间；传输线路应设置维修测试点；关键线路或隐蔽线路应留有备份线；系统应留有一定数量的备品、备件和维修保障能力；系统软件应有备份和维修保障能力。

（7）环境适应性设计

系统设计应符合使用环境的要求。所用设备、器材的环境适应性应符合现行国家、行业标准的规定；一般室内外场合要适应如温度、湿度、大气压、灰尘、雨水等环境的要求；在沿海或盐矿等盐雾环境下，所用设备、器材应具有耐盐雾腐蚀的性能；在有腐蚀性气体或（和）易燃易爆环境下，所用设备、器材应符合国家及所属行业现行相关标准规定的防护措施；在有声、光、热、振动、粉尘等干扰源环境中工作的系统设备、器材应采取相应的抗干扰或隔离措施。

（8）防雷与接地设计

安全防范系统的雷电防护设计是系统安全性设计的一项重要内容。安防系统通常是以建（构）筑物为载体的，因此做好建（构）筑物本身的雷电防护是安全防范系统雷电防护的基础和前提。防雷设计应满足现行国家标准《建筑物防雷设计规范》GB 50057和《建筑物电子信息系统防雷技术规范》GB 50343的要求，系统选用的设备应符合电子设备的雷电防护要求。

建筑物内的安防系统，其防雷设计应采用等电位连接和共用接地系统；高风险防护对象的安防系统的信号线、控制线和电源线及进入室内的架空电缆入室端均应采取防雷电感应过电压、过电流保护措施；在雷电多发地区，其安防系统的信号线、控制线和电源线在跨越不同防雷区的界面处，以及系统的主要设备宜加装电涌保护器；所有防雷接地装置与电气设备接地装置、埋地（或架空）金属管、架空电缆钢绞线的两端、光缆加强芯和光端机外壳均应作等电位连接并可靠接地；等电位连接体应采用铜质线，其截面积不应小于16mm^2，当不相连时，两者间的距离不应小于20m；不得直接在两栋建筑物屋顶之间或屋顶之上敷设电缆，必须敷设时，应将电缆沿墙敷设置于防雷保护区以内，并穿金属管进行屏蔽并接地；监控室内应设置铜质裸体接地汇流排，其截面积不应小于35mm^2；安防系统应设置带明显接地标识的铜质接地母线，并宜采用单点接地方式，避免接地线形成闭合回路；接地线不得与强电的电网零线短接或混接；当系统采用专用接地装置时，接地电阻不得大于4Ω，采用综合接地网时，接地电阻不得大于1Ω。

（9）传输设计

1）传输方式的设计

传输方式的选择取决于系统规模、传输距离、现场条件和管理工作的要求。一般采用有线传输为主、无线传输为辅的传输方式。传输方式应能保证信号传输的持续稳定、快捷、准确、安全、可靠，且便于布线、施工、检测和维修。可靠性要求高或布线方便的场所（系统），应优先考虑有线传输方式，最好是选用专用传输方式。布线困难的场所可考虑采用无线方式，但尽量选择无干扰源的地点和抗干扰能力强的设备。高风险行业或报警主干网，特别是借用公共电话网构成的区域报警网，宜采用有线传输为主、无线传输为辅的双重报警传输方式，并配有必要的有线/无线转接装置。

2）传输线缆的选型设计

传输线缆的衰减、弯曲、屏蔽、防潮等性能应满足系统设计总要求，并符合相应产品标准的技术要求。在满足上述要求的前提下，宜选用线径较细、容易施工的线缆。

报警信号传输线缆、视频信号传输线缆和光缆的选择要满足系统设计和规范要求。

3）传输设备的选型设计

利用公共电话网、公用数据网传输报警信号时，其有线转接装置应符合公共网入网要求；采用无线传输时，无线发射装置、接收装置的发射频率、功率应符合国家无线电管理的有关规定。视频电缆传输方式选择的均衡器和放大器，射频电缆传输方式选择的混合器、耦合器、中继器，无线图像传输方式选择的高频开路、微波、中继等都应符合有关规定。光端机、解码箱或其他光部件在室外使用时，应具有良好的密闭防水结构。

4）布线设计

综合布线系统的设计应符合现行国家标准《综合布线系统工程设计规范》GB 50311的规定。非综合布线系统的路由设计应遵循以下原则：同轴电缆宜采取穿管暗敷或线槽的敷设方式。当线路附近有强电磁场干扰时，电缆应穿金属护管，并埋地敷设，当必须架空敷设时，应采取防干扰措施。路由应短捷、安全可靠、施工维护方便，应避开恶劣环境条件或易使管道损伤的地段，与其他管道等障碍物不宜交叉跨越。

（10）供电设计

安防系统宜采用两路独立的电源供电，并在末端能自动切换。系统设备应分类供电，对入侵报警系统、出入口控制系统、前端摄像机和监控中心主机、录像机等主要设备应配备相应的备用电源装置。重要的安防子系统及其前端设备应由监控中心集中供电；远端设备可就近供电，但设备应设置电源开关、熔断器和稳压等保护装置。系统主电源和备用电源应有足够容量，一般按总系统额定功率的1.5倍以上设置主电源容量，按管理工作对安防系统的要求，选择配置备用电源的容量和主电源断电后的持续工作时间。

电源质量应满足下列要求：稳态电压偏移不大于±2%，稳态频率偏移不大于±0.2Hz，电压波形畸变率不大于5%，允许断电持续时间为0～4ms。当不能满足上述要求时，应配备稳频稳压器、不间断电源或备用发电机等设备。监控中心应设置专用配电箱（或柜），配电箱内配出回路应留有裕量。

（11）监控中心设计

1）技术要求

监控中心应设置在禁区，应有完善地保证自身安全的防护措施，应有内外联络的通信手段，并应设置紧急报警装置和留有向上一级接处警中心报警的通信接口。监控中心的面积应与安防系统的规模相适应，一般不宜小于20m²，室内宜铺设抗静电地板，地面、墙面应平整、光滑、不起尘。门的宽度不应小于0.9m、高度不应小于2.1m。室内桥架、管线敷设，进出线端口设置和安装，应符合《综合布线系统工程设计规范》GB 50311和《民用闭路监视电视系统工程技术规范》GB 50198的要求。所有线缆在明显位置均有整齐清晰的标识。室内设备的排列应便于维护与操作，控制台的装机容量应根据工程需要留有扩展余地。控制台的操作部分应灵活、方便、可靠。监控中心应有完善的防雷和接地设施。

2）环境要求

温度宜在16～30℃之间；相对湿度宜为30%～75%；平均照度应≥200lx，照度均匀度≥0.7；平均噪声应≤40dB。

3）设备布置要求

控制台正面与墙的净距离不应小于1.2m；侧面与墙或其他设备的净距离，在主要走道侧不应小于1.5m，在次要走道侧不应小于0.8m。机架（或电视墙）背面和侧面与墙的净距离不应小于0.8m。

5. 知识点——设计文档与施工图绘制

> 1.2-5
> 设计文档与施工图绘制

（1）设计验证

1）安全防范系统功能和性能验证

在设计方案完成后，公司应组织相关人员进行技术方案设计验证。全面检查设计方案是否符合设计任务书、招标文件的要求。验证需要提交的资料有：设计任务书（招标文件）、现场勘察报告、设计文件、主要设备材料的检验报告或认证证书。对技术方案的设计验证包括子系统功能和性能验证，以及集成系统功能和性能验证。

2）系统及设备间的接口匹配的合理性验证

在设计验证过程中，除了要组织相关人员进行系统的性能和功能设计验证，还要对系统及设备间的接口匹配合理性全面检查，验证其是否符合设计任务书、招标文件的要求。验证需要准备的资料有：设计任务书（招标文件）、设计文件、所选设备说明书和设备连线图。

需要验证设备间的接口匹配性，指同一子系统设备间的接口类型、连接方式，互动协议等。同时要验证各个子系统的接口和通信协议，系统管理平台的兼容性，网络分控系统（客户端）的接入方式等。

（2）设计文档

1）初步设计

设计方根据工程设计任务书和现场勘察报告做初步设计，主要设计文档有：系统设计方案及系统功能描述；系统组成及原理图；前端设备布防图及防护说明；中控室设备布局及控制功能描述；主要设备的性能特点及技术指标；完整的系统器材配置清单；管线敷设形式、材质、路由的设计；施工组织的初步设计及工期安排；工程费用预算等。

2）技术设计

在中标后开工前，应先组织方案论证，根据专家论证意见做技术设计（即深化设计）。主要设计文档有：根据论证意见做整改设计；对系统的重要环节做技术设计，即提出采用的技术途径和实施手段；进一步明确前端设备、传输设备和中心控制设备的选型及其主要性能、指标、产品型号、规格、厂家、产地等；列出系统设备、器材详单。装订成册，双方签章，作为工程实施的依据。

3）施工图设计

设计文档主要有：系统组成原理图；前端设备布防平面图；控制中心设备布置图、系统及分系统设备间连线图；管线路由以及管线敷设图；主要设备安装图及安装要求。

（3）施工图绘制

1）施工图绘制要求

为了提高安全防范系统的工程质量，必须做好安全防范系统工程图的绘制。工程图的设计和绘制必须与有关专业密切配合，做好电源容量的预留，管线的预埋和预留，以保证以后能顺利穿线和系统调试。

工程图的绘制应认真执行绘图的规定，所有图形和符号都必须符合公安部颁布的《安全防范系统通用图形符号》GA/T 74的规定，以及《工业企业通信工程设计图形及文字符号标准》CECS 37。不足部分应补充并加以说明。绘图要清晰整洁，字体规整，原则上要求书写宋体字，力求图纸简化，方便施工。既详细而又不烦琐地表达设计意图。

绘制图纸要求主次分明，应突出线路敷设。电器元件和设备等为中实线，建筑轮廓为细实线，应标示出建筑平面主要房间的名称，绘出主要轴线标号。

各类有关的防范区域，应根据平面图，明显标出，以检查防范的方法以及区域是否符合设计要求，探测器及摄像机布置的位置力求准确，墙面或吊顶上安装的设备要标出距地面的高度（即标高）。相同的平面，相同的防范要求，可只绘制一层或单元一层平面，局部不同时，应按轴线绘制局部平面图。

比例尺的规定：凡在平面图上绘制多种设备，而数量又较多时，宜采用1∶100；平面图面积很大，设备又较少，能表达清楚，可采用1∶200；剖面图复杂的宜用1∶20，1∶30，甚至1∶5，以比例关系细小部分清晰度而定。

施工图的设计说明力求语言简练、表达明确。凡在平面图上表示清楚的不必另在说明中重复叙述。凡施工图中未注明或属于共性的情况，以及图中表达不清楚者，均需加以补充说明，如防范区域、空间防范的防范角等。单项工程可以在首页图纸的右下方，图角的上侧方列举说明事项。如某系统子项较多，属于统一性的问题，均应编制总说明，排列在图纸的首页。说明内容一般按下列顺序：探测器、摄像机等前端设备的选用、功能和安装；报警控制器和视频矩阵切换主机等中心控制设备的功能、容量、特点及安装；管线的敷设、接地要求和做法；室外管线和电缆敷设方式等。

2）设计图纸的规定

安全防范系统的总平面图应标出安全防范系统在总建筑图中的位置，标出监控范围、控制室的位置、传输线的走向和系统的接地等。

安全防范系统的系统图应能确定安防任务的设备和器材的相互联系，确定探测器、摄像机和中心控制设备的性能、数量以及安装的位置；确定报警控制器和视频切换控制器的功能和容量；确定所有主要设备的型号、数量、性能和技术指标，以满足订货要求。

每层、每分部的平面图应能确定探测器和摄像机的安装位置、注明标号、确立传输线的走向、管线数量、管线埋设方法以及标高。必要时绘出探测器及摄像机的探测区域或范围。设计图纸中除了要完成平面图和系统图外，还需要列出主要设备材料表，复杂部位安装还需要提供剖面图。

3）绘图标准

绘制图纸的线条粗细原则是：以细线绘制建筑平面，以粗线绘制电气线路，以突出线路图例符号为主，建筑轮廓为次，以便达到主次分明、方便施工的目的。

有关安全防范工程所用图例及代号，均应按现行的国家标准或相关标准执行。各计量单位的中文名称及代号，一律按照《国务院关于在我国统一实行法定计量单位的命令》《中华人民共和国法定计量单位》《全面推行我国法定计量单位的意见》等文件规定执行。所有设计图纸幅面均须符合表1–1规定。

图纸幅面规格　　　　　　表1–1

基本幅面代号	A0	A1	A2	A3	A4
$B \times L$（mm×mm）	841×1189	594×841	420×594	297×420	297×210
a（mm）	25				
c（mm）	10			5	
e（mm）	20		10		

注：B为图纸的宽度，L为图纸的长度，a为装订侧的页边距，c为装订侧对面的页边距，e为另外两侧的页边距。

为了使图纸整齐统一，在选用图纸幅面时应以一种规格的图纸为主，尽量避免大小幅度掺杂。在特殊情况下，允许加长A1～A3号图纸的长度和宽度，A0号图纸只能加长长度，加长部分应为图纸边长的1/8及其倍数，A4号图纸不得加长。

国内工程图标（A0～A4号图纸）的宽度不得超过180mm，高度以40mm为宜。对外工程图标的宽度不得超过180mm，高度以50mm为宜。会签栏仅供需要会签的图纸用，当一个不够用时，可再增加一个，两个会签栏可以并列使用，会签栏应放在左侧图框线外，其底边与图框线重合。

制图时所用比例可选用1∶100，1∶50，1∶20，并必须采用阿拉伯数字表示，不得采用"足尺"或"半足尺"等方法表示。比例注写在图名右边。当整张图纸只用一种比例时，也可注写在图标内图名的下面。

图纸上所有字体，包括各种符号、字母代号、尺寸数字及文字说明等，一般用黑墨水书写；各种字体应从左向右横向书写；并注意标点符号清楚。所有字体高度一般不小于4mm为宜。必要时数字尺寸可以稍小，但不得小于25mm。字体必须书写端正、排列整齐、笔画清楚，中文书写时应采用国家公布实施的简化汉字并宜用仿宋体。文字说明需用编排号时，应按下列次序排列：一、二、三……；1、2、3……；（1）、（2）、（3）……；①、②、③……；a、b、c……。

在图纸中所有涉及数字均采用阿拉伯数字表示；计量单位采用国家颁布的符号，例：三千七百毫米，应写成3700mm。表示分数时不得将数字与中文文字混用，例：四分之三应写成3/4。小数数字前，应加上定位的"0"，例：0.15、0.004。

制图中实线、点画线、虚线等各种线条一般区分为粗、中粗、细三种，折断线、波浪线一般为细线。绘制首尾两端为线段点画线，点画线与点画线相交时应交于线段处。虚线的各线段应保持长短一致。采用直线折断的折断线必须经过全部被折断的图面，折断符号应画在被折断的图面以内，圆形的构件应采用曲线折断。

4）设计图纸的标注

设计图纸标注图例符号，应执行国家统一标准规定，计量应用公制标准。不应滥用标注，避免混淆不清。标注语言力求简洁，原则上应采用宋体楷书，要工整不得潦草，保证图面清晰，方便施工。

平面图结构曲角变化复杂，应用细线标注轴线编号。建筑轮廓不应过粗，标注位置应选择适当，不要过度集中。平面图上不同电压线路并列时，应以粗细线严格分清，并分别标注清楚。在平面图进线口附近应注明引进电源线路的相别、电压等级、导线规格型号、根数、保护管类别、管径及安装高度等。

金属管一律用"G"表示，管径规格为15、20、25、32、40、50、70、80、100mm；

硬质塑料管用"VG"表示，管径规格为16、20、25、32、40、50、63、75、100mm；半硬塑料管用"SG"表示，管径规格为16、20、25、32、40、50mm；软塑料管（绝缘套管）用"RG"表示，管径规格为16、18、20、22、25、28、30、36、40mm；PVC波纹管用"BG"表示，管径为11、13、20、25、32、40、50、80、100mm。在标注以上各类管型时，凡单项工程中，采用了同一类型时，则在平面图上可以省略标注不重复。

配电箱、板的标注按供电类别分别在平面图配电箱、板位置附近的明显空隙处标注。

1.2.4 问题思考

根据你的学习，你觉得安全技术防范系统设计之前为什么要进行现场勘察？风险分析对于确定安全防范系统的需求有什么影响？

1. 填空题

（1）安防工程设计的一般程序应该有＿＿＿＿＿＿＿＿、＿＿＿＿＿＿＿＿、＿＿＿＿＿＿＿＿、＿＿＿＿＿＿＿＿和＿＿＿＿＿＿＿＿五个过程，视工程的规模大小、重要性和复杂程度可适当从简。

（2）系统防范的基本区域可分为＿＿＿＿＿＿＿＿、＿＿＿＿＿＿＿＿、＿＿＿＿＿＿＿＿、＿＿＿＿＿＿＿＿。

（3）被保护对象风险评估流程包括＿＿＿＿＿＿＿＿、＿＿＿＿＿＿＿＿和＿＿＿＿＿＿＿＿三个阶段。

（4）系统的技术架构（构建模式）主要有＿＿＿＿、＿＿＿＿和＿＿＿＿三种。

2. 判断题

（1）绘制图纸的线条粗细原则是以细线绘制建筑平面，以粗线绘制电气线路，以突出线路图例符号为次，建筑轮廓为主。（　　　）

（2）现场勘察结束后需要整理调查表和编制现场勘察报告。（　　　）

（3）安防防范系统的平面图应能确定完成安防任务的设备和器材的相互联系。（　　　）

3. 单选题

（1）安全技术防范系统监控中心的控制台正面与墙的净距离不应小于（　　　）m。

A. 0.6　　　　　B. 1　　　　　C. 0.8　　　　　D. 1.2

（2）当系统采用专用接地装置时，接地电阻不得大于（　　　）Ω。

A. 1　　　　　B. 2　　　　　C. 3　　　　　D. 4

4．问答题

（1）安全技术防范系统工程设计的程序是什么？

（2）现场勘察主要完成的任务是什么？

（3）为什么要进行风险分析？如何根据风险分析确定安全技术防范系统的设计需求？

（4）安全技术防范系统的设计包括哪些内容？

（5）安全技术防范系统的设计文档有哪些？图纸绘制的具体要求是什么？

1.2-6
习题答案

1.2.5 知识拓展

资源名称	建筑智能安全防范系统概述（一）	建筑智能安全防范系统概述（二）	安全技术防范系统规划要点	安全技术防范系统的设计原则和要求
资源类型	视频	视频	视频	视频
资源二维码				

任务 1.3
安全技术防范系统的施工

1.3.1 教学目标与思路

【教学目标】

知识目标	能力目标	素养目标	思政要素
1. 掌握安全技术防范系统工程施工的方法和步骤； 2. 掌握安全技术防范系统工程施工的要求和规范。	1. 能说明安全技术防范系统施工的基本流程； 2. 能说明安全技术防范系统施工的基本方法。	1. 能不断学习新知识，并能应用到具体工作中； 2. 能严格按照规范、标准和工艺要求组织施工。	1. 能自觉遵守法律法规、行业规范和标准； 2. 能把提升工程质量作为自己的自觉行动。

【学习任务】掌握安全技术防范系统工程的施工规范和质量验收标准，掌握安全技术防范系统工程施工的工艺流程。

【建议学时】4～6学时。

【思维导图】

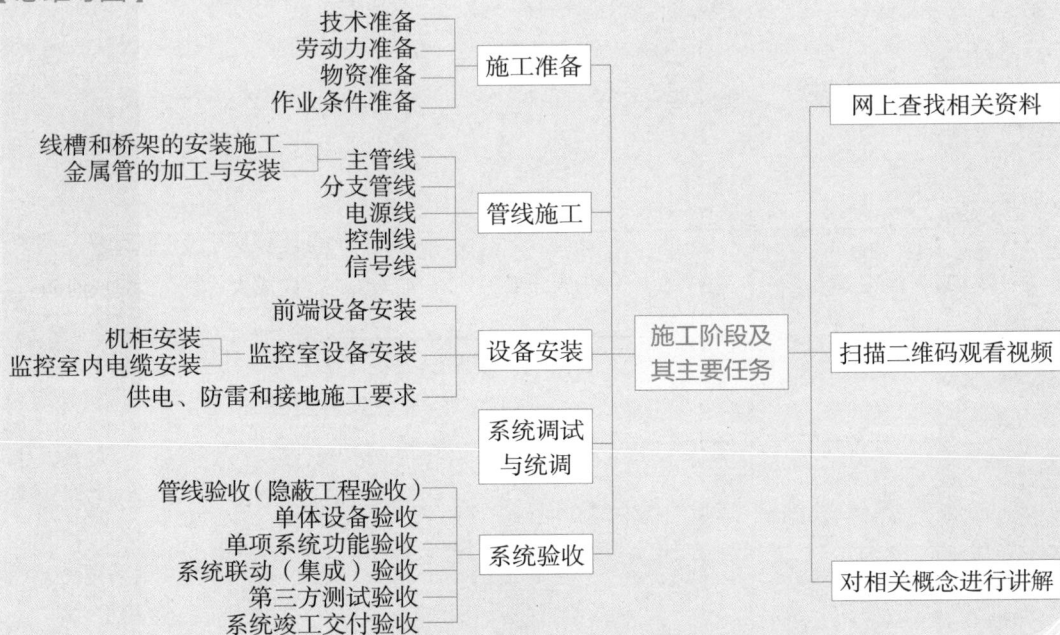

1.3.2 学生任务单

任务名称	安全技术防范系统的施工	
学生姓名	班级学号	
同组成员		
负责任务		
完成日期	完成效果	
	教师评价	

自学简述	课前预习	学习内容、浏览资源、查阅资料		
	拓展学习	任务以外的学习内容		
任务研究	完成步骤	用流程图表达		
	任务分工	任务分工	完成人	完成时间

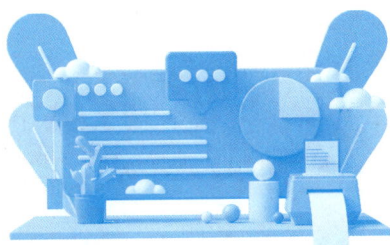

	本人任务	
	角色扮演	
	岗位职责	
	提交成果	

		第1步	
		第2步	
	完成步骤	第3步	
		第4步	
		第5步	
任务实施	问题求助		
	难点解决		
	重点记录	完成任务过程中，用到的基本知识、公式、规范、方法和工具等	成果提交
学习反思	不足之处		
	待解问题		
	课后学习		

		课前学习	时间观念	实施方法	知识技能	成果质量	分值
过程评价	自我评价（5分）						
	小组评价（5分）	任务承担	时间观念	团队合作	知识技能	成果质量	分值

1.3.3 知识与技能

1. 知识点——施工阶段及其主要任务

安全技术防范系统工程的施工阶段可以划分为施工准备、管线施工、电线电缆敷设施工、前端设备安装、监控室设备安装、子系统调试与系统联调以及竣工验收等几个阶段。

1.3-1 施工阶段及其主要任务

（1）施工准备

施工准备主要包括技术准备、劳动力准备、物资准备和作业条件准备。

1）技术准备主要包括：图纸会审；编制施工组织设计（施工方案），并报上一级技术负责人审核批准；进行技术交底，明确施工方法及质量标准等。

2）劳动力准备主要包括：根据工程规模、结构特点和复杂程度，建立有施工经验、有开拓精神和工作效率高的施工项目领导机构；根据采用的施工组织方式，确定合理的劳动组织，建立相应的专业或混合工作队组；按照开工日期和劳动力需要量计划，组织工人进场，安排好职工生活；为落实施工计划和技术责任制，应按管理系统逐级进行交底。

3）物资准备主要包括：编制安全防范技术系统的各种设备和材料的需要量计划；签订设备和材料供应合同；确定设备和材料运输方案和计划；组织设备和材料按计划进场和保管；设备和材料施工用的机具准备。

4）作业条件准备主要包括：已完成机房、弱电竖井的建筑施土；预埋管及预留孔符合设计要求；具备各信息采集点的施工安装条件。

（2）管线施工

在安全技术防范系统工程中，线缆是"大动脉"，各类线缆是"神经"，系统网络是"中枢"，施工质量是保证，各部分环环相通，相互依存，缺一不可。必须精心设计、精心组织、精心施工，才能最终保证系统的畅通无阻、运行自如。

系统的主线管和分支线管按照施工图由安装方预埋。主干线管与分支线管的施工是最影响工程工期的关键工序，因此必须与施工单位配合，以保证施工工期。

在楼层内，除安全技术防范系统的主干线管与分支线外，还有其他弱电系统的线管、强电部分的供电线管、给水排水系统的上下水管道、消防工程的主干管道等。因此在进行该项施工时，必须与其他施工单位密切配合、相互协调，尽量避免"管线打架"相互扯皮，而造成返工。

安全技术防范系统工程施工中采用的电源线、控制线、信号线，根据不同的用途分门别类地放入相应的区域，以免造成相互干扰。所有线缆敷设后，要整理、绑扎成束，在改变路由处还应做好相应标记并记录在册。10根以上的线缆应留有备用线。所用的电缆均应一缆到底，中间不允许有接续。在线缆敷设完成后，对各类电源线、信号线、控制线要做相应的通断测试和绝缘电阻测试。

线缆的敷设路由与施工图纸相一致，并一一做好记录，以备复核和检查。将超出管线以外的线缆绑扎起来，做好半成品的现场保护工作，以防交叉施工中砸伤或人为破坏。

主干管线与分支管线施工及线缆铺设完成后，应及时向工程监理报验，待监理检查合格并办理有关手续后进行下一道工序的施工。

（3）前端设备的安装

前端设备在正式安装前，要进行技术复核，再次对照设备订货单及施工图纸核对所用设备是否正确，终端的配置是否符合要求，确保无误后方可进行安装。能够单机通电试验的设备一定要通电测试调整后再行安装。若线缆敷设工序与设备安装工序相隔时间较长，在设备安装前重新复测线缆的性能，以保证系统的一次开通率和可靠性。

前端设备的安装，应根据施工图纸设计要求的坐标点及其高度、角度等，预先使用膨胀螺栓或预埋吊挂件。要求定位准确、安装牢固、造型美观。

安装完毕后，应收集好前端设备的有关资料，如开箱单、产品合格证、使用说明书等。并应做好相应的调试和安装记录，以备检查或复核。

前端设备安装完成后，及时向工程主管报验，待监理检查合格并办理有关手续后方可进行下一道工序的施工。

（4）监控室设备的安装

安全技术防范系统各子系统的控制主机均安装在监控室内，机柜安装应牢靠平稳，多个机柜并排安装时应排列整齐，机柜周围应留有一定的空间，便于操作。由于所有子系统的线缆都汇集到监控室内，为避免杂乱无章，应分门别类地整理顺畅，按不同支路绑扎成束，并做好标记。引入、引出机柜的线缆应有一定的冗余度。所有线缆接头应按规定做好标记和编号，并做好相应的记录。

安装完毕后，收集好监控室设备的有关资料，如开箱单、产品合格证、使用说明书等，并应做好安装记录，以备检查或复核。

（5）系统的调试和统调

前端设备和监控室设备安装完成后，即可根据设计图纸、施工图纸及系统技术要求和编制的调试规范分子系统进行调试。调试工作应由有经验的专业工程师承担。子系统的调试必须达到设计指标，经反复调整仍不能达到指标的，找出原因进行整改或返工，直至满足设计要求为止。

系统的各分项工程完成后，最后要进行系统的联机统调。首先要制定好统调方案，按照预定的方案检查系统的运行是否正常、系统及各种参数指标是否满足设计要求，系统间的通信是否畅通，与系统联动的设备控制是否灵活，有时要反复调整多次，才能使系统工作在最佳状态。

设备安装调试过程中，参加安装和调试的人员要认真做好各项记录，包括单机、子系统和系统统调的各种记录测试结果等。

为了验证系统的可靠程度，还要进行系统的运行试验，确认系统在功能方面的完备性、可靠性，并做好系统试运行记录。这些记录均是工程验收和日后维修、维护所不可缺少的技术文件资料。

（6）系统的竣工验收

安全技术防范系统的竣工验收应按规范和技术标准对已竣工工程进行检查和试验，考核承包商的施工质量、系统性能是否达到了设计要求和使用能力，是否可以正式投入运行。通过竣工验收可及时发现和解决系统在运行和使用方面存在的问题，以保证系统按照设计要求的各项技术经济指标正常投入运行。

系统能否顺利通过竣工验收，是判别承包商是否按系统工程承包合同约定的责任范围完成了工程施工义务的标志。圆满地通过竣工验收后，承包商可以与业主办理竣工结算手续，将竣工的工程移交业主或物业公司使用和照管。

系统工程竣工验收，也是全面考核工程项目建设成果，检验项目决策、规划与设计、施工、管理综合水平，以及工程项目建设经验的重要环节。系统只有经过竣工验收，才能正式交付业主或物业公司使用，办理设备与系统的移交。

2．知识点——线槽与桥架的安装施工

（1）线槽安装及注意事项

1）垂直敷设的线槽必须按底架安装。水平部分用

> 1.3-2
> 线槽与桥架的安装施工

支架固定，固定支点之间的距离要根据线槽具体的负载量，在1.5～2m之间。进入接线盒、箱柜、转弯和变形缝两端及丁字接头不大于0.5m。线槽固定支点间距离偏差小于50mm。底板离终点50mm处应固定。

2）不同电压、不同回路、不同频率的强电线应分槽敷设，或加隔离板放在同一槽内。

3）线槽与各种模块底座连接时，底座应压住槽板头。

4）线槽螺杆高出螺母的长度少于5mm。

5）线槽两个固定点之间的接口只允许有一个，所有接口跨接处均装上接地铜线或

片，每层保证可靠地重复接地。

6）线槽交叉、转弯、丁字连接要平整无扭曲，接缝紧密平直，无刺、无缝隙，接口位置准确，角度适宜。

7）槽板应紧贴建筑墙面，排列整齐。

8）导线不得在线槽内进行接头，接线在接线盒内进行。

9）穿在管、槽、架内的绝缘导线，其绝缘电压不应低于500V。

10）管线槽架内穿线宜在建筑物的抹灰及地面工程结束后进行。在配线施工之前，将线槽内的积水和杂物清除干净。

（2）电缆桥架的安装

1）电缆桥架必须根据图纸走向及现场建筑特性设计弯头、马鞍、长度等。

2）电缆桥架安装必须横平竖直。

3）电缆桥架安装必须根据桥架大小，精确计算出承托点受力情况，要求均匀、整齐美观及牢固可靠。

4）桥架角弯必须有充分的弧度，防止将电缆拆散。

5）电缆桥架必须至少将两端加接地保护。

3．知识点——金属管的加工与安装

金属管应符合设计规定，表面不应有穿孔、裂缝和明显的凹凸不平，内壁应光滑，不允许有锈蚀。

1.3-3
金属管的加工与安装

（1）金属管加工要求

为了防止在穿电缆时划伤电缆，管口应无刺和锐棱角。为了减少直埋管在沉陷时管口处对电缆的剪切力，金属管口宜做成喇叭形。金属管在弯制后，不应有裂缝和明显的凹瘪现象。若弯曲程度过大，将减少线管的有效直径，造成穿线困难。金属管的弯曲半径不应小于所穿入电缆的最小允许弯曲半径。镀锌管锌层剥落处应涂防腐漆，以增加使用寿命。

（2）金属管弯曲要求

在敷设金属线管时应尽量减少弯头，每根金属管的弯头不宜超过3个，直角弯头不应超过2个，并不应有S形弯出现，对于截面较大的电缆不允许有弯头，可采用内径较大的管或增设拉线盒。明配管时，弯曲半径一般不小于管外径的6倍；只有一个弯时，可不小于管外径的4倍；整排钢管在转弯处，宜弯成同心圆形状。敷设于地下或混凝土楼板内时，弯曲半径应不小于管外径的10倍。电线管的弯曲处不应有折皱、凹陷和裂缝，且弯扁程度不应大于管外径的10%。

（3）金属管的连接要求

金属管连接应牢固，密封良好，两端管口应对准。套接的短套管或带螺纹的管接头的长度，不应小于金属管外径的2倍。管接头处应以铜线作可靠连接，以保证电气接地的连续。连接金属管不宜采取直接对焊的方式。金属管进入接线盒后，可用缩紧螺母或带丝扣管帽固定，露出缩紧螺母的丝扣为2~4扣。

（4）金属管暗敷要求

预埋在墙体中间的金属管内径不宜超过50mm，楼板中的管径宜为15~20mm，直线布管30m处设暗线盒。敷设在混凝土、水泥里的金属管，其地基应坚实平整。金属管连接时，管孔应对准，接缝应严密，不得有水和泥浆渗入。金属管道应有不小于0.1%的排水坡度。建筑群间的金属管道埋设深度不应小于0.7m；在人行道下面敷设时，不应小于0.5m。

（5）金属管明敷要求

金属管应用卡子固定，支持点间的间距不应超过3m。在距接线盒0.3m处，要用管卡将管子固定。在弯头的地方，两边也要固定。光缆与电缆同管敷设时，应在暗管内预置塑料子管。将光缆敷设在子管内，使光缆和电缆分开布放，子管的外径应为光缆外径的2.5倍。当弱电管道与强电管道平行布设时，应尽量使两者有一定的间距，以13cm左右为宜。水平线垂直敷设的明配电线保护管，其水平垂直安装的允许偏差1.5%，全长偏差不应大于管内径的1/2。钢管不应有折扁和裂缝，管内应无铁屑及毛刺，切断口应平整、管口应光滑。薄壁电线管的连接必须采用丝扣连接，管道套丝长度不应小于接头长度的1/2，在管接头两端应加跨接地线（不小于4mm²铜芯电线）。当电线管与设备直接连接时，应将管敷设到设备的接线盒内；当钢管与设备间接连接时，应增设电线保护软管或可挠金属保护管（金属软管）连接；选用软管接头时，不得利用金属软管作为接地体。

镀锌钢管或可挠金属电线保护管的跨接接地线，宜采用专用接地线卡跨接，不应采用熔焊连接。明配钢管应排列整齐，固定点的间距应均匀，钢管管卡到边缘的距离宜为150~500mm，DN15~20钢管中间管卡最大间距为1.5m，天花吊顶内敷设的钢管应按明配管要求施工。管内穿线前应将管内积水及杂物清除干净，导线在管内不得有接头，接头应在接线盒内进行，管口处应加塑料护套。不同回路、不同电压等级的交流和直流导线不应穿入同根管内。管线穿过建筑物伸缩缝时，应在伸缩缝两端留接线盒和接地螺栓。

4．知识点——监控室内设备安装要求

（1）机柜安装

1）机柜安装位置应符合设计要求，当有困难时可根据电缆地槽和接线盒位置做适当调整。

2）机柜的底座应与地面固定。

3）机柜安装应竖直平稳，垂直偏差不得超过1‰。

4）几个机柜并排在一起，面板应在同一平面上并与基准线平行，前后偏差不得大于3mm，两个机柜中间缝隙不得大于3mm。对于相互有一定间隔而排成一列的设备，其面板前后偏差不得大于5mm。

5）机柜内的设备、部件的安装，应在机柜定位完毕并加固后进行，安装在机柜内的设备应牢固、端正。

6）机柜上的固定螺栓、垫片和弹簧垫圈均应按要求坚固，且不得遗漏。

（2）监控室内电缆的敷设

1）采用地槽或墙槽时，电缆应从机柜底部引入，将电缆顺着所盘方向理直，按电缆的排列次序放入槽内；拐弯处应符合电缆曲率半径要求，电缆离开机柜时，应在距起弯点10mm处成捆捆绑，根据电缆的数量应每隔100～200mm捆绑一次。

2）采用架槽时，架槽宜每隔一定距离留出线口，电缆由出线口从机柜上方引入，在引入机柜时，应捆绑成扎。

3）采用电缆走道时，电缆应从机柜上方引入，并应进行绑扎。

4）采用活动地板时，电缆在地板下可灵活布放，并应顺直无扭绞；在引入机柜和控制台处还应捆绑成扎。

5）在敷设的电缆两端应留适度余量，并标示明显的永久标记。

6）各种电缆和控制线插头的装设应符合产品生产厂的要求。

7）引入、引出房屋的电（光）缆，在出入口处应加装防水罩，向上引入、引出的电（缆），在出入口还应做滴水弯，其弯度不得小于电（光）缆的弯曲半径，电（光）缆沿墙上下引入、引出时应设支持物，电（光）缆应固定（绑扎）在支持物上，支持物的间隔距离不宜大于1m。

8）监控室内光缆的敷设，在电缆走道上时，光端机上的光缆宜预留10m，余缆盘成圈后应妥善放置，光缆至光端机的光纤连接器的耦合工艺，应严格按有关要求进行。

5. 知识点——供电、防雷与接地施工要求

（1）系统摄像机等设备宜采用集中供电，当供电线（低压供电）与控制线合用多芯线时，多芯线与视频线可一起敷设。

1.3-5
供电、防雷与接地施工要求

（2）安全防范系统的接地母线应采用铜质线，接地端子应有地线符号标记。接地电阻不得大于4Ω；建造在野外的安全防范系统，其接地电阻不得大于10Ω。

（3）安全防范系统的电源线、信号线经过不同防雷区的界面处，宜安装电涌保护器；系统的重要设备应安装电涌保护器。电涌保护器接地端和防雷接地装置应作等电位连接。等电位连接带应采用铜质线，其截面积应不少于16mm²。

（4）当接地电阻达不到要求时，应在接地极回填土中加入无腐蚀性长效降阻剂；当仍达不到要求时，采取更换接地装置的措施。

（5）监控室内应设置接地汇集环或汇集排，汇集环或汇集排宜采用裸铜线，其截面积应不小于35mm²，并用螺栓固定。

（6）不得在建筑物屋顶上敷设电缆，必须敷设时，应穿金属管进行屏蔽并接地。

6. 知识点——安全防范系统的验收

安全防范系统工程竣工验收过程可分成管线验收、单体设备验收、单项系统功能验收、系统联动

1.3-6
安全防范系统的验收

（集成）验收、第三方测试验收、系统竣工交付验收六个阶段，整个系统验收工作分散在五个阶段中完成，每个阶段验收工作主要有以下内容：

（1）管线验收（隐蔽工程验收）

安全防范系统工程的管线验收是指对系统的电管、线缆安装、敷设和测试完成后进行的阶段验收，管线验收是管线施工和设备安装与调试的工作界面，只有通过管线验收才可进一步进行设备通电试验。管线验收可以作为机电设备施工管线隐蔽工程验收的一部分，由监理组织业主、施工单位、系统承包商、设备供应商等共同参加。管线验收报告应包括管线施工图、施工管线的实际走向、长度与规格、安装质量、线缆测试记录等。在施工期内，验收报告可用于核算工作量和支付工程进度款，同时也是工程后期制作系统竣工图和竣工决算的依据。若设备安装与调试是由其他工程公司承担，也可依此办理管线交接。

（2）单体设备验收

安全技术防范系统工程的单体设备验收是指当系统设备安装到位，通电试验完成后，对已安装好的设备的验收，通常以现场安装设备为主。如视频监控系统的摄像机、交换机和矩阵主机等，入侵报警系统的报警主机、探测器等，出入口系统的门口机、控

制主机等，巡更系统的巡更点及管理主机等。

通过单体设备验收是进行系统调试的必要条件，同时也可对设备安装质量、性能指标、产地证明、实际数量等及时核实和清点。单体设备验收可由监理组织业主、安装公司、系统承包商、设备供应商等共同参加。验收报告应包括：设备供货合同，设备到场开箱资料，进口设备产地证明，设备安装施工平面图和工艺图，安装设备名称、规格、实际数量，试验数据等。单体设备验收报告可用于核算设备安装工作量和支付工程进度款，同时也是工程后期竣工决算的依据。若设备供应、安装与调试是由多家工程公司承担，也可依此办理设备的移交或依此作为相互间产品的保护依据。

（3）单项系统功能验收

安全技术防范系统工程的单项系统功能验收指对调试合格的各子系统及时实施功能性验收（竣工资料审核、费用核算等可在后续阶段进行），以便系统及早投入试运行发挥作用。单项系统功能验收可由监理组织业主、系统承包商、物业管理部门等共同参加验收。验收报告应包括：系统功能说明（方案）、工程承包合同、系统调试大纲、系统调试记录、系统操作使用说明书等。通过单项系统功能验收是系统可以进行试运行的必要条件，系统承包商还应及时对物业人员做相应技术培训。系统试运行期间，系统运行与维护由系统承包商与物业管理部门共同照管。

（4）系统联动（集成）验收

安全技术防范系统工程的系统联动（集成）验收也是一种对系统的功能性验收。区别在于系统联动（集成）验收对象是各子系统正常运行条件下的系统间联动功能，或者是对各子系统的集成功能。系统联动（集成）验收可由监理组织业主、系统承包商、物业管理部门等共同参加验收。具体可根据系统联动（集成）的内容和规模以不同的方式操作，如子系统间联动验收（如视频监控、入侵报警和门禁等）可在单项系统功能验收后补充验收内容。

（5）第三方测试验收

安全技术防范系统通过系统功能和联动（集成）验收，并经过一定时间试运行后，应由国家有关部门组织竣工验收。系统验收都必须先经过有资质的第三方测试，第三方资质由行业主管部门或权威机构认定。

（6）系统竣工交付验收

安全技术防范系统工程交付验收由国家有关部门和业主上级单位组成的验收委员会主持，业主、监理、系统承包商及有关单位参加。主要内容有：听取业主对项目建设的工作报告；审核竣工项目移交使用的各种档案资料；对主要工程部位的施工质量进行复验、鉴定，对系统设计的先进性、合理性、经济性进行鉴定和评审；审查系统运行规程，检查系统正式运行准备情况；核定收尾工程项目，对遗留问题提出处理意见；审查前阶段竣工验收报告，签署验收鉴定书，对整个项目作出总的验收鉴定。

整个工程项目竣工验收后，业主应迅速办理系统交付使用手续，并按合同进行竣工决算。

1.3.4 问题思考

根据学习内容，你觉得安全技术防范系统工程各施工阶段中确保工程质量的关键因素是什么？

1. 填空题

（1）系统的主线管和分支线管按照_____由安装方预埋。

（2）穿在管、槽、架内的绝缘导线，其绝缘电压不应低于_____V。

（3）在敷设金属线管时应尽量减少弯头，每根金属管的弯头不宜超过_____个，直角弯头不应超过_____个，并不应有_____弯出现。

（4）安全防范系统的接地母线应采用_____线，接地端子应有_____标记，接地电阻不得大于_____Ω。

2. 判断题

（1）不得在建筑物屋顶上敷设电缆，必须敷设时，应穿金属管进行屏蔽并接地。（　　　）

（2）电缆桥架只需将一端加接地保护。（　　　）

（3）在线缆敷设完成后，对各类电源线、信号线、控制线要做相应的通断测试和绝缘电阻测试。（　　　）

3. 单选题

（1）图纸会审属于（　　　）。

A. 物资准备　　　　B. 技术准备　　　　C. 劳动力准备　　　　D. 现场准备

（2）电线管的弯曲处不应有折皱、凹陷和裂缝，且弯扁程度不应大于管外径的（　　　）%。

A. 30　　　　　　B. 45　　　　　　C. 20　　　　　　D. 10

4. 问答题

（1）安全技术防范系统工程施工分为哪几个阶段？

（2）桥架安装施工的要求是什么？

（3）金属管加工的要求是什么？

（4）监控室内机柜安装要求是什么？

（5）供电、防雷与接地施工的要求是什么？

（6）系统验收的主要阶段有哪些？

1.3-7
习题答案

1.3.5 知识拓展

资源名称	安全技术防范系统施工的基本要求	安全技术防范系统施工的验收要求	安全技术防范系统工程施工程序
资源类型	视频	视频	文档
资源二维码			

CHAPTER 2

项目 2
视频监控系统的
设计与施工

任务 2.1 视频监控系统的认知
任务 2.2 视频监控系统的设计
任务 2.3 视频监控系统的安装与接线
任务 2.4 视频监控系统的设置与调试

✖ 任务 2.1
视频监控系统的认知

2.1.1 教学目标与思路

【教学目标】

知识目标	能力目标	素养目标	思政要素
1. 熟悉视频监控系统的各种设备和器材； 2. 掌握视频监控系统的组成结构和工作原理。	1. 能绘制视频监控系统的结构图； 2. 能说明各设备在系统中的主要作用。	培养学生"干一行、爱一行、专一行、精一行"的精神。	通过了解视频监控系统的组成及产品，了解视频监控系统的民族企业，加强民族自豪感和自信心。

【学习任务】对视频监控系统的组成、主要设备及其功能有一个全面的了解，为系统的设计、施工和维护打下基础。

【建议学时】4~6学时。

【思维导图】

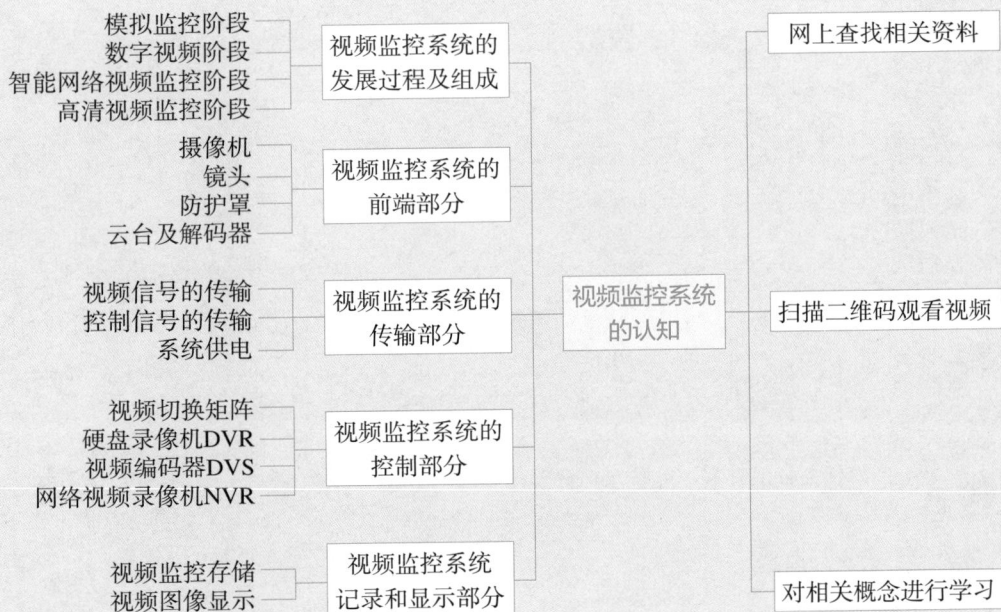

2.1.2 学生任务单

任务名称	视频监控系统的认知	
学生姓名	班级学号	
同组成员		
负责任务		
完成日期	完成效果	
	教师评价	

自学简述	课前预习	学习内容、浏览资源、查阅资料		
	拓展学习	任务以外的学习内容		
任务研究	完成步骤	用流程图表达		
	任务分工	任务分工	完成人	完成时间

	本人任务	
	角色扮演	
	岗位职责	
	提交成果	

		第1步	
任务实施	完成步骤	第2步	
		第3步	
		第4步	
		第5步	
	问题求助		
	难点解决		
	重点记录	完成任务过程中，用到的基本知识、公式、规范、方法和工具等	成果提交

学习反思	不足之处	
	待解问题	
	课后学习	

过程评价	自我评价（5分）	课前学习	时间观念	实施方法	知识技能	成果质量	分值
	小组评价（5分）	任务承担	时间观念	团队合作	知识技能	成果质量	分值

2.1.3 知识与技能

1. 知识点——视频监控系统的发展过程及组成

视频监控系统（Video Surveillance System，VSS）主要是辅助安保人员对相关区域内主要通道、重要场所、公共场所的现场实况进行实时监视。

视频监控技术按照主流设备发展过程，可以分为4个大阶段，即20世纪70年代开始的模拟视频监控阶段、20世纪90年代开始的数字视频监控阶段、2000年兴起的智能网络视频监控阶段及2010年开始的智能高清视频监控阶段。

（1）第一代视频监控系统（即模拟视频监控系统）由模拟摄像机、多画面分割器、视频矩阵、模拟监视器和磁带录像（VCR）等构成，摄像机的图像经过同轴电缆（或其他介质）传输，并由VCR进行录像存储，由于VCR磁带的存储容量非常有限，因此VCR需要经常地更换磁带以实现长期存储，自动化程度很低，另外VCR的视频检索效率很低。

（2）第二代视频监控系统（即数字视频监控系统）以DVR为主要标志性产品，模拟的视频信号由DVR实现数字化编码压缩并进行存储。DVR对VCR实现了全面取代，在视频存储、检索、浏览等方面实现了飞跃，之后DVR在网络功能上不断强化。

（3）第三代视频监控系统（即智能网络视频监控系统IVS，Intelligent Video Surveillance），主要由网络摄像机、视频编码器、高清摄像机、网络录像机、海量存储系统及视频内容分析技术（Video Content Analysis，VCA）构成，可以实现视频网络传输、远程播放、存储、视频分发、远程控制、视频内容分析与自动报警等多种功能。

（4）第四代视频监控系统（即智能高清视频监控系统）实质包含了数字高清、模拟高清、网络高清、云视频监控等多种产品及架构形态，目前还在不断探索、发展过程中。

这四代视频监控系统在视频信号、控制信号的传输性质上不一样，但它们的结构组成大致相同，主要包括：前端部分、传输部分、控制部分、记录和显示部分，如图2-1所示。

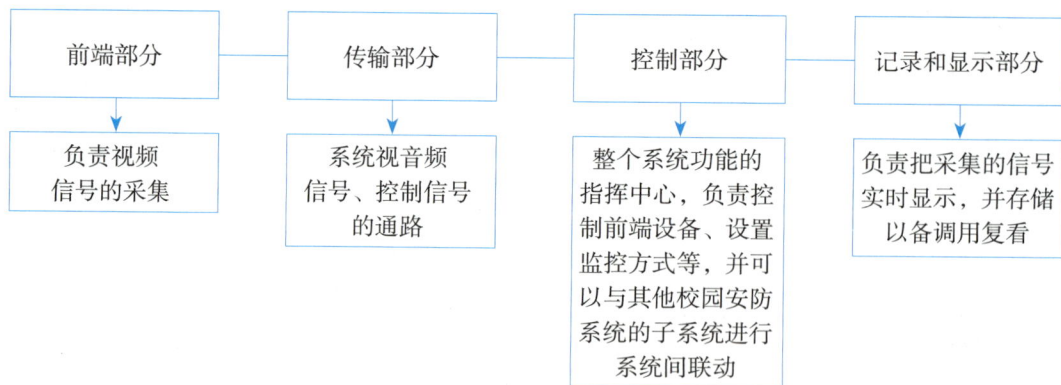

图2-1 视频监控系统结构示意图

2．知识点——摄像机

摄像机按照不同分类方法，可以有很多种分类，并且各个分类之间是交叉的。比如按照色彩可以分类为彩色摄像机和黑白摄像机；按照CCD的靶面尺寸可以分为1/3″和1/4″等；按照同步方式可以分成内同步、外同步、电源同步；按照照度指标分成一般照度、低照度、星光级照度摄像机等。而在实际应用中，比较直观的、常见的分类方式是按照外形来设计及部署摄像机，摄像机按照外形分类如图2-2所示。

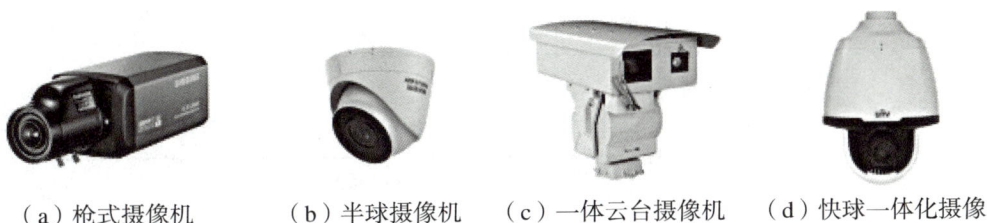

（a）枪式摄像机　　　（b）半球摄像机　　（c）一体云台摄像机　　（d）快球一体化摄像

图2-2　各种类型的摄像机

摄像机的主要参数包括：CCD尺寸、清晰度、分辨率、最低照度、信噪比、自动增益控制AGC、背景光补偿BLC、宽动态范围WDR等。

3．知识点——镜头

镜头的关键指标就是镜头的焦距，通常根据镜头焦距的不同，进行不同的分类。镜头焦距决定了该镜头拍摄的被摄体在CCD上所形成影像的大小。焦距越短，拍摄范围就越大，也就是广角镜头；焦距越长，镜头的视角越小，拍摄到景物的范围也就越小。人们通常把镜头分为广角镜头、标准镜头、长焦镜头等。

（1）广角镜头：视角在50°以上，一般用于电梯轿厢内、大厅等小视距大视角场所。

（2）标准镜头：视角在30°左右，一般用于走廊、通道及小区周界等场所。

（3）长焦镜头：视角在20°以内，焦距的范围从几十毫米到上百毫米。

（4）变焦镜头：焦距范围可变，可从广角变到长焦，用于景深大、视角范围广的区域。

（5）针孔镜头：用于隐蔽监控场合，如电梯轿厢内。

不同焦距镜头对应的视场角如图2-3所示。

CCD靶面

镜头

1/2″

焦距f

f=3.5mm

视场角约90°

f=8mm

视场角约40°

f=25mm

视场角约15°

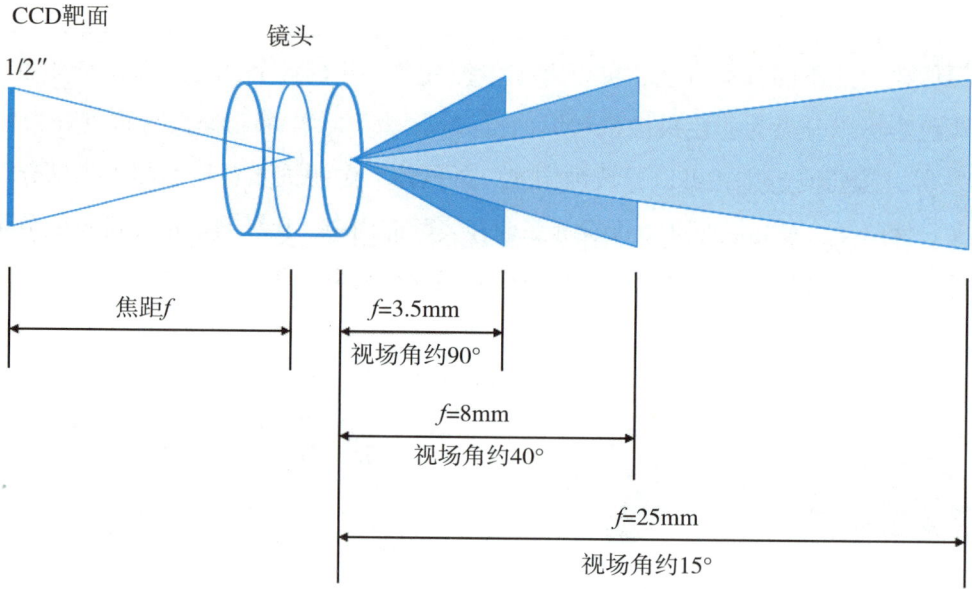

图2-3　不同焦距镜头对应的视场角

4．知识点——防护罩

防护罩也是监控系统中最常用的设备之一，常见防护罩主要分为室内和室外两种。室内防护罩主要功能是防尘、防破坏；室外防护罩密封性能一定要好，保证雨水不能进入防护罩内部侵蚀摄像机。有的室外防护罩还带有排风扇、加热器、雨刮器，可以更好地保护摄像机设备。当天气较热时，排风扇自动工作；气温太冷时加热器自动工作；当防护罩上有雨水污物时，可以通过控制系统启动雨刮器。不同类型的防护罩实物如图2-4所示。

（a）普通防护罩　　　　　　（b）防爆防护罩　　　　　　（c）雨刮防护罩

图2-4　不同类型的防护罩

（1）通用防护罩

通用防护罩分为室内防护罩及室外防护罩。室内防护罩必须能够保护摄像机和镜头，使其免受灰尘、杂质和腐蚀性气体的污染同时，要能够配合安装环境达到防破坏的目的。室外型防护罩要适应各种气候条件，如风、雨、雪、霜、严寒、酷暑、沙尘、污染等。室外型防护罩会因使用场合的不同而配置如遮阳罩、风扇、加热器、雨刮器等辅助设备。

（2）特殊防护罩

有时摄像机需要安装在特殊恶劣的环境下，甚至需要在易燃易爆环境下使用，因此必须使用具有高安全度、专业的特殊护罩。不仅要像通用室外防护罩一样具有高度密封、耐严寒、耐酷热、抗风沙、防雨雪等特点，还要防砸、抗冲击、防腐蚀。

5．知识点——云台及解码器

（1）云台

类似于我们身边的照相器材中的"云台"概念，在视频监控系统中，云台同样是承载摄像机设备的一个平台。通常，电视监控系统中的"云台"是承载摄像设备及防护罩并能够远程进行上下左右全方位控制（Pan and Tilt）的平台。云台的实质是两个电机组成的安装平台，可以实现水平和垂直的运动，从而带给摄像机设备全方位、多角度的视野。图2-5所示是不同类型的云台实物。

（a）顶载变速云台　　　　（b）室外万向云台　　　　（c）车载云台

图2-5　不同类型的云台

（2）解码器

解码器，又称其为接收器/驱动器（Receiver/Driver），是为带有云台、变焦镜头等可控设备提供驱动并与控制设备如矩阵进行通信的设备。通常，解码器可以控制云台的上、下、左、右旋转，控制变焦镜头的变焦、聚焦、光圈，以及控制防护罩雨刮器、摄像机电源、灯光等辅助设备，还可以提供若干个辅助开关，以满足不同应用的实际需要。

顾名思义，解码器的作用是将控制码进行解码，将矩阵或控制器发送过来的控制信号转换成实际的电压信号，来驱动相关设备，通常解码器在前端摄像机附近安装。如果摄像机配有云台或变焦镜头，就必须相应地配置一个解码器。

6. 知识点——视频监控系统的传输部分

传输部分是将监控系统的前端设备与终端设备联系起来的物理通道。前端设备所产生的视频信号、音频信号、各种报警信号通过传输系统传送到控制中心，并反向将控制中心的控制指令传送到前端设备。信号的传输需要根据传输信号不同而选择相应的电缆，一般需要视频同轴电缆、带屏蔽层的多芯控制电缆、三芯电源线等，如果距离过长，需要配置光纤及相应的收发器。

监控系统中视频信号的传输非常重要，由于视频信号的信息量大，频带宽，实时性强，因此视频监控系统中信号传输的重点就是视频图像信号的传输。视频信号传输的介质主要是同轴电缆，如果距离过远可以采用光纤传输或双绞线传输方式。常见的三种视频信号传输方式如图2-6所示。

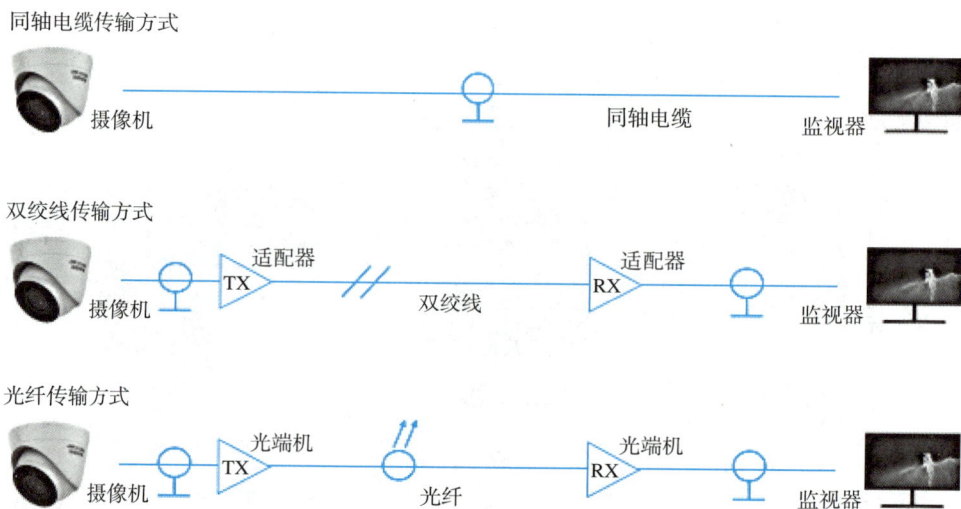

图2-6　三种视频信号的传输方式

（1）同轴传输

同轴电缆截面的圆心为导体，外用聚乙烯同心圆状绝缘体覆盖，再外面是金属编织物的屏蔽层，最外层为聚乙烯封皮。同轴电缆对外界电磁波和静电场具有屏蔽作用，导体截面积越大，传输损耗越小，可以将视频信号传送更长的距离。一路视频信号需用一根同轴电缆传输，控制信号需另外的电缆，布线量大、维护困难、可扩展性差，适合小系统。SYV-75-5的同轴电缆传输距离可以达到300m，SYV-75-7的同轴电缆传输距离可以达到400m，更远传输距离应用时需要采用视频放大器。

（2）双绞线传输

双绞线传输也是视频基带传输的一种。其优点是布线简易、成本低、抗共模干扰性能强。其缺点是只能解决1km以内监控图像的传输，而且一根双绞线只能传输一路图像，不适用在大中型监控系统中；双绞线质地脆弱，抗老化能力差，不适于野外传输；双绞线传输高频分量衰减较大，图像颜色会受到很大损失。

（3）光纤传输方式

光纤是能使光以最小的衰减从一端传到另一端的透明玻璃或塑料纤维，光纤的最大特性是抗电子噪声干扰，通信距离远。其优点是传输距离远、衰减小，抗干扰性能最好，适合远距离传输。其缺点是对于几公里内监控信号传输不够经济；光熔接及维护需专业技术人员及设备操作处理，维护技术要求高，不易升级扩容。

7. 知识点——控制信号和供电电源

2.1-1
控制信号和供电电源

摄像机采集的视频信号，或矩阵输出的视频信号，可能要送往监视器、录像机、传输装置等终端设备，完成图像的显示与记录功能。使用视频分配器，可以实现一路视频输入、多路视频输出的功能，并且视频信号无扭曲或清晰度损失。通常视频分配器除提供多路独立视频输出外，兼具视频信号放大功能，故也称为视频分配放大器。

（1）控制信号

控制信号主要包括对云台全方位控制、对镜头的三可变控制、对辅助设备的控制、切换控制、电源控制及录像控制等。控制信号传输方式主要为双线控制信号传输及同轴视控。双线控制通信距离可以达到1200m。同轴视控方式是利用同轴线缆传输视频及控制信号，原理是将控制信号调制到与视频信号不同的频率上逆行传输。

（2）供电电源

电视监控系统中的电源线一般都是单独布设，在监控室设置总开关，以对整个监控系统进行直接的电源控制。一般情况下，电源线是按交流220V布线，在摄像机端再经适配器转换成直流12V或交流24V，电源线与信号线需要保持一定距离。有些小系统也可采用12V直接供电的方式，即在监控室内用一个大功率的直流稳压电源对整个系统供电。在这种情况下，电源线就需要选用线径较粗的线，且距离不能太长，否则设备不能正常工作。

8. 知识点——视频切换矩阵

2.1-2
视频切换矩阵

通过矩阵及控制设备，可以实现选择任意一台摄像机的图像在任一指定的监视器上输出显示，同时通过键盘，可以对前端摄像机、镜头及辅助设备进行远程控制操作。矩阵控制系统实物如图2-7所示，矩阵一般采用模块化设计，多个矩阵可以级联。

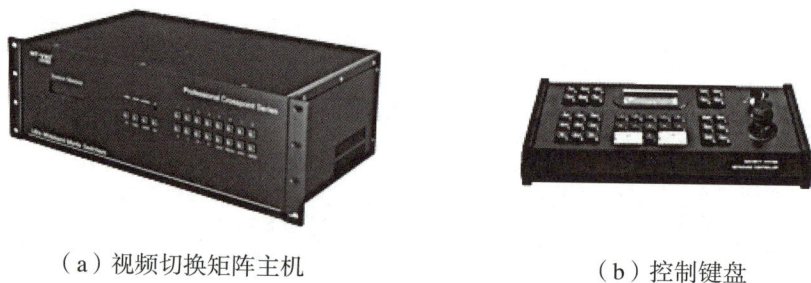

（a）视频切换矩阵主机　　　　　　　　　　　（b）控制键盘

图2-7　视频切换矩阵的实物

　　视频矩阵的切换功能可将多路输入信号中任意一路或多路分别输出给一路或多路显示设备，一般用于规模较大的监控系统中。矩阵系统原理如图2-8所示。

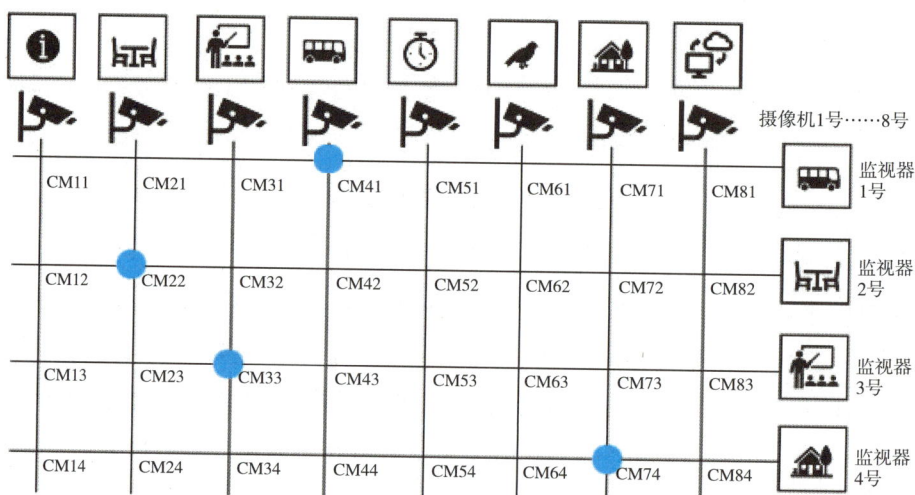

图2-8　矩阵系统的原理

　　我们把列（摄像机）作为矩阵切换器的输入，那么矩阵中列的数量"8"就代表摄像机的数量或系统输入通道数量；把行（监视器）作为矩阵切换器的输出，那么矩阵中行的数量"4"就是监视器的数量。因此矩阵中每一个行列节点代表系统的一个输入、输出状态。如节点CM74代表7号摄像机图像在4号监视器上显示，就是图中的"房子"显示在4号监视器上，依次类推。因此，所有通道的图像都可以在任何一个监视器上显示，同理所有监视器都能显示任何一个通道的图像，而相互不影响。这就是矩阵切换器的巨大优势。矩阵切换系统可大可小，小型系统可以是4×1，大型系统可以达到1024×256或更大。

　　（1）矩阵的主要功能

　　矩阵的主要功能是进行视频信号的切换操作及控制，其本身是个复杂的计算机系统，还具有强大的附加功能，如视频信号丢失检测、分组、报警联动、字符叠加等。

（2）PTZ控制原理介绍

解码器收到矩阵主机控制器发来的控制信号，解码为电压信号，该电压信号直接驱动摄像机及云台的PTZ动作。摄像机PTZ控制流程如图2-9所示。

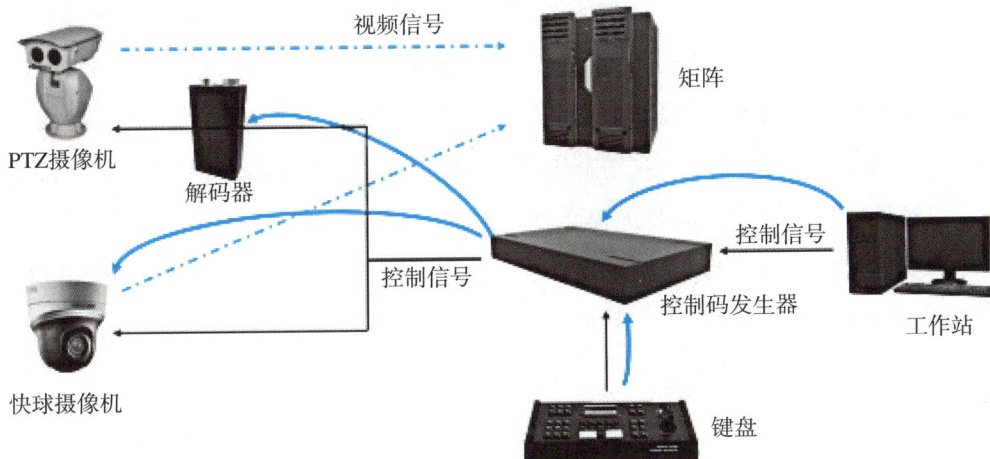

图2-9　PTZ控制流程

（3）控制键盘

控制键盘是监控人员控制视频监控设备的平台，通过它可以切换视频、遥控摄像机的云台转动或镜头变焦等（即PTZ操作），它还具有对监控设备进行参数设置和编程等功能。

通常控制键盘内置液晶（LED）显示屏，具有摄像机、监视器、报警点及继电器的控制选择。操纵杆可控制变速云台及镜头，操作员凭密码登录与注销，防止未被授权的操作。分控键盘通过信号与主控系统连接，它拥有与主控键盘几乎同样的操作功能。

9. 知识点——硬盘录像机DVR

2.1-3
硬盘录像机DVR

数字视频录像机（或叫硬盘录像机），简称DVR（Digital Video Recorder），是伴随多媒体技术而发展起来的，开始于20世纪90年代末，而在21世纪初得到了迅猛发展。DVR是集多画面显示预览、录像、存储、PTZ控制、报警输入等多功能于一体的计算机系统。

相比磁带录像机，DVR具有如下优点：

1）实现了对视频、音频的数字化，便于传输和存储。

2）以计算机系统作为载体，使用和操作更简单、方便。

3）采用模块化的软硬件设计，便于扩展和维护。

4）数字视频资料可以长期保存而图像质量不会失真。

5）录像资料的回放和检索更加方便快捷。

（1）DVR的工作原理

DVR的核心功能是模拟音视频的数字化、编码压缩与存储。模拟音视频通过相应的音视频A/D转换器转换为数字音视频信号并输入到编码芯片中，编码芯片根据系统配置，将此音视频信号压缩编码为MPEG-4（或其他标准，如h.264）格式的音视频数据。CPU通过PCI总线将编码后的音视频数据存入本地硬盘中。当需要本地回放时，通过读取硬盘中的音视频数据并发送到解码芯片，解码芯片解码并输出到相应的D/A转换器中，完成录像资料的回放；需要远程回放时，通过读取硬盘中的音视频数据并发送到网络接口，这样远程工作站或解码器就可以实现视频图像的还原显示过程（解码过程）。DVR的工作原理如图2-10所示。

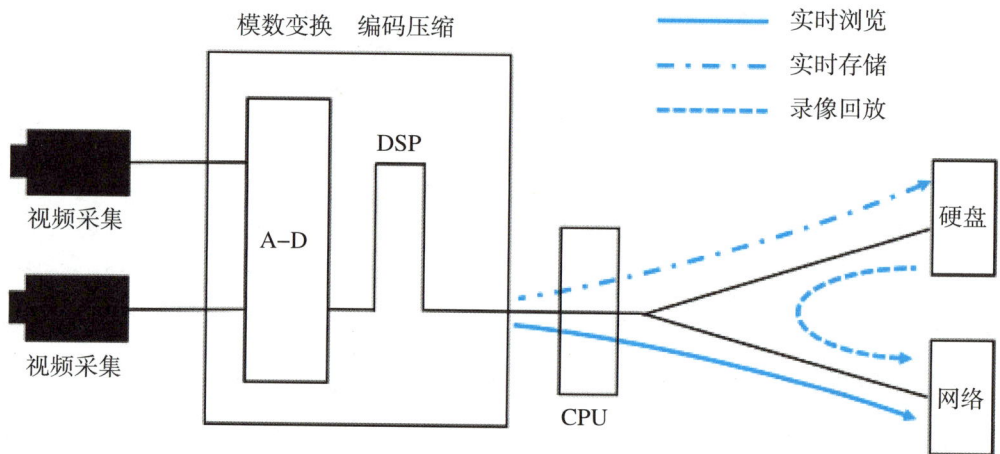

图2-10　DVR的工作原理

（2）DVR的关键技术

DVR的关键技术包括：A/D转换芯片；编码压缩芯片；视频编码压缩算法；DVR应用软件功能；智能视频算法；存储技术应用。

10. 知识点——视频编码器DVS

视频编码器又叫视频服务器，简称DVS（Digital Video Server），顾名思义，主要用其对模拟视频信号进行编码压缩，并提供网络传输功能。DVR产品侧重在"录像"功能，而DVS侧重在"视频编码及网络传输"，大多数DVS没有录像存储功能（部分编码器带缓冲存储器，可以临时性进行视频存储）。

2.1-4
视频编码器DVS

作为网络视频监控系统的核心硬件产品，DVS具有如下关键指标：

1）图像质量：图像质量是编码器的根本，图像质量应该清晰、流畅。

2）延时性：视频经过编码压缩传输到网络客户端的延时不能过长。

3）网络适应性：能够具有良好的网络适应性，克服抖动、丢包等现象带来的影响。

4）QoS：支持服务质量控制，保证视频传输的质量。

5）开放性：能够以各种方式与不同厂商的NVR快速集成、整合。

DVS可以看成是视频监控系统从模拟时代到网络时代的过渡产品，利用DVS可不必抛弃已经存在的模拟设备而升级到网络系统。通常，DVS具有1～8个视频输入接口，用来连接模拟摄像机信号输入，1个或2个网络接口，用来连接网络，与接下来要介绍的网络摄像机一样，它有内置的Web服务器、压缩芯片及操作系统，可实现视频的数字化、编码压缩及网络存储。除此之外，还有报警输入输出接口、串行接口、音频接口等实现辅助功能。

从外部看，DVS主要由视频输入接口、网络接口、报警输入输出接口、音频输入输出、用于串行数据传输或PTZ设备控制的串行端口、本地存储接口等构成。

从内部看，DVS主要由A/D转换芯片、嵌入式处理器主控部分（芯片、Flash、SDRAM）、编码压缩模块（芯片、SDRAM）、存储器件等硬件，以及操作系统、应用软件、文件管理模块、编码压缩程序、网络协议、Web服务等软件构成。摄像机模拟视频信号输入后，首先经模/数变换为数字信号后，通过编码压缩芯片（如ASIC或DSP）进行编码压缩，然后写入DVS的本地缓存器件进行本地存储，或者经过网络接口发送到NVR进行存储与转发，进而由应用客户端进行解码显示，或由解码器解码输出到电视墙显示等。网络上用户可以直接通过客户端软件或IE浏览器方式对系统进行远程配置、浏览图像，PTZ控制等操作。DVS的基本组成如图2-11所示。

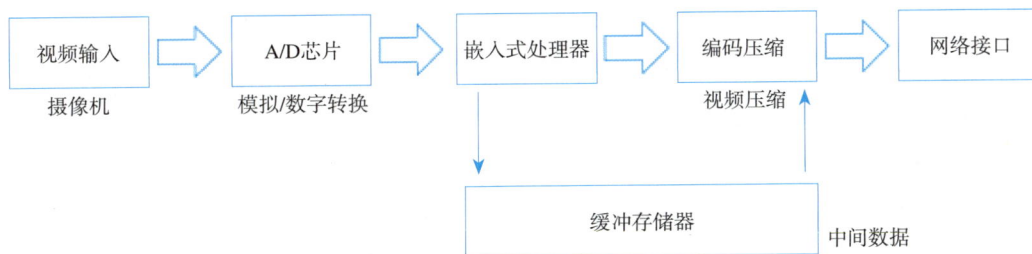

图2-11　DVS的基本组成

11. 知识点——网络视频录像机NVR

NVR的全称为Network Video Recorder，具有网络化特性。在NVR系统中，前端监控点安装网络摄像机或视频编码器。模拟视频、音频以及其他辅助信号经视频编码器数字化处理后，以IP码流形式上传到NVR，由NVR进行集中录像存储、管理和转发，NVR不受物理位置制约，可以在网络任意位置部署。

对于NVR产品，有部分公司的NVR配置本地视频输入输出接口、键盘及鼠标等接口，用来实现本地化的视频操作应用。其意义在于对一些小型项目，可以直接以显示器连接到NVR上而无需再单独配置电脑，其应用方式与DVR类似。NVR通常是在大型、分布式的项目应用，通常安装在环境良好的机房机柜内，而视频工作站连接到网络上便可实现所有功能。

12. 知识点——视频监控存储技术

在视频监控系统数字化、网络化、智能化的过程中，存储技术得到越来越多的应用。在单机DVR时代，人们对存储空间按照G为单位来部署，几百个G的硬盘是主流；而伴随DVR的网络化及NVR的大量应用，人们将存储功能从DVR或NVR中剥离出来，让更专业的设备来做，从此，磁盘阵列"轰轰烈烈"地进入安防应用，人们谈到的是以T为单位的存储空间，考虑的是DAS、NAS、SAN架构及I/O、吞吐、冗余等技术参数。

视频存储是网络视频监控系统应用中非常重要的一个环节。海量的视频数据通常需要进行长时间的存储，并为日后的视频录像资料检索、回放等提供服务。用户可以通过系统提供的应用检索界面，对某路、某个时间段的监控录像进行检索、回放或导出生成文件。从磁带到硬盘，从IDE到SAS接口，从单磁盘、JBOD到各种RAID技术，从DAS到NAS、SAN架构，存储领域的每一次技术变革都带动了视频存储领域相应的发展。

在数字视频监控时期，DVR作为数字化存储设备，通常采用的存储方式是内置多块大容量硬盘的方式实施存储扩展，或通过扩展接口外接磁盘阵列，可以理解为DAS方式的存储。DAS架构的存储在早期的单点及小规模DVR系统中，因为部署容易，成本不高而得以广泛应用，此方式的特点是单服务器（DVR）独享存储空间。

随着网络视频监控系统的发展，系统变得分散而规模不断扩大，因此，存储系统的容量、带宽、稳定性、集中管理、易维护、成本等方面均成为重点考虑因素。在此情况下，网络化、规模化的存储架构正好可以弥补DAS架构的各种不足，NAS、IP SAN、FC SAN以其良好的网络性、扩容性、冗余性、易管理性等优势得到更多的应用。

考虑视频监控存储性能时，需要考虑存储带宽需求、存储容量需求、磁盘的IO性能、视频存储的可靠性。

13. 知识点——视频图像显示技术

控制中心通常由解码器、电视墙（监视器）、客户工作站、控制键盘等设备构成。解码器一端连接到网络上，另一端连接到监视器上，实现：

2.1-7
视频图像显示技术

1）将网络发送过来的码流解码还原成视频图像进行显示。

2）工作站完成系统的配置及其他相关操作，如视频切换、视频调用、录像回放等。

3）控制键盘配合工作站使用，可以快速地完成视频的PTZ操作。

视频监控中心的效果如图2-12所示。

图2-12　视频监控中心的示意图

（1）监视器

监视器的作用是对视频信号进行还原显示，供操作人员或值班人员观看。通常，在视频监控系统中，利用监视器构成多屏幕的电视墙，显示前端传输过来的视频信号，也可以利用矩阵或软件对信号进行切换。

在视频监控系统中，通常由多个监视器构成电视墙，利用软件界面或键盘实现视频图像切换显示、回放、轮询、分组、预案等各种操作。在模拟视频监控系统中，监视器通常连接到矩阵的输出；而在网络视频监控系统中，监视器需要与解码器连接。

监视器的发展经历了从黑白到彩色、从闪烁到不闪烁、从CRT（阴极射线管）到LCD（液晶）的过程，每个过程都是质的飞跃。

（2）视频解码器

视频解码是视频编码的反过程，完成该工作的设备是视频解码器。与"编码有硬编码及软编码"两种方式类似，视频解码也有硬解码和软解码之分，硬解码通常由DSP完成，软解码通常由CPU完成，硬解码的输出通常进行电视墙模拟显示，软解码直接利用电脑工作站进行显示。硬、软解码器统称"Decoder"，视频解码过程如图2-13所示。

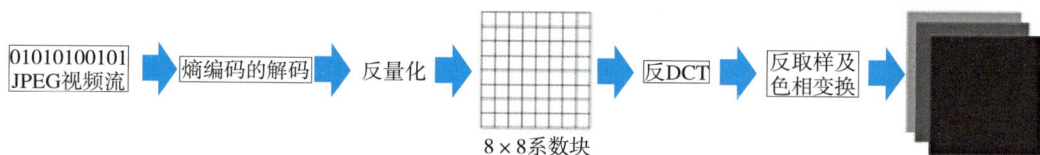

图2-13　视频解码过程

2.1.4　问题思考

根据你的学习，请谈谈视频监控系统的控制部分各主要设备的技术特点以及适用的场合。

1．填空题

（1）视频监控系统主要有_____、_____控制部分和_____组成。

（2）控制信号的传输方式主要有_____、_____和_____几种方式。

2．判断题

（1）视频监控系统的控制部分是系统的核心，负责对系统各设备进行控制。（　　　）

（2）视频切换器可将一路视频信号送到多个显示与记录设备，它将一台摄像机送出的视频信号供给多台监视器及其他终端设备使用。（　　　）

3．单选题

（1）适合工作于室内无照明的场所的摄像机是（　　　）。

A．针孔摄像机　　　　　　　　　B．红外摄像机

C．广角摄像机　　　　　　　　　D．彩色摄像机

（2）所需监视的环境照度变化大时，采用的镜头是（　　　）。

A．广角镜头　　　　　　　　　　B．手动光圈镜头

C．标准镜头　　　　　　　　　　D．自动光圈镜头

4．问答题

（1）若所用摄像机的电源是DC12V，而供电是AC220V，这就需要配置一个DC12V

稳压电源，这个电源是装于摄像机附近还是装于控制机房？为什么？

（2）云台、防尘罩、支架各有什么用途，选择时应注意什么？

（3）网络摄像机有什么优点，适合装在哪些场合？

（4）视频监控系统中的传输信号主要有哪几种？

2.1-8
习题答案

（5）请简述一下视频监控系统的存储发展历程。

2.1.5 知识拓展

资源名称	嵌入式DVR与PC式DVR对比	DVS与DVR对比	NVR与DVR对比	网络视频安防监控的介绍
资源类型	视频	视频	视频	视频
资源二维码				

任务 2.2 视频监控系统的设计

2.2.1 教学目标与思路

【教学目标】

知识目标	能力目标	素养目标	思政要素
1. 了解视频监控系统设计思路、工程常用国家标准和行业标准； 2. 掌握视频监控系统的设计。	能独立完成视频监控系统设计。	能正确表达自己思想，学会理解和分析问题。	树立"以人为本，预防为主，安全第一"的思想。

【学习任务】通过对某园区进行视频监控系统设计，进一步了解视频监控系统，了解视频监控系统的设计思路，掌握视频监控系统的设计步骤，为系统施工做好知识准备。

某园区有一栋建筑面积约为2000m^2的地上4层、地下1层的办公楼，园区总占地面积为2650m^2，如附图6所示。现需要为本园区及办公楼设计视频监控系统，满足园区、办公楼主要出入口、重点区域有视频监控，确保园区所有公共区域、重点区域无盲区。请确定监控中心位置，并对视频监控摄像机点位进行合理设计，完成视频监控系统图和平面图的设计，扫描二维码查看设计任务。

【建议学时】4~6学时。

2.2-1
视频监控系统设计
任务介绍

【思维导图】

监控区域
监控时长及录像回放时长 —— 需求分析
画面质量
联动要求

视频监控系统图
DVR的应用架构 —— 系统整体设计及拓扑图
DVS系统应用架构

室内摄像机点位设计
室外摄像机点位设计 —— 摄像机点位设计

焦距及计算方法
镜头尺寸
相对孔径 —— 摄像机镜头选择
镜头接口

存储空间计算 —— 存储与传输带宽部分设计
带宽计算

集中式供电
分布式供电 —— 供电设计
POE供电

—— 视频监控系统的设计

网上查找相关资料

扫描二维码观看视频

完成某园区的视频监控系统设计任务

2.2.2 学生任务单

任务名称	视频监控系统的设计	
学生姓名	班级学号	
同组成员		
负责任务		
完成日期	完成效果	
	教师评价	

自学简述	课前预习	学习内容、浏览资源、查阅资料		
	拓展学习	任务以外的学习内容		
任务研究	完成步骤	用流程图表达		
	任务分工	任务分工	完成人	完成时间

		本人任务	
		角色扮演	
		岗位职责	
		提交成果	

任务实施	完成步骤	第1步		
		第2步		
		第3步		
		第4步		
		第5步		
	问题求助			
	难点解决			
	重点记录	完成任务过程中，用到的基本知识、公式、规范、方法和工具等	成果提交	
学习反思	不足之处			
	待解问题			
	课后学习			

过程评价	自我评价（5分）	课前学习	时间观念	实施方法	知识技能	成果质量	分值
	小组评价（5分）	任务承担	时间观念	团队合作	知识技能	成果质量	分值

2.2.3 知识与技能

1．技能点——需求分析

本项目是一个办公园区，需要针对园区和办公楼的主要出入口、路面及地下停车场、公共区域、周界、人员通道、楼梯走道、重点区域（如：财务室）等位置安装视频监控摄像机，以确保园区内的正常工作、生活秩序及区域内的安全，避免园区的发生相关事件无预警、不可追溯。

整个视频监控系统要求能够满足全天候本地24小时监控。为了保证可追溯，相关视频需要保存至少14天。室外前端摄像机需要工作稳定，为了能避免日光照射的影响和黑夜正常工作，需要考虑其宽动态范围、背光补偿及最低照度，且摄像机的防水、防雷性能良好。室内摄像机需要工作稳定且外形友好，避免给人员带来压抑感。重点区域需保证无死角监控，且监控画面清晰稳定。

通过视频监控控制设备和软件，视频监控系统可以联动园区内的防盗报警系统，如当拍摄到有人非法穿越周界围栏时，联动相关防盗报警设备报警，并将相关画面传送到监控中心的主监视器进行显示。

2．技能点——系统整体设计与拓扑图

如图2-14所示，办公楼内的前端高清网络摄像机通过接入交换机，将高清视频信号传输至办公楼一楼监控中心进行数据交换，并由后端集中监控管理平台对前端摄像机进行统一接入、集中管理、权限分配、视频存储管理、视频转发、解码上墙等；室外的前端高清网络摄像机接入交换机后，通过光电转换器由光缆将信号送至办公楼一楼监控中心交换机，接受统一管理。

本项目将建设一套单独的监控网络，以保证整个网络带宽以及网络的稳定性；后端集中监控管理中心采用嵌入式DVR进行存储，以保证监控数据的稳定；监控中心采用一体化高清视频综合平台，实现高清图像解码上墙，视频综合平台采用插卡式设计，配置2块解码板卡，每块解码板支持32路1080P资源解码；1块HDMI输入板卡支持16路HDMI信号输入（输入板卡可选择DVI、VGA、BNV等信号输入）；电视墙采用3×4布局共12块55寸液晶拼接屏，可通过电脑客户端或键盘实现单路切换、轮巡、拼接、漫游、开窗等显示功能。

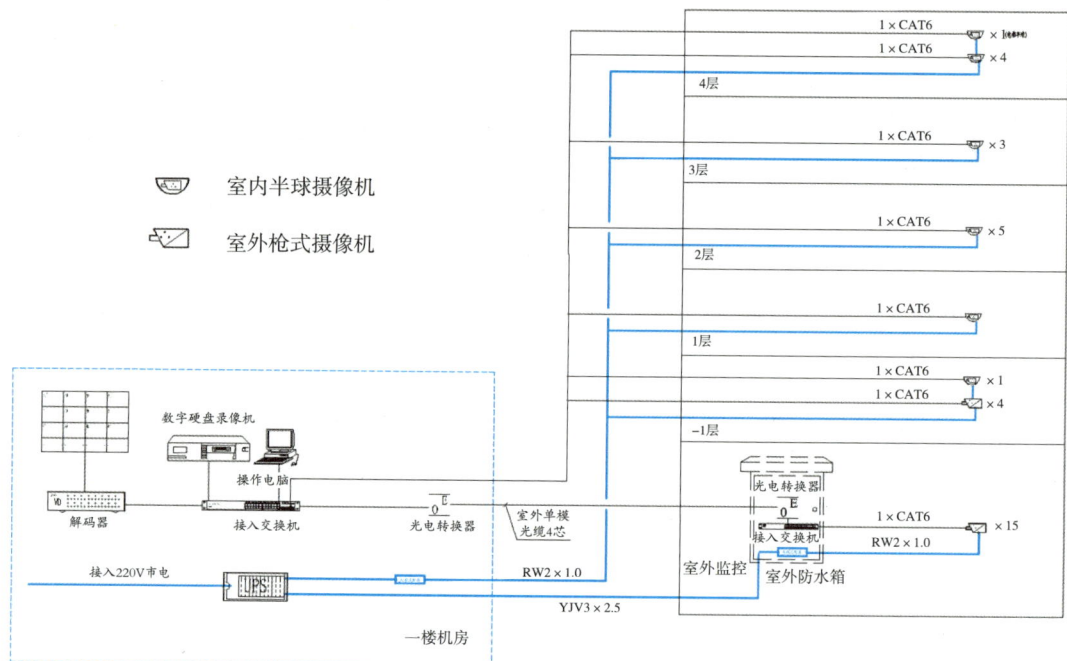

图2-14　本任务的视频监控系统图

3．技能点——摄像机点位设计

2.2-4
摄像机点位设计

对于室内摄像机，需要考虑每层的房间所具有的功能，比如：一楼的大厅、二楼的档案室、四楼的财务室都属于公共区域和重点区域，需要安装摄像机；每层还有人员通道，也需要摄像机。

对于室外摄像机，需要结合场地特点，根据园区主要进出口、园区主干通道、停车场等场所进行合理的摄像机点位设计。

此外，在进行摄像机点位设计时，摄像机镜头的选择也至关重要。摄像机镜头大小的主要区别是：镜头越小看得越近，但是视觉范围越宽；镜头越大看得越远，但是视觉范围越窄。具体常见的摄像机镜头大小与对应所能拍摄的角度与最佳距离见表2-1。

常见的摄像机镜头大小与对应所能拍摄的角度与最佳距离　　　表2-1

镜头参数	3.6/4mm	6mm	8mm	12mm	16mm	25mm
镜头角度（°）	75.7/68.6	50	38.5	26.2	19.8	10.6
最佳距离（m）	<10	<20	<30	<40	<50	<60

在实际选择摄像机镜头时，根据摄像机所需监控的实际距离和范围，参照表2-2选择相对合适的镜头大小。镜头参数所对应的最佳距离，指的是"发现距离"。例如，3.6mm的镜头可以看清10m以内大的大致面貌和活动，但如果要去看清楚人脸的话，需要选择参数更大的镜头。但是换成参数更大的镜头，所监控的视觉范围就会变窄，如换成16mm的镜头，所能监视的角度就只有19.8°了。

因此，如所需监控的范围较小，建议对照表2-1选择镜头参数大一规格的镜头，这样在清晰度相同的情况下，目标物体看起来更大，细节也看得更清楚，监控视觉效果好；如所需监控的范围较大，建议选择相对小的镜头。另外还需要考虑两个摄像机之间的间隔是否合适，有没有超出摄像机的最佳距离。

对于本项目中办公楼内，每层的主要通道两侧，可以选用配有6mm镜头的半球摄像机，出入口处、楼梯口处也可以配同样的半球摄像机。四楼的财务室内可以配3.6mm镜头的摄像机，便于尽可能看到更大范围。在电梯内安装电梯专用半球摄像机1台。

办公楼外，在整个园区内安装枪式摄像机，根据园区场地大小，可以选用配有8mm镜头的摄像机组进行对射监控，将园区的四周、办公楼外围监控起来。具体的点位布置请扫描本节知识拓展中的二维码查看。

4．技能点——存储与传输带宽部分设计

2.2-5
存储与传输带宽部分设计

视频监控的存储和传输带宽需求与多种因素相关，具体需要考虑的因素有：

1）摄像机数量及分布情况；

2）摄像机录像方式，如：实时录像、报警录像、时间表录像；

3）录像的参数，如：帧率、分辨率、图像质量；

4）视频场景的复杂情况，如：忙碌时、相对空闲时；

5）视频录像计划保存时间；

6）视频存储设备的分布情况；

7）视频客户端、电视墙等终端的分布情况。

以本项目为例，一共有20台半球摄像机和19台枪式摄像机，连接在1台64路网络交换机上，交换机与硬盘录像机连接；系统中有12台监视器构成的电视墙，进行实时视频监控显示；系统中有1台客户工作站，用来对任何通道的摄像机进行录像回放、实时浏览或者报警监控与录像。

根据用户的需求，已知：39台摄像机采用分辨率为720×576的全天候录像方式，每台摄像机所需带宽按2M计算，录像时间不少于7天；电视墙12个画面采用分辨率为

720×576的实时显示；一个客户端进行一个通道的分辨率为720×576的实时显示。

（1）存储空间计算

39通道×2Mbps×3600s×24h×7d/8/1000/1000≈6TB（向上取整）

（2）带宽计算

办公楼内：24通道×2Mbps=48Mbps

办公楼外：15通道×2Mbps=30Mbps

电视墙：12通道×2Mbps=24Mbps

客户端带宽：1通道×2Mbps=2Mbps

硬盘录像存储带宽：39通道×2Mbps=78Mbps

五类线的带宽100M，超五类线的带宽155M，六类线的带宽250M。由于超五类线具有衰减小、串扰少，并且具有更高的信噪比、更小的时延误差，性能相较于五类线有很大提高；六类线主要应用在千兆网络中，在传输性能上远远高于超五类网线标准。因此本项目中考虑系统扩展性，应采用六类线。

5. 技能点——供电设计

视频监控系统中的电源线一般都是单独敷设的，在监控室设置总开关，对整个监控系统进行直接电源控制。电源线按交流220V进行布线。在摄像机端，根据摄像机的用电需求，再经适配器转换成直流12V或者交流24V，注意电源线与信号线需要保持一定的距离，防止信号干扰。本项目中便采用此种供电设计方案。

2.2-6
供电部分设计

另外，有些小的系统也可以采用12V直接供电方式，即在监控室内用一个大功率的直流稳压电源对整个系统供电。如采用这种方式，电源线就需要采用线径较粗的线，且距离不能太长，否则设备不能正常供电。

随着网络摄像机及NVR的普及，目前还有POE供电方式，即利用系统中现有的CAT5、CAT6布线的基础架构，在不做任何其他布线的情况下，在为摄像机传输数据的同时，还为摄像机提供直流供电技术，实现一线两用，最大限度地降低成本。但此种方式需要交换机支持POE功能。

2.2.4 问题思考

根据你的学习，请谈谈视频监控系统设计过程主要分为哪几步？在设计过程如何平衡先进性与经济性？

1．填空题

（1）视频监控系统设计原则包括_____、_____、系统性、开放性、应用性和_____。

（2）视频监控系统的供电方式主要有_____、_____和_____这几种方式。

2．判断题

（1）在进行摄像机选型时，只需要注重画面清不清晰就行。（　　　）

（2）视频监控系统中，带宽设计与摄像机选型、传输码流、显示需求均有关。（　　　）

3．单选题

（1）DVS的应用架构主要包括（　　　）。

①矩阵+DVS混合架构　　　②DVS+NVR架构

③DVR+DVS架构　　　　　④DVS多级架构

A．①②　　　　　B．①③　　　　　C．②③　　　　　D．①④

（2）摄像机选型时计算焦距（F）正确的公式是（　　　）。

其中：A——像场距，H——视场距，L——物距。

A．$F=H \times L/A$　　　B．$F=H \times A/L$　　　C．$F=A \times L/H$

4．问答题

（1）在进行需求分析时，需要进行哪些方面的分析？

（2）视频监控系统应设计哪些内容？

2.2-7
习题答案

2.2.5 知识拓展

资源名称	镜头焦距计算方法	DVR应用架构介绍	DVS应用架构介绍
资源类型	视频	视频	视频
资源二维码			

任务 2.3
视频监控系统的安装与接线

2.3.1 教学目标与思路

【教学目标】

知识目标	能力目标	素养目标	思政要素
1. 掌握视频监控系统工程的施工准备的具体内容； 2. 了解视频监控系统的安装过程与安装方法； 3. 了解施工质量管理的基本知识。	1. 能够根据施工图纸进行视频监控系统的施工准备； 2. 能够独立完成视频监控系统的安装与接线； 3. 掌握视频监控系统施工质量控制的方法。	培养学生务实肯干、坚持不懈、精雕细琢的敬业精神。	进一步提高安全施工的意识，培养精益求精的工匠精神。

【学习任务】在实训平台上完成器件安装和系统接线，具体要求请扫描二维码查看。

【建议学时】4～6学时。

【思维导图】介绍

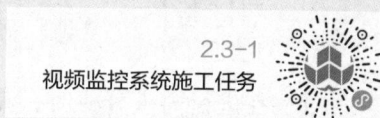

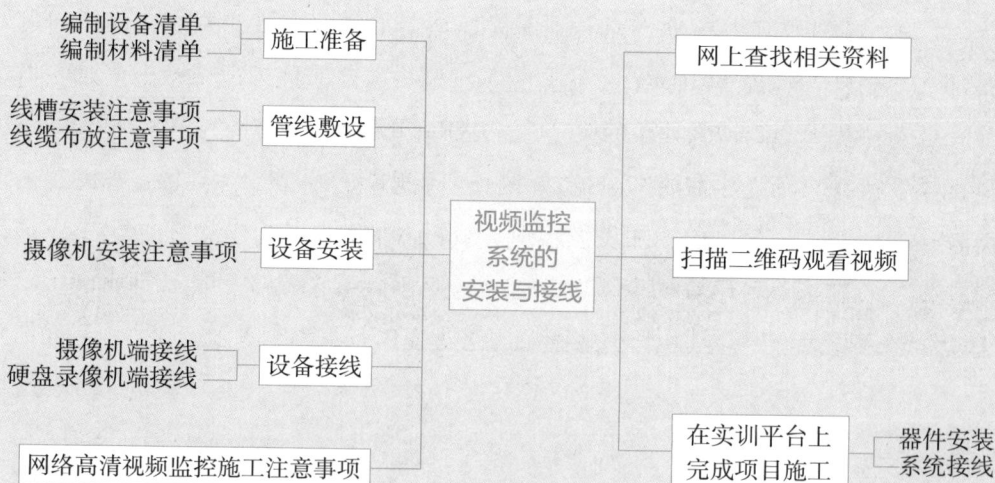

2.3-1
视频监控系统施工任务

编制设备清单
编制材料清单 —— 施工准备

线槽安装注意事项
线缆布放注意事项 —— 管线敷设 —— 视频监控系统的安装与接线

摄像机安装注意事项 —— 设备安装

网上查找相关资料

扫描二维码观看视频

摄像机端接线
硬盘录像机端接线 —— 设备接线

网络高清视频监控施工注意事项

在实训平台上完成项目施工 —— 器件安装 系统接线

2.3.2 学生任务单

任务名称	视频监控系统的安装与接线	
学生姓名	班级学号	
同组成员		
负责任务		
完成日期	完成效果	
	教师评价	

自学简述	课前预习	学习内容、浏览资源、查阅资料		
	拓展学习	任务以外的学习内容		
任务研究	完成步骤	用流程图表达		
	任务分工	任务分工	完成人	完成时间

	本人任务	
	角色扮演	
	岗位职责	
	提交成果	

任务实施	完成步骤	第1步	
		第2步	
		第3步	
		第4步	
		第5步	
	问题求助		
	难点解决		
	重点记录	完成任务过程中，用到的基本知识、公式、规范、方法和工具等	成果提交
学习反思	不足之处		
	待解问题		
	课后学习		

过程评价	自我评价（5分）	课前学习	时间观念	实施方法	知识技能	成果质量	分值
	小组评价（5分）	任务承担	时间观念	团队合作	知识技能	成果质量	分值

2.3.3　知识与技能

视频监控系统的安装与接线主要包括：施工准备、管线敷设、设备安装、设备接线等步骤，本着"先预制后安装、先预埋后安装、先配管后安装、先暗后明"的原则进行。

1.技能点——施工准备

施工准备环节需要仔细了解施工任务，明确各摄像机安装位置与安装特点，并根据摄像机的安装位置与网络硬盘录像机之间的距离计算所需管线的数量，编制设备清单、材料清单，用于准备施工所需的设备与材料，清单可见表2-2。

2.3-2
施工准备

视频监控系统设备/材料清单（单位：元）　　　　表2-2

序号	名称	型号	单位	数量	单价	合计	备注

总价：

2.技能点——管线敷设

管线敷设过程中，需要严格遵守视频监控系统施工工艺标准，从而保证视频信号的稳定。本任务采用线槽敷设方式，在线缆布放时需要注意视频信号线、电源线的线缆完好无损、外皮完整，中间严禁有接头和打结的地方；线缆布放绑扎整齐，绑扎的线扣间距均匀、松紧适度，不得绑扎过紧；线缆走线方便、美观，每期工程线缆沿线缆走道一侧布放，尽量留出扩容空间，以便于维护和将来扩容；布放线缆时，每条线缆的两端有明显标志，以便于连接和检查，线缆标签应贴（绑）于线缆两端的明显处且不易脱落；信号线与电源线分开敷设，不互相缠绕，平行走线，并避免在同一线束。在同一线缆走道上布放时，间距不小于200mm。信号线及电源线在机架布放时，分别在两侧走线。

2.3-3
管线敷设

一般的普通摄像机工作电流约为200~300mA，一体化高速球摄像机为350~400mA。如果摄像机的数量较少（5台以内）且摄像机与监控主机的距离较近（少于50m），每台摄像机可单独布RVV 2×0.5电源线到监控室，并用小型变压器供电。如果摄像机的数量较多，则应采用大功率的12V直流稳压电源集中供电。

3．技能点——设备安装

在进行视频监视系统摄像机安装时，一般需要注意的问题包括：

2.3-4
设备安装

摄像机安装在监视目标附近不易受外界损伤的地方，安装位置不影响现场设备运行和人员正常活动。安装的高度，室内距地面2.5～5m，室外距地面3.5～10m。室外环境下采用室外全天候防护罩，保证春夏秋冬、阴晴雨风各种天气下使用。摄像机镜头应避免强光直射，保证摄像机靶面不受损伤。镜头视场内没有遮挡监视目标的物体。摄像机镜头从光源方向对准监视目标，避免逆光安装；当需要逆光安装时，应降低监视区域的对比度。在高压带电设备附近架设摄像机时，根据带电设备的要求，确定安全距离。摄像机在安装时，每个进线孔均应采用专业的防水胶或热熔胶，做好防水、防水蒸气等流入的措施，以免对摄像机电路造成损坏。

本任务中，摄像机涉及室外壁挂安装和室内壁挂安装、室内吊装几种方式，均需要注意在安装过程中务必保证摄像机安装支架固定牢固、连接可靠。在摄像机吊装过程中，需要注意摄像机是否上下颠倒，防止拍摄呈现出来的监控画面错误。

4．技能点——设备接线

网络筒形摄像机侧面如图2-15所示，有两个接口。在具体接线时，只需要将制作好的网络跳线和电源跳线接入对应接口并保证可靠连接就行。

2.3-5
设备接线

半球形摄像机的构造与筒形摄像机类似，如图2-16所示。对于网络硬盘录像机端，只要将连接对应摄像机的网线根据要求接入对应的视频输入通道口，如图2-17所示中IPC直连口即可。

10M/100M
自适应以太网口

直流12V电源
接口

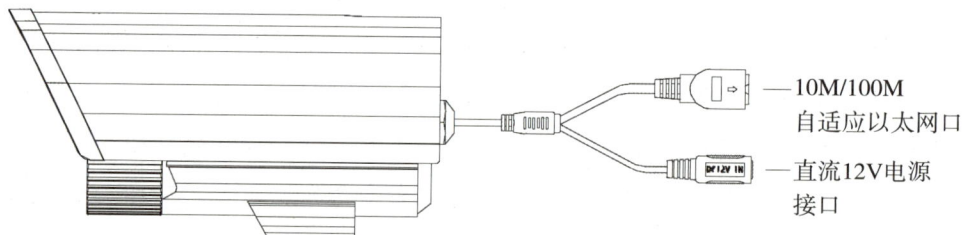

图2-15　筒形摄像机侧面示意图

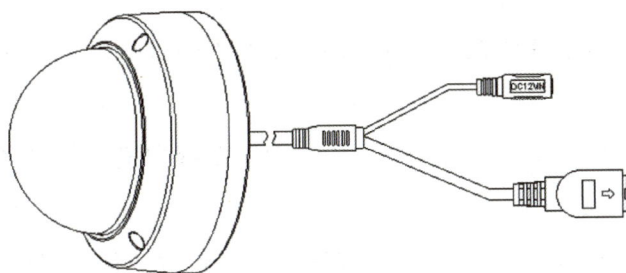

图2-16 半球形摄像机侧面示意图

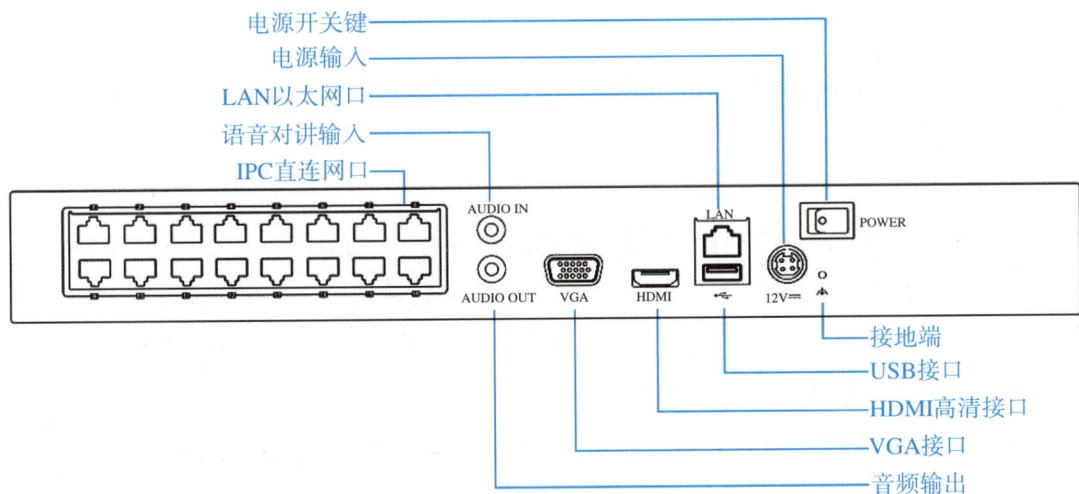

图2-17 NVR背面板示意图

2.3.4 问题思考

根据你的学习，分析管线敷设时工艺上的要求对后续施工和调试有什么重要意义？

1. 填空题

（1）摄像机安装时主要有_____、_____、立杆安装等方式。

（2）摄像机安装过程中，应该避免阳光_____的干扰。

（3）在线槽敷设时，需要注意线槽盖板安装后应_____，_____，出线口的位置应准确。

（4）线缆布放绑扎应整齐，绑扎的线扣间距_____，不得绑扎_____。

（5）一般的NVR包括的功能有：基本功能、本地监控、_____、_____、报警和_____、网络功能等。

2．判断题

（1）视频监控系统线路敷设过程，需要注意电源线与信号线分开走，以防止信号干扰。（　　）

（2）在视频监控系统安装过程中，务必要注意摄像机安装牢固，信号线、电源线连接可靠。（　　）

（3）常见的网络硬盘录像机能进行视频丢失报警、视频移动侦测报警、视频遮挡报警、非法访问报警、网络断开报警、IP冲突报警、硬盘错误及硬盘满报警等。（　　）

（4）摄像机在室内安装与在室外安装时，距地高度一致。（　　）

3．单选题

（1）摄像机宜安装于监视目标附近且不易受到外界损伤的地方。室外安装高度以（　　）m为准。

　　A．1～2　　　　　B．2.5～5　　　　　C．2～6　　　　　D．3.5～10

（2）对于长距离的电视监控系统，如交通警察指挥中心各路口及道路状况电视监控系统，为了保证图像和伴音质量，应采用（　　）传输方式。

　　A．双绞线　　　　B．光缆　　　　C．细同轴电缆　　D．粗同轴电缆

（3）电梯里一般用（　　）摄像机。

　　A．飞碟式　　　　B．枪式　　　　C．半球式　　　　D．快速球

4．问答题

（1）视频监控系统工程的施工主要分为哪几步？

（2）请画出视频监控系统的接线图。

（3）在进行摄像机安装时，需要注意哪些事项？

（4）在进行摄像机接线时，需要注意哪些事项？

2.3-6
习题答案

2.3.5 知识拓展

资源名称	摄像机支架安装	云台摄像机的安装接线	硬盘录像机的安装
资源类型	视频	视频	视频
资源二维码			

任务 2.4
视频监控系统的设置与调试

2.4.1 教学目标与思路

【教学目标】

知识目标	能力目标	素养目标	思政要素
掌握网络硬盘录像机的调试方法。	1. 能设置摄像机通道，使摄像机能正常工作； 2. 能正确进行相关设置，使网络硬盘录像机能录像、回放和报警。	培养学生依法规范自己行为的意识和习惯。	提高安全第一的施工意识，进一步培养精益求精的工匠精神。

【学习任务】在完成任务2.3视频监控系统的安装与接线的基础上，进行系统的设置与调试，具体要求请扫描二维码查看。

【建议学时】4～6学时。

【思维导图】

2.4-1
视频监控系统调试
任务介绍

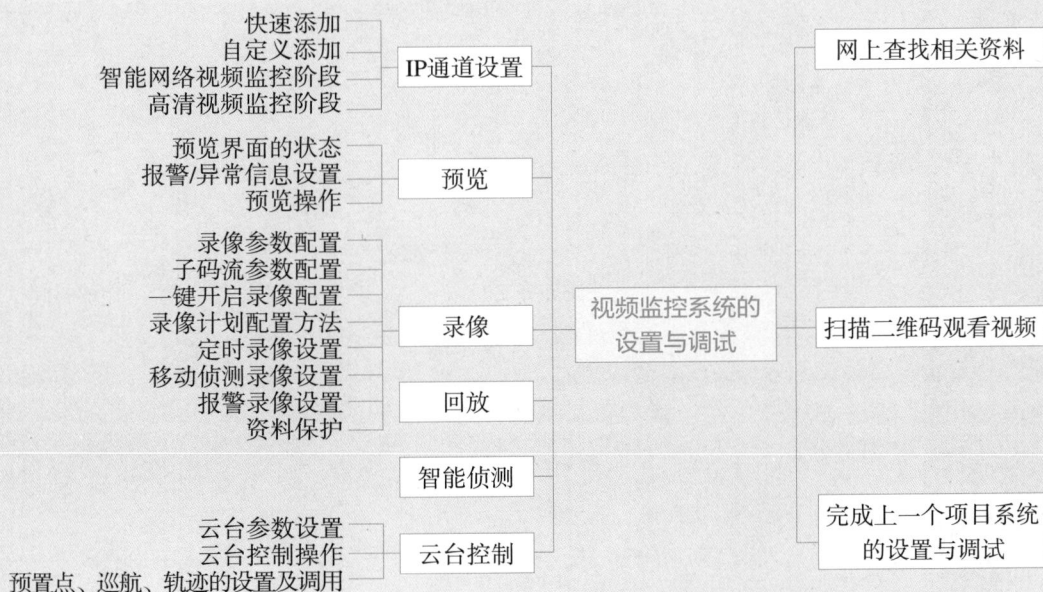

快速添加
自定义添加
智能网络视频监控阶段 —— IP通道设置
高清视频监控阶段

预览界面的状态
报警/异常信息设置 —— 预览
预览操作

录像参数配置
子码流参数配置
一键开启录像配置
录像计划配置方法 —— 录像
定时录像设置
移动侦测录像设置
报警录像设置 —— 回放
资料保护

智能侦测

云台参数设置
云台控制操作 —— 云台控制
预置点、巡航、轨迹的设置及调用

视频监控系统的设置与调试

网上查找相关资料

扫描二维码观看视频

完成上一个项目系统的设置与调试

2.4.2 学生任务单

任务名称	视频监控系统的设置与调试	
学生姓名	班级学号	
同组成员		
负责任务		
完成日期	完成效果	
	教师评价	

自学简述	课前预习	学习内容、浏览资源、查阅资料		
	拓展学习	任务以外的学习内容		
任务研究	完成步骤	用流程图表达		
	任务分工	任务分工	完成人	完成时间

本人任务	
角色扮演	
岗位职责	
提交成果	

任务实施	完成步骤	第1步	
		第2步	
		第3步	
		第4步	
		第5步	
	问题求助		
	难点解决		
	重点记录	完成任务过程中，用到的基本知识、公式、规范、方法和工具等	成果提交
学习反思	不足之处		
	待解问题		
	课后学习		

过程评价	自我评价（5分）	课前学习	时间观念	实施方法	知识技能	成果质量	分值
	小组评价（5分）	任务承担	时间观念	团队合作	知识技能	成果质量	分值

2.4.3 知识与技能

1. 技能点——IP通道设置

对于网络摄像机（IPC）来说，每台IPC设备最多只能接入一台NVR，否则会引起对IP设备的管理混乱。在对NVR的IP通道进行配置前，需要确认IP设备是否已经连接到NVR所在的网络中，并正确设置设备的网络参数。

（1）快速添加

快速添加IP设备的具体操作步骤如下：

1）进入"IP通道管理"界面

路径一：在预览界面，单击鼠标右键，打开右键菜单，选择"添加IP通道"。右键菜单如图2-18所示，"IP通道管理"界面如图2-19所示。

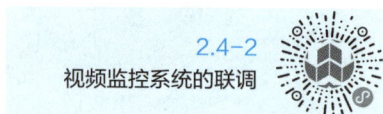

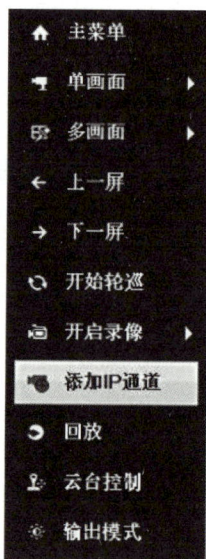

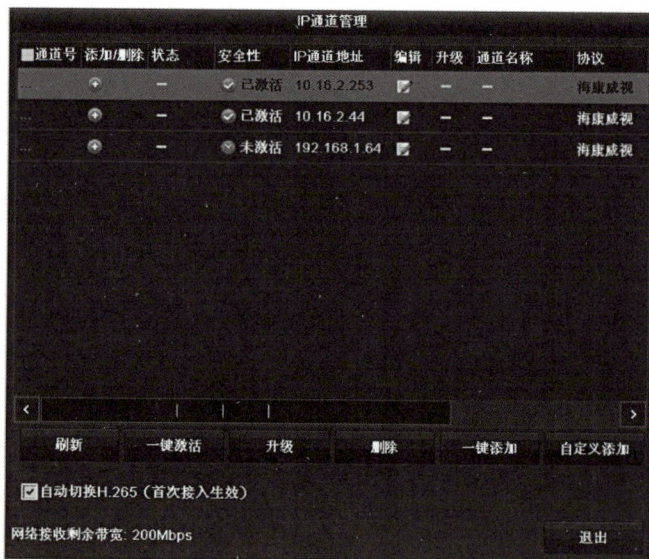

图2-18　右键快速　　　　图2-19　快速添加IP通道界面

路径二：选择"主菜单→通道管理→通道配置→IP通道"。进入通道管理的"IP通道"界面，如图2-20所示。

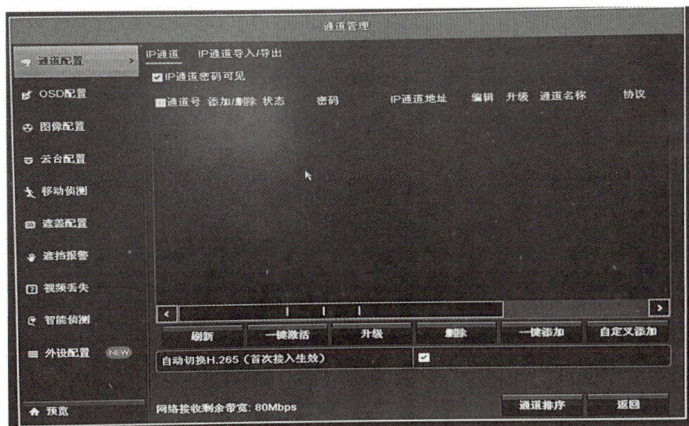

图2-20　快速添加IP设备界面

2）激活IP设备和添加IP设备

如果IP设备已被激活，可直接添加IP通道。对于未激活的IP设备，需要在激活界面上进行设置登录密码才能添加IP通道。

选择需要添加的IP设备，单击⊕，NVR以默认用户名admin、激活密码去添加IP设备。重复以上操作，完成多个IP通道添加。单击"一键添加"，在不超过设备路数情况下将搜索到IP设备全部激活并添加到NVR上，且激活密码默认和admin的激活密码一致。

查看连接状态如图2-21所示，通过路径一进行添加，"状态"⬤表示添加成功。通过路径二进行快速添加，"状态"▶表示添加成功，鼠标左键单击▶，可预览图像。

"状态"⚠表示添加失败，鼠标左键单击⚠，可查看错误信息，根据状态提示信息重新添加。

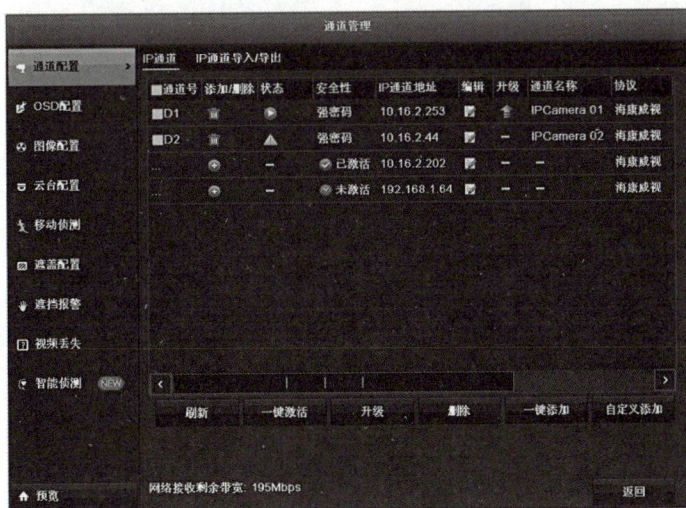

图2-21　连接状态

设备将搜索同网段内支持SADP、ONVIF等十几种私有协议的IP设备，并显示在IP通道管理界面。采用ONVIF协议的厂商众多，如果用户名与密码非默认，建议采用自定义添加方式。如果"状态"显示为"⚠"且提示"用户名或密码"，请点击📝，输入密码登录IP设备重新连接添加到NVR。

（2）自定义添加——进入IP通道添加界面

路径一：单击鼠标右键打开右键菜单，选择"添加IP通道"，右键菜单如图2-18所示，"IP通道管理"界面如图2-19所示。也可选择"自定义添加"，进入自定义添加IP通道界面，如图2-22所示。

再勾选"继续添加"，则自定义添加完成一个IP通道后，仍可以在自定义添加IP通道界面继续添加其他IP通道添加界面，如果不勾选，则自定义添加完成一个IP通道后，返回IP通道管理界面。

路径二：选择"主菜单→通道管理→IP通道"进入通道管理的"IP通道"界面，如图2-19所示。选择"自定义添加"，进入自定义添加IP配置界面，如图2-22所示。

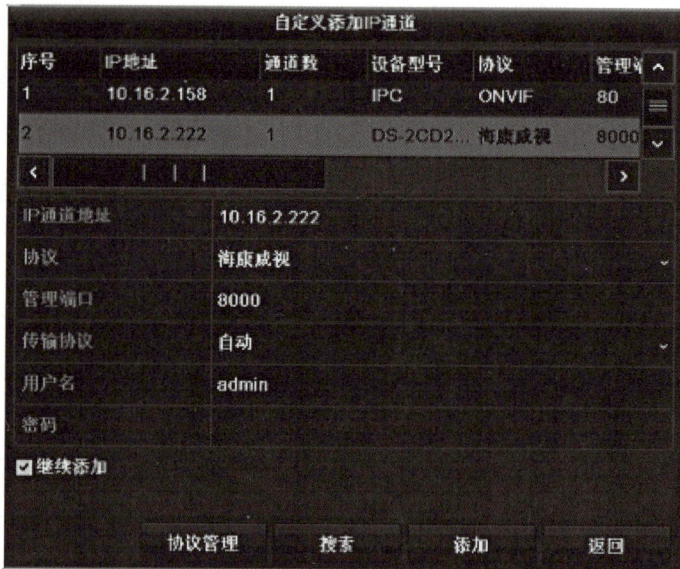

图2-22　自定义添加IP通道界面

路径三：预览状态下，选择一个空闲的窗口，出现添加符号➕，如图2-23所示。单击该符号，进入添加IP通道界面。

然后，输入IP通道地址、协议、管理端口、设备通道号、传输协议、用户名与密码，单击"添加"。查看连接状态，如图2-21所示。

此外，IP通道设备还包括即插即用添加、DVS添加等方式，但需要相关NVR支持这些功能。

在IP设备添加成功后，NVR可对IP设备进行配置管理。在通道管理的"IP通道"界面，单击![edit]，进入编辑界面，如图2-24所示。在本界面上，可以修改IP通道的IP地址、管理端口、密码等参数。

图2-23　预览界面

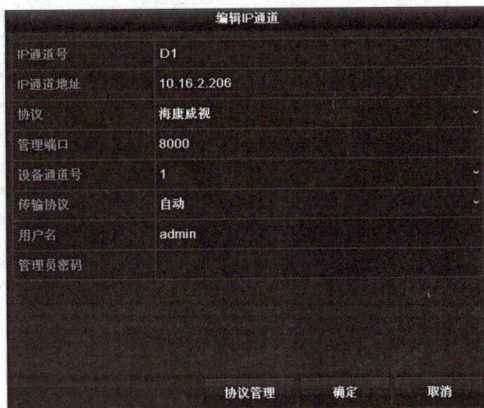

图2-24　编辑界面

2．技能点——视频预览

（1）预览界面的状态

预览界面中，各个通道的录像、报警状态可以通过各通道右上方的图标显示区分，预览状态说明参见表2-3。

2.4-3
硬盘录像机的调试

预览状态说明　　　　　　　　表2-3

图标	状态说明
![bell]	异常报警（包括视频丢失报警、视频遮挡报警、视频移动侦测报警、开关量报警、智能侦测报警）
![rec]	录像（包括手动、定时、移动侦测、报警、动测且报警、动测或报警、事件录像）
![bell-rec]	异常报警和录像
![warn]	报警/异常信息

（2）报警/异常信息设置

预览界面下，当设备接收到报警或异常信息时，指示图标将提示用户正在发生的报警或异常。具体操作步骤为：在预览画面，如果出现报警或异常，界面左下角将会出现![warning],如图2-25所示。

单击![warning],查看"报警/异常信息"界面,如图2-26所示。

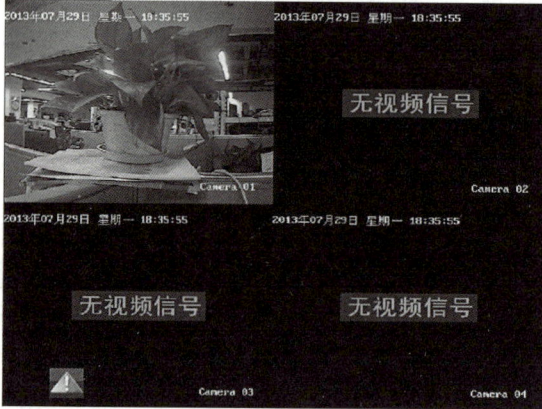

图2-25 预览信息提示

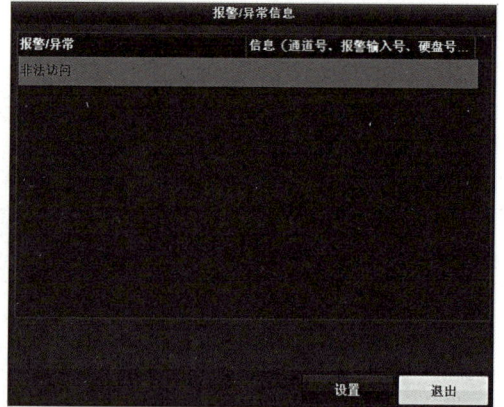

图2-26 报警/异常信息界面

单击"设置",进入"事件提示配置"界面,用户可以选择需要提示的报警或异常类型,默认为全选。

(3)预览操作

在预览状态下,可以通过鼠标的右键菜单对设备进行预览画面切换、预览模式调整、轮巡、全天回放等操作。快捷菜单如图2-18所示,各项功能说明参见表2-4。

菜单项说明 表2-4

名称	说明	名称	说明
主菜单	进入系统主菜单。	开启录像	通过下拉菜单选项一键开启所有通道全天定时或移动侦测录像。
单画面	通过下拉菜单选项进行单画面切换。	添加IP通道	进入IP通道管理界面快速添加配置IP通道。
多画面	通过下拉菜单选项改变预览模式。	回放	进入所在通道录像回放界面。
上一屏	切换上一屏画面。	云台控制	对云台进行预置点、巡航、轨迹、灯光、雨刷等操作控制。
下一屏	切换下一屏画面。	输出模式	通过选择模式,修改输出口的图像预览效果。
开始轮巡	预览状态单/多画面开始轮巡。		

若需要使用"开始轮巡"操作,应预先在预览配置中设置"切换时间"。

此外，目前很多NVR还支持图像电子放大、预览策略设置、切换码流类型、通道顺序调整、预览效果调节、音频预览与对讲设置、监视器屏幕保护设置等功能，读者可以在相关NVR上按照对应的设备说明书进行尝试使用。

3．技能点——视频录像

在录像设置前，需要在"硬盘管理"界面确认硬盘已经安装并完成初始化。硬盘初始化是必要过程，否则将无法正常录像。初始化过程，需要分配好每个通道存储的录像空间大小。

（1）录像参数配置

1）选择"主菜单→录像配置→编码参数"，进入编码参数的"录像参数"界面，如图2-27所示。

图2-27　录像参数界面

2）在设置录像参数时，具体参数及说明、更多配置请参见表2-5。

录像参数说明　　　　　　　　　　表2-5

参数名称	参数理解	参数设置
通道选择	选择要设置录像参数的通道。 产品型号不同IP通道的路数不同，具体请参见技术参数。	通过下拉框选择。
视频压缩参数类型	视频压缩参数类型分主码流（定时）、主码流（事件）两种： ①主码流（定时）：普通录像的编码参数。 ②主码流（事件）：移动侦测、报警输入、智能侦测等事件发生时的编码参数。	事件参数不可设置，与定时参数一致。

续表

参数名称	参数理解	参数设置
码流类型	码流类型分复合流和视频流两种： ①复合流：录像信息包含视频和音频。 ②视频流：录像信息仅包含视频信息。	通过下拉框选择。 修改码流类型将重启IP设备才能生效。
分辨率	分辨率是图像精细程度的度量方法，指单位长度内包含像素点的数量。	通过下拉框选择。 录像编码的分辨率与IP设备有关。
码率类型	码流类型分变码率和定码率两种： ①变码率：码率会根据场景变化，图像质量6级可调。 ②定码率：码率尽量按照码率上限编码，图像质量不可调。	通过下拉框选择。
视频质量	只在变码率情况下设置，可选择的设置项有：最高、较高、中等、低、较低、最低。	通过下拉框选择。
视频帧率	视频帧率指每秒的视频帧数，是用于测量显示帧数的量度。	通过下拉框选择。 单位：fps。 取值范围：1/16～50/60fps（全帧率）可选。
码率上限模式	码率上限模式分为通用码率和自定义两种。 ①通用码率：系统提供固定数值的参数。 ②自定义：用户输入码率的数值。	通过下拉框选择。
码率上限（Kbps）	码率上限（Kbps）是指编码理论最大码率，录像编码的参考数值。	①码率上限模式为通用码率，通过下拉框选择。 ②码率上限模式为自定义，通过文本框手动输入。
码率上限推荐范围	根据用户设定的分辨率、视频质量与帧率，推荐合适的参考码率上限范围。	不可设。单位：Kbps。
启用Smart264模式	Smart264模式即IP设备可以根据场景调节编码码率。在保证视频图像质量的前提下，降低视频码率，在有限的存储空间中存储更长时间的录像。	提供复选框勾选。 只有支持海康威视协议的设备接入支持。 Smart264码流的IP设备时，此参数项才可配置。 勾选启用Smart264模式时，码率上限模式、码率上限、码率上限推荐范围三项将置灰不可配置。 改变模式将重启IP设备才能生效。
预录时间	事件报警前，事件录像的预录时间。	通过下拉框选择。 取值范围：0～30s，或最大，8挡可选。
录像延时	事件结束后的延时事件录像的时间。	通过下拉框选择。 取值范围：5～600s，7挡可选。

参数名称	参数理解	参数设置
文件过期时间（天）	硬盘内文件最长保存时间，超过这个时间将被强制删除。	通文本框手动输入。取值范围：0～750天。若设置为0天则不强制删除，直到文件被覆盖。
记录音频	用于设置录像时是否记录音频。	通过复选框勾选。默认值：勾选记录音频。勾选记录音频时，请确认将码率类型选择为"复合流"。
录像码流	设置录像的码流。	通过下拉框选择。可选择选项：主码流和子码流。

（2）子码流参数配置

子码流（网传）参数用于网络传输使用。当网络环境不是很理想时，用户可采用子码流进行网络预览，降低传输的带宽，子码流也适用于手机监控。

具体操作为：选择"主菜单→录像配置→编码参数"，进入"子码流参数"界面。设置子码流参数时，参见表2-6。

子码流参数说明　　　　　　　　　　　　　　　　表2-6

参数名称	参数理解	参数设置
通道选择	选择要设置录像参数的通道。产品型号不同IP通道的路数不同，具体请参见技术参数。	通过下拉框选择。
码流类型	码流类型分复合流和视频流两种：①复合流：录像信息包含视频和音频。②视频流：录像信息仅包含视频信息。	通过下拉框选择。修改码流类型将重启IP设备才能生效。
分辨率（最大支持720P）	分辨率是屏幕图像的精密度，指显示器所能显示的像素有多少。	通过下拉框选择。录像编码的分辨率与IP设备有关。
码率类型	码率类型分变码率和定码率两种：①变码率：码率会根据场景变化，图像质量6级可调。②定码率：码率尽量按照码率上限编码，图像质量不可调。	通过下拉框选择。
视频质量	只在变码率情况下设置，可选择的设置项有：最高、较高、中等、低、较低、最低。	通过下拉框选择。

参数名称	参数理解	参数设置
视频帧率	视频帧率指每秒的视频帧数，是用于测量显示帧数的量度。	通过下拉框选择。 单位：fps。 取值范围：1/16～25/30fps（全帧率）可选。 默认值：全帧率。
码率上限模式	码率上限模式分为通用码率和自定义两种： ①通用码率：系统提供固定数值的参数。 ②自定义：用户输入码率的数值。	通过下拉框选择。
码率上限（Kbps）（最大支持2M）	码率上限（Kbps）是指编码理论最大码率，录像编码的参考数值。	码率上线模式为通用码率。 通过下拉框选择。 可选择的设置项有：32～16384Kbps。 码率上线模式为自定义，通过文本框手动输入。 可设置范围：32～16384Kbps。
码率上限推荐范围	根据用户设定的分辨率与帧率，推荐合适的参考码率上限范围。	不可设。单位：Kbps。

（3）一键开启录像配置

设备提供一键开启所有通道全天定时/移动侦测录像，方便用户快速开启录像计划。但需要注意的是：一键开启IP通道移动侦测录像前，请先确保该通道的移动侦测设置已经完成。具体操作为：进入预览状态，单击鼠标右键打开右键快捷菜单，选择"开启录像"，开启所有通道的全天录像。录像类型可选择"定时录像"或"移动侦测录像"。

（4）录像计划配置方法

选择"主菜单→录像配置→计划配置"，进入"录像计划"界面，如图2-28所示。

在右侧的计划绘图选择区域（已用红色框体备注），用户根据录像需求，单击"定时""移动侦测""报警"等选项进行绘图配置。一天最多支持8个时间段（不同颜色的区域），超过上限操作无效。绘图区域最小单元为1小时。当用户确定录像计划的颜色选项后，鼠标进入周一至周日的录像计划表，鼠标指针自然变成一只绘图笔。单击左键定位绘制区域的起点，拖动绘图笔确定录像计划的时间，松开鼠标左键红色区域将保存为录像计划。重复以上过程，可以完成整个录像计划。

录像计划设置完成后，录像计划的状态（颜色）会在通道中显示，如图2-29所示。单击"复制"，可将当前通道设置的录像计划复制到其他通道。

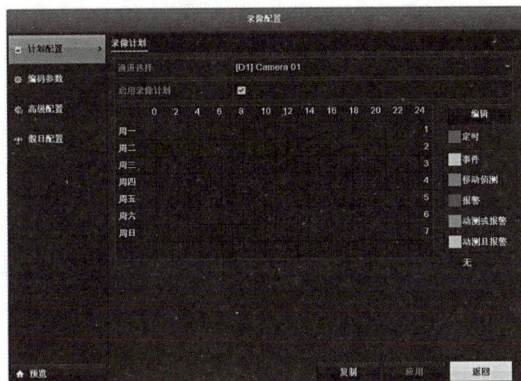

图2-28　录像计划界面　　　　　图2-29　录像计划设置完成界面

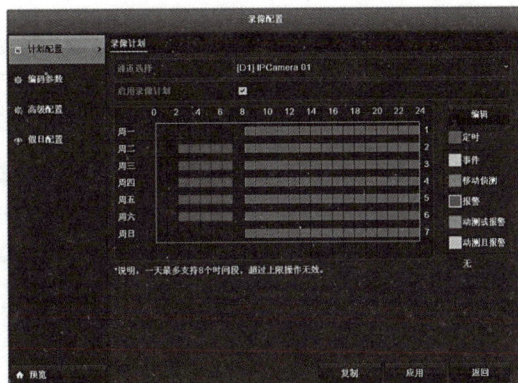

（5）定时录像设置

具体操作步骤为：选择"主菜单→录像配置→计划配置"，进入"录像计划"界面。选择要设置定时录像的通道。设置定时录像时间计划表，具体操作步骤如下：

1）选择"启用录像计划"。

2）录像计划配置方法，注意录像类型选择"定时"。

设置完成后，该通道录像呈现7×24小时普通录像状态。若其他通道与该通道录像计划设置相同，单击"复制"，勾选上其他通道或IP通道，将该通道的设置复制给其他通道。

（6）事件录像设置

事件计划关联报警、移动侦测、动测或报警、动测且报警、智能侦测类型事件，任意事件发生时都可以触发事件录像计划。

具体操作步骤为：选择"主菜单→录像配置→计划配置"，进入"录像计划"界面。选择要设置定时录像的通道。设置事件录像时间计划表，具体操作步骤如下：

1）选择"启用录像计划"。

2）录像计划配置方法，注意录像类型选择"事件"。

设置完成后，该通道录像呈现事件录像状态（在NVR操作界面上以颜色区分"定时录像"）。若其他通道与该通道录像计划设置相同，单击"复制"，勾选上其他通道或IP通道，将该通道的设置复制给其他通道。

（7）移动侦测录像设置

具体操作步骤为："主菜单→通道管理→移动侦测"，进入"移动侦测"界面。选择要进行移动侦测录像的通道。设置移动侦测区域及灵敏度，具体操作步骤如下：

1）选择"启用移动侦测"。

2）用鼠标在通道上绘制需要移动侦测的区域，如图2-30所示。

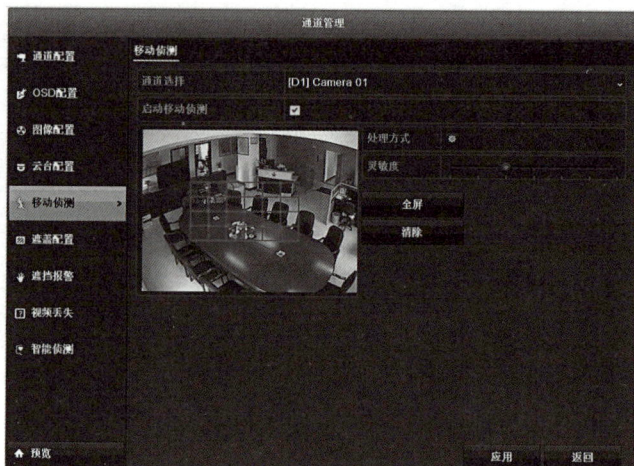

图2-30　移动侦测区域及灵敏度设置界面

3）滑动灵敏度滑条，选择合适的移动侦测灵敏度。

接着，单击"处理方式"，进入"触发通道"界面，将该通道移动侦测发生时触发的录像通道状态设置为 ，单击"确定"，完成该通道移动侦测设置。若还需为其他通道设置移动侦测，请重复以上步骤。触发通道默认为当前通道。

然后，选择"主菜单→录像配置→计划配置"，进入"录像计划"界面。设置移动侦测录像计划。同样的，录像计划配置方法为"移动侦测"。注意，设置移动侦测录像计划，当移动侦测产生时，录像的编码参数将切换为事件参数。

（8）报警录像设置

具体操作步骤为："主菜单→系统配置→报警设置"，进入报警设置界面。选择"报警输入"属性页，进入报警配置的"报警输入"界面。设备报警输入参数，具体参数说明参见表2-7。

报警输入参数说明　　　　　　　　　　　　表2-7

参数名称	参数理解	参数设置
报警输入号	选择要设置报警输入参数的序号。 报警输入号为支持报警输入的网络摄像机的报警接口。	通过下拉框选择。
报警名称	用于区分不同的报警。可编辑字母、文字、符号，最多可编辑32个字符。	通过文本框输入。
报警类型	用于设置报警输入的报警类型。 可选择的设置项有："常开"和"常闭"。	通过下拉框选择。 默认值：常闭。 修改后，重启后方能生效。

参数名称	参数理解	参数设置
处理报警输入	用于设置是否开启"处理报警输入"。	通过复选框选择。 默认值：不开启。
启用一键撤防	用于配置所有处理方式是否处理，包括异常、事件和报警。	通过复选框选择。
处理方式	用于设置报警输入产生后的处理行为。	通过单击命令按钮弹出设置界面。

单击"处理方式"右边的命令按钮，进入报警输入"处理方式"界面，选择需要触发录像的通道，单击"确定"，完成该报警输入设置并返回报警输入界面。若还需设置其他网络摄像机的报警输入，可以重复上述步骤。

然后，选择"主菜单→录像配置→计划配置"，进入"录像计划"界面。设置报警录像计划。注意，录像计划配置方法为"报警"。

此外，常见的还有手动录像、假日录像、移动侦测与报警相结合录像、分组录像等方式，可以根据相应的NVR说明书，进行调试。

（9）资料保护

为防止重要录像资料在循环录像时被覆盖，可通过将录像文件锁定或将硬盘设置成"只读"方式对其进行保护。

4．技能点——录像回放

录像回放可分为即时回放、常规回放、智能回放、事件回放、标签回放、外部文件回放、按日志信息回放。下面着重介绍即时回放和常规回放。

（1）即时回放

在预览状态下，鼠标左键选中需要回放的通道，单击便捷操作菜单中的，进入"回放"界面，回放的录像为通道5分钟内的录像文件。

（2）常规回放

常规回放即按通道和日期检索相应的录像文件，从生成的符合条件的播放条中，依次播放录像文件。具体操作为："主菜单→回放"，进入"常规/智能回放"界面，选择录像回放的通道，日历自动显示当前月份的录像情况，如图2-31所示。

以上实现的是单通道回放，在常规/智能回放界面中的"最小回放路数"通道列表，选择想要回放的某几个通道，或者单击"最大回放路数"，全选设备能回放的所有通道，即实现多通道同步回放。

在回放中，还可以实现单帧回放、电子放大、缩略图回放、快速浏览等功能，具体操作可以根据相关NVR对应说明书操作。

图2-31　常规/智能回放界面

5．技能点——智能侦测

选择"主菜单→通道管理→智能侦测"，进入"智能侦测"配置界面。目前，主流的智能侦测包括：人脸模式、车辆检测、越界侦测、区域入侵侦测、进入区域、离开区域、徘徊侦测、人员聚集、快速移动侦测、停车侦测、物品遗留、物品拿取侦测、音频异常、虚焦侦测、场景变更和PIR报警侦测。每种智能侦测可配置不同的报警规则。下面以"人脸侦测"为例介绍如何设置。

2.4-4
硬盘录像机视频检测

在"智能侦测"界面，选择"人脸检测"进入"智能侦测人脸侦测配置界面"，如图2-32所示。

设置需要人脸侦测的通道，勾选"启用"，启用人脸侦测功能。在设置人脸侦测规则时，具体步骤如下：

在规则下拉列表中，选择任一规则，单击"规则配置"，设置规则的灵敏度。灵敏度有1～5挡可选，数值越小，侧脸或者不够清晰的人脸越不容易被检测出来，用户需要根据实际环境测试调节。

还需要设置规则处理方式，在处理方式的"触发通道"属性页，将人脸侦测发生时触发的录像通道的状态勾选上；在"布防时间"属性页，设置侦测的布防时间；在"处理方式"属性页，设置报警联动方式，包括：弹出报警画面、声音警告、上传中心、发送邮件、触发报警输出等；在"PTZ联动通道"属性页，选择需要的PTZ联动通道，可实现调用预置点、调用循环和调用轨迹。

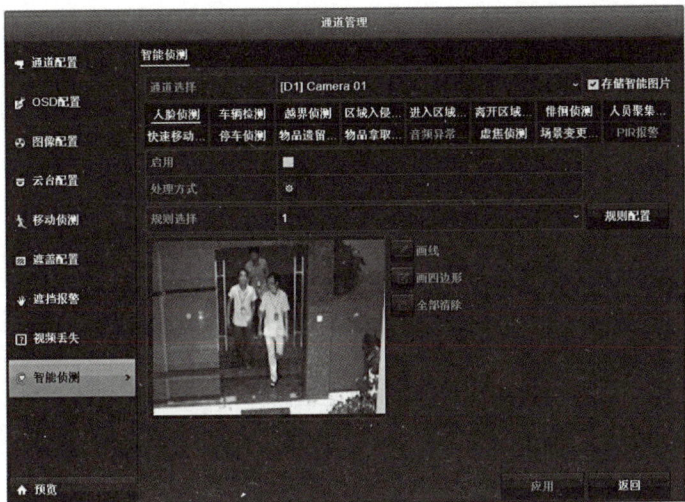

图2-32　智能侦测人脸侦测配置界面

2.4.4　问题思考

根据你的学习，请考虑利用NVR报警录像及PTZ联动可以实现哪些安全防范功能？

1．填空题

（1）遮挡检测报警可联动云台_____、_____、_____。

（2）手机观看录像或者进行预览监控画面时，一般匹配的是_____。

（3）通过分析视频图像，当系统检测到预设_____的移动信号出现时，即开启动态检测报警。

2．判断题

（1）设置移动侦测录像计划，移动侦测产生时，录像的编码参数将切换为事件参数。（　　）

（2）常规回放是只能单通道进行回放。（　　）

（3）通道相同设置可采用快捷复制粘贴的功能，但动态检测设置中，使用复制功能时动态检测的区域参数是不被复制的。（　　）

3．单选题

（1）智能侦测包括（　　）。

A．人脸检测　　　　B．车辆检测　　　C．人员聚焦检测　D．物品遗留检测

（2）当有人恶意遮挡镜头时，就无法对现场图像进行监看。通过设置（　　），可以有效防止这种现象的发生。

A．视频丢失　　　　B．遮挡检测　　　C．动态检测　　　　D．报警输出

4．简答题

（1）请画出本视频监控系统的接线图。

（2）请描述一下网络硬盘录像机的主要作用。

（3）请描述一下高速球云台摄像机预置点调用方法。

2.4-5
习题答案

（4）请结合当前实际，描述一下视频监控系统的发展趋势。

2.4.5 知识拓展

资源名称	云台摄像机测试	高速球形摄像机调试	矩阵的调试
资源类型	视频	视频	视频
资源二维码			

CHAPTER 3

项目 3
入侵报警系统的
设计与施工

任务 3.1　入侵报警系统的认知
任务 3.2　入侵报警系统的设计
任务 3.3　入侵报警系统的安装与接线
任务 3.4　入侵报警系统的设置与调试

任务 3.1
入侵报警系统的认知

3.1.1 教学目标与思路

【教学目标】

知识目标	能力目标	素养目标	思政要素
1. 熟悉入侵报警系统的设备和器材； 2. 掌握入侵报警系统的组成结构和工作原理。	1. 能绘制入侵报警系统的结构图； 2. 能说明各设备在系统中的主要作用。	1. 善于观察，勤于思考，能有效地获得相关资讯； 2. 能有针对性地发现问题，通过交流和讨论尝试分析问题。	树立以人为本，预防为主，安全第一的思想。

【学习任务】对入侵报警系统的组成、主要设备及其功能有一个全面的了解，为系统的设计、施工和维护打下基础。

【建议学时】2~4学时。

【思维导图】

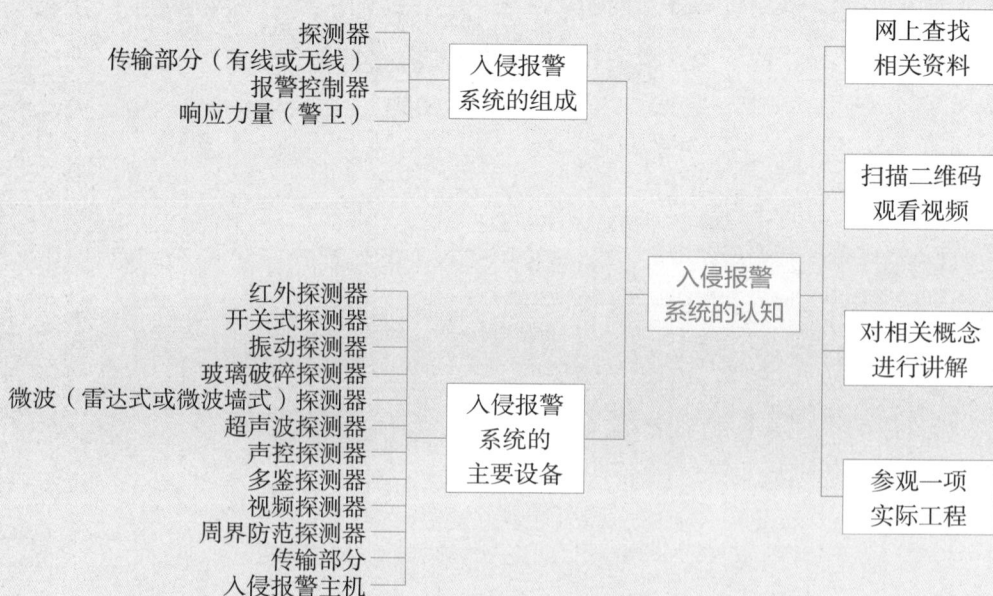

3.1.2　学生任务单

任务名称	入侵报警系统的认知	
学生姓名	班级学号	
同组成员		
负责任务		
完成日期	完成效果	
	教师评价	

自学简述	课前预习	学习内容、浏览资源、查阅资料		
	拓展学习	任务以外的学习内容		
任务研究	完成步骤	用流程图表达		
	任务分工	任务分工	完成人	完成时间

本人任务	
角色扮演	
岗位职责	
提交成果	

任务实施	完成步骤	第1步	
		第2步	
		第3步	
		第4步	
		第5步	
	问题求助		
	难点解决		
	重点记录	完成任务过程中，用到的基本知识、公式、规范、方法和工具等	成果提交
学习反思	不足之处		
	待解问题		
	课后学习		

过程评价	自我评价（5分）	课前学习	时间观念	实施方法	知识技能	成果质量	分值
	小组评价（5分）	任务承担	时间观念	团队合作	知识技能	成果质量	分值

3.1.3 知识与技能

1. 知识点——入侵报警系统的组成

入侵报警系统（Intruder Alarm System，IAS）是利用各种类型的探测器对需要进行保护的区域、财物、人员整体防护，在探测到防范现场有入侵者时产生报警信号，通过传输系统送入报警控制器，及时发出声、光或其他报警信号。一般由探测器、传输部分（有线或无线）和报警控制器组成。各个部分之间的关系如图3-1所示。

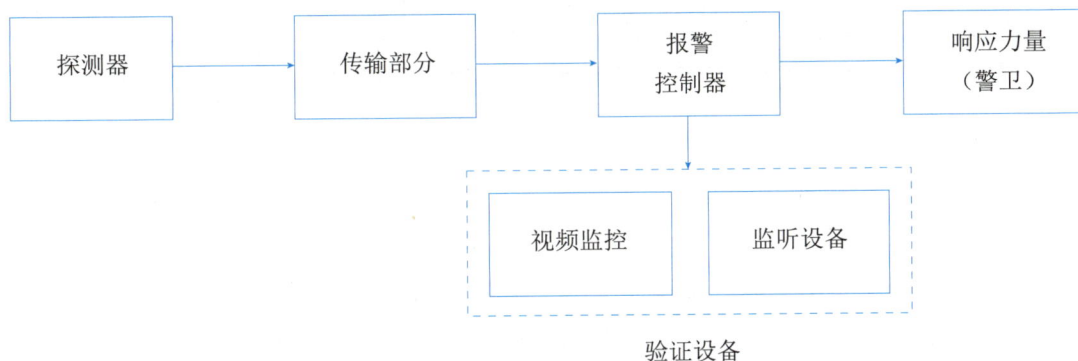

图3-1 入侵报警系统结构示意图

探测器由探测入侵者的移动或其他动作的电子及机械部件所组成，是在需要防范的场所所安装的能感知危险情况的设备。传输部分是传输探测电信号的通道，即传输介质。按信息传输方式不同，从探测器到主机之间可分为有线和无线两种。报警控制器是指在入侵报警系统中，实施设置警戒、解除警戒、判断、测试、指示、传送报警信息以及完成某些控制功能的设备，包括有线、无线的入侵报警控制、传输、显示、存储等设备。验证设备及其系统，即声/像验证系统，由于报警器不能做到绝对的不误报，所以往往附加视频监控和声音监听等验证设备，以确切判断现场发生的真实情况，避免警卫人员因误报而疲于奔波。入侵报警系统的拓扑图如图3-2所示。

入侵报警系统的主要功能：

（1）探测

入侵报警系统应对下列可能的入侵行为进行准确、实时地探测并产生报警状态：打开门、窗、空调百叶窗等；用暴力通过门、窗、天花板、墙及其他建筑结构；破碎玻璃；在建筑物内部移动；接触或接近保险柜或重要物品；紧急报警装置的触发。

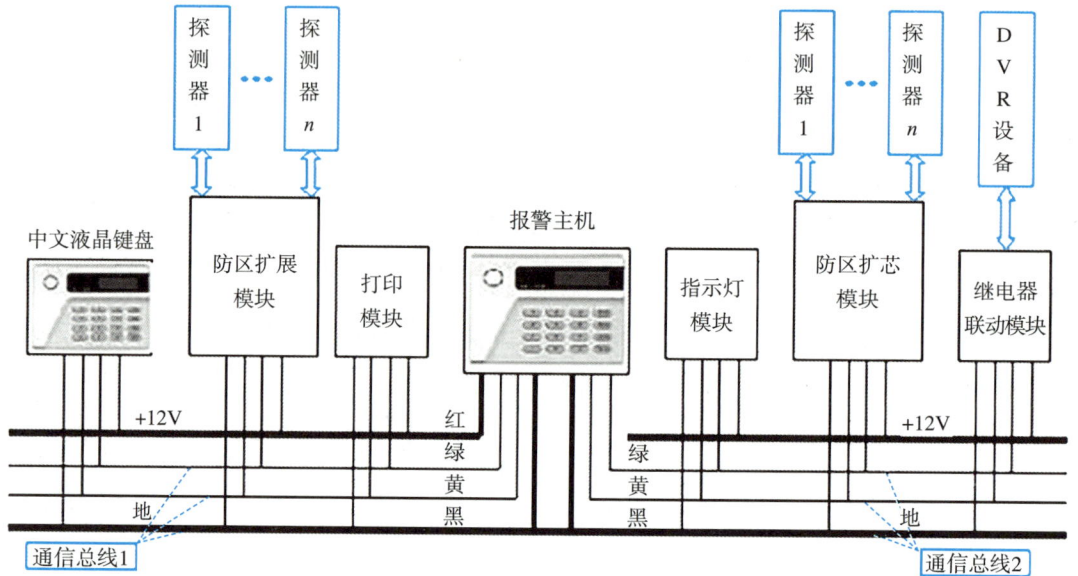

图3-2　入侵报警系统拓扑图

（2）响应

当一个或多个设防区域产生报警时，入侵报警系统的响应时间一般要求：分线制防盗探测报警系统不大于2s；无线和总线制入侵报警系统的任一防区首次报警不大于3s；其他防区后续报警不大于20s。

（3）系统状态显示

入侵报警系统应能对下列状态的事件来源和发生的时间给出指示：正常状态；试验状态；入侵行为产生的报警状态；防拆报警状态；故障状态；主电源掉电、备用电源欠压；设置警戒（布防）/解除警戒（撤防）状态；传输信息失败等。

（4）控制

入侵报警系统应能进行编程设置。一般来说，编程设置要有以下功能：瞬时防区和延时防区；全部或部分探测回路设置警戒（布防）与解除警戒（撤防）；向远程中心传输信息或取消；向辅助装置发激励信号等。

（5）记录和查询

入侵报警系统事件记录和事后查询主要内容：状态指示、编程设置的信息；操作人员的姓名、开关机时间；警情的处理。

（6）信号传输

报警信号的传输可采用有线或无线传播方式；报警传输系统应具有自检、巡检功能；入侵报警系统应有与远程中心进行有线和（或）无线通信的接口，并能对通信线路的故障进行监控。

2．知识点——入侵报警系统的主要设备

（1）报警探测器

报警探测器，俗称探头，一般安装在监测区域现场，主要用于探测入侵者移动或其他不正常信号，从而产生报警信号源的由电子或机械部件所组成的装置，其核心器件是传感器。采用不同原理制成的传感器件，可以构成不同种类、不同用途，达到不同探测目的的报警探测装置。

3.1-2
入侵报警系统
常见探测器（一）

3.1-3
入侵报警系统
常见探测器（二）

1）常用探测器的类型

①按用途或使用的场所不同可分为：户内型、户外型、周界、重点物体保护探测器等。

②按探测原理不同或应用的传感器不同可分为：雷达式微波、微波墙式、主动式红外、被动式红外、开关式、超声波、声控、振（震）动、玻璃破碎、电场感应式、电容变化、视频、微波-被动红外双技术、超声波-被动红外双技术探测器等。

③按警戒范围可分为：点控制型、线控制型、面控制型、空间控制型探测器。点控制型探测器的警戒范围是一个点，线控制型探测器的警戒范围是一条线，面控制型探测器的警戒范围是一个面，空间控制型探测器的警戒范围是一个空间。探测器按警戒范围分类见表3-1。

探测器按警戒范围分类表　　　　　　　　表3-1

警戒范围	探测器种类
点控制型	开关式探测器
线控制型	主动式红外、激光式、光纤式周界探测器
面控制型	震动、声控-震动型双技术玻璃破碎探测器
空间控制型	雷达式微波、微波墙式、被动式红外、超声波、声控、视频、微波-被动红外双技术、超声波-被动红外双技术、声控型单技术玻璃破碎、泄露电缆、震动电缆、电场感应式、电容变化式探测器

④按工作方式可分为：主动式和被动式。主动式探测器在担任警戒期间要向所防范的现场不断发出某种形式的能量，如红外线、超声波、微波等能量；被动式探测器在担任警戒期间本身则不需要向所防范的现场发出任何形式的能量，而是直接探测来自被探测目标自身发出的某种形式的能量，如红外线、震动等能量。

⑤按输出的开关信号不同可分为：常开型、常闭型、常开/常闭型探测器。

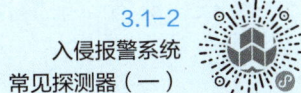

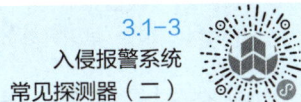

⑥按探测器与报警控制器各防区的连接方式不同可分为：四线制、两线制、无线制三种。

2）探测器的主要技术性能指标

①灵敏度：是指能使探测器发出报警信号的最低门限信号或最小输入探测信号。该指标反映了探测器对入侵目标产生报警的反应能力。

②报警传送方式：传送方式是指有线或无线方式。

最大传输距离：是指在探测器发挥正常警戒功能的条件下，从探测器到报警主机之间的最大有线或无线的传输距离。

③探测范围：又称警戒范围或监控范围，是指探测器在正常环境条件下所能警戒、防范的区域或空间的大小。

④误报率：所谓误报警是指在没有入侵者的情况下，由于探测器本身的原因或操作不当或环境影响而触发的报警。在某一单位时间内出现误报警的次数就称为误报率。

⑤漏报率：所谓漏报警是指入侵已经发生，而探测器却没有给出报警信号。漏报的次数占应当报警的次数的百分比就称为漏报率。

⑥探测率：探测器在探测到入侵目标时实际报警的次数占应当报警的次数的百分比就称为探测率。探测率和漏报率之和应等于100%。

⑦防破坏保护：探测器应装有防拆开关，打开外壳时应输出报警信号或故障报警信号；当线路短路或开路或并接其他负载时，应输出报警信号或故障报警信号。

⑧电源适用范围：当电源电压在额定值的±10%范围内变化时，电源应不需要调整仍能正常工作，且性能指标应符合要求。

⑨耐久性要求：在额定电压和额定负载电流下进行警戒、报警和复位，循环6000次，应无电的或机械的故障，也不应有器件损坏或触点粘连。

⑩稳定性要求：在正常气候环境下，连续工作7天不应出现误报警和漏报警，其灵敏度和探测范围的变化不应超过±10%。

⑪抗干扰要求：在警戒状态下受热气流干扰、电火花干扰、灯光干扰和电令等干扰时应能正常工作，也不应出现误报警和漏报警。

⑫可靠性要求：在正常工作条件下平均无故障工作时间分为A（1000小时）、B（5000小时）、C（20000小时）、D（60000小时）四级，各类产品的指标不应低于A级的要求。

3）几种常用探测器

①主动式红外探测器

主动式红外探测器是由收、发装置两部分组成。发射装置向装在几米甚至于几百米远的接收装置辐射一束红外线，当被遮断时，接收装置即发出报警信号。主动红外探测器工作原理如图3-3所示。

图3-3　主动式红外探测器工作原理示意图

主动式红外报警器有较远的传输距离，因红外线属于非可见光源，入侵者难以发觉与躲避，防御界线非常明确。主动式红外报警器是点型、线型探测装置，除了用作单机的点警戒和线警戒外，为了在更大范围有效地防范，也可以利用多机采取光墙或光网安装方式组成警戒封锁区或警戒封锁网，乃至组成立体警戒区。单光路由一个发射器和一个接收器组成。双光路由两对发射器和接收器组成。两对收、发装置分别相对，是为了消除交叉误射；多光路构成警戒面；反射单光路构成警戒区。

反射式主动红外探测器将发射器与接收器装在一起，不易被人发觉，其最大报警距离为1.5～2.5m，适用于安装在不允许人接近的地方。反射式主动红外探测器工作原理如图3-4所示。

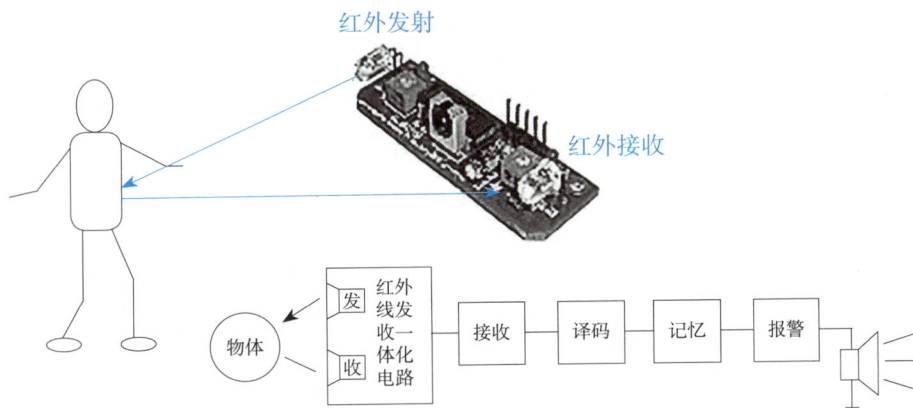

图3-4　反射式主动红外探测器工作原理示意图

②被动式红外探测器

主要是由光学系统、热传感器（或称红外传感器）组成。通过光学系统的配合作用，可以探测到某一个立体防范空间内的热辐射的变化（人体表面温度与周围环境温度的差别）。

被动式红外报警器的主要特点有：由于它是被动式的，不主动发射红外线，因此其功耗非常小，安装方便。与微波报警器相比，红外波长不能穿越砖头水泥等一般建筑物，在室内使用时，不必担心由于室外的运动目标会造成误报。在较大面积的室内安装多个被动红外报警器时，因为它是被动的，所以不会产生系统互扰的问题。工作不受声音的影响，即声音不会使它产生误报。

被动红外探测器的根据现场探测器模式，可直接安装在墙上、天花板上或墙角。几种被动红外探测器样图如图3-5所示。

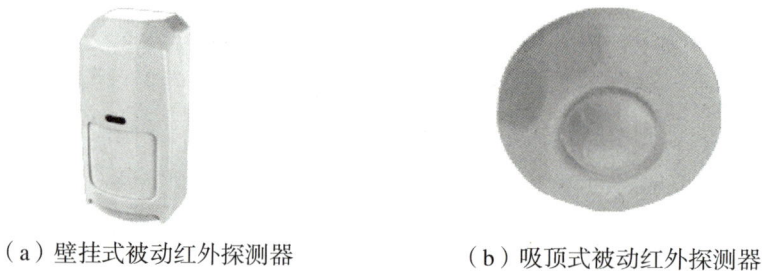

（a）壁挂式被动红外探测器　　　　　　（b）吸顶式被动红外探测器

图3-5　被动红外探测器样图

③开关式探测器

开关式探测器通过各种类型开关的闭合或断开来控制电路产生通、断，从而触发报警。常用的开关式传感器有磁控开关、微动开关、紧急报警开关、压力垫或用金属丝、金属条、金属箔等来代用的多种类型的开关。

A. 磁控开关，又称磁控管开关或磁簧开关，是由永久磁铁块及干簧管（又称磁簧管或磁控管）两部分组成（间距、表面或隐藏式安装）。其不仅体积小、耗电少、使用方便、价格便宜，而且动作灵敏、抗腐蚀性能好。门磁开关安装与接线图如图3-6所示。

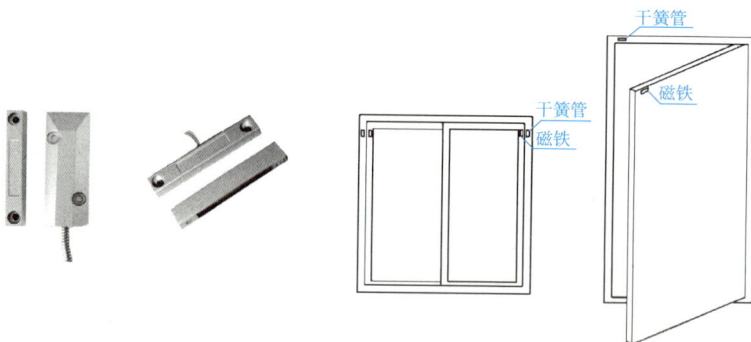

图3-6　门磁开关安装与接线图

B. 微动开关，一个整体部件，需要靠外部的作用力通过传动部件带动，将内部簧片的接点接通或断开。其优点是不仅结构简单、安装方便、价格便宜、防震性能好、触点可承受较大的电流，而且可以安装在金属物体上；缺点是抗腐蚀性及动作灵敏程度不如磁控开关。如图3-7（a）所示。

C. 紧急报警开关，安装在容易接触到但又不容易引起误按的地方。紧急按钮轻易不用，容易忽略其存在，注意安装地方不要太过潮湿，以免腐蚀其触点。如图3-7（b）所示。

D. 压力垫，由两条平行放置的具有弹性的金属带构成，中间有几处用很薄的绝缘材料将两块金属条支撑着绝缘分开，可安装于窗户、楼梯和保险柜周围的地毯下面。如图3-7（c）所示。

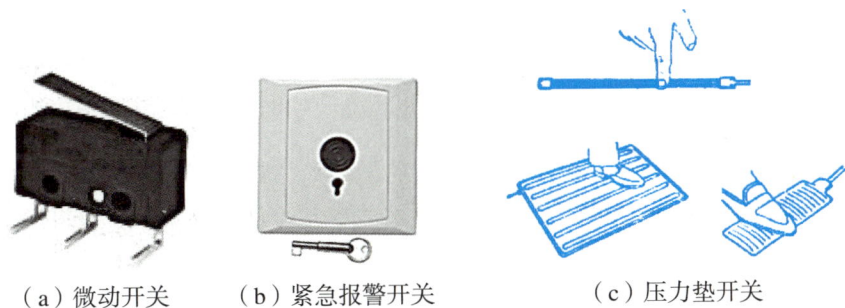

（a）微动开关　　　（b）紧急报警开关　　　　（c）压力垫开关

图3-7　微动、紧急报警开关、压力垫探测器样图

④振动探测器

振动探测器是以探测入侵者的走动或进行各种破坏活动时所产生的振动信号来作为报警的依据（振动频率、振动周期、振动幅度）。

机械式振动探测器是一种振动型的机械开关，安装在墙壁、天花板或其他能产生振动的地方，适用于室内或室外周界；惯性棒电子式振动探测器是一根金属棒架在两组交叉的镀金金属架上，金属棒与金属架之间构成闭合回路；电子式全面型振动探测器是指可以探测到由各种入侵方式（如爆炸、焊枪、锤击、电钻、电锯、水压工具等）所引发的振动信号，但对在防区内人员的正常走动则不会引起误报，适用于银行金库、保险柜等处使用；电动式振动探测器由一根条形永久磁铁和一个绕有线圈的圆形筒组成，在线圈中存在由永久磁铁产生的磁通，磁通变化产生报警，适用于地面周界保护或周界的钢丝网上。振动式探测器样图如图3-8所示。

图3-8　振动式探测器样图

⑤玻璃破碎探测器

玻璃破碎探测器是专门用来探测玻璃破碎功能的一种探测器。按照工作原理的不

同，分为声控型的单技术和双技术（声控型–振动、次声波–高频声响）玻璃破碎探测器。适用于一切需要警戒玻璃防碎的场所。玻璃破碎探测器样图如图3-9所示。

图3-9　玻璃破碎探测器样图

⑥微波（雷达式或微波墙式）探测器

微波入侵探测器是应用多普勒原理，辐射一定频率的电磁波，覆盖一定范围，并能探测到在该范围内移动的物体而产生报警信号的装置。

雷达式探测器适用于保护狭长的地点，如走廊和通道等处；微波墙式探测器适用于露天仓库、施工现场、飞机场、监狱、劳改农场或博物馆等大楼墙外的室外周界场所。

微波入侵探测器不受空气流动、光、热、湿的影响，但受金属屏蔽，会产生探测盲区，对非金属有穿透力，隐蔽性好。在室外环境使用时，无法保证其探测的可靠性。当在同一室内需要安装两个以上的微波探测器时，它们之间的微波发射频率应当有所差异（一般相差25MHz左右），而且不要相对放置，以防止交叉干扰。

⑦超声波探测器

利用人耳听不到的超声波（20000Hz以上）来作为探测源的报警探测即成为超声波探测器，它是用来探测移动物体的空间探测器。收、发分置的超声波探测器警戒范围大，可控制几百立方米空间，多组使用可以警戒更大的空间。

⑧声控探测器

利用由声电传感器做成的监听头对监控现场进行立体式空间警戒的探测系统。属于空间控制型探测器，其结构简单、价格低廉、体积小巧、安装方便。适合于在环境噪声较小的仓库、博物馆、银行金库、机要室等处或夜深人静时使用。

⑨双鉴探测器

前面所述的红外探测器、微波探测器和超声波探测器均为单技术探测器，其结构简单、价格低廉，但它们共同的缺点是易受到各种不同因素的影响，在不同的恶劣工作环境下，可因受到各种不同的误报源的干扰而产生误报警，见表3-2。

单技术探测器受外界环境影响一览表　　　　　　　　　　　　表3-2

因素	红外	微波	超声波
振动	问题不大	有问题	问题不大
被大型金属物体反射	一般没问题，除非抛光金属面	有问题	极少有问题
对门、窗的晃动	问题不大	有问题	注意安装位置

续表

因素	红外	微波	超声波
对小动物的活动	靠近有问题，但可改变指向或用挡光片	靠近有问题	靠近有问题
水在塑料管中流动	没问题	靠近有问题	没问题
在薄墙或玻璃窗外侧活动	没问题	注意安装位置	没问题
通风口或空气流	温度较高的热对流有问题	没问题	注意安装位置
阳光、车大灯	注意安装位置	没问题	没问题
加热器、火炉	注意安装位置	没问题	极少有问题
运转的机械	问题不大	注意安装位置	注意安装位置
雷达干扰	问题不大	靠近有问题	极少有问题
荧光灯	没问题	靠近有问题	没问题
温度变化	有问题	没问题	有些问题
湿度变化	没问题	没问题	有问题
无线电干扰	严重时有问题	严重时有问题	严重时有问题

　　双鉴探测器是将两种探测技术结合在一起，只有当两种探测技术的传感器同时或相继在短暂时间内都探测到目标时，才可发出报警信号。例如：微波探测器对活动目标最为敏感，而被动红外探测器对热源目标最为敏感，将两种探测器组合在一起成为双鉴探测器，只有在两种探测装置同时探测到目标时，才会发出报警信号，从而大大降低了误报率，使整机的可靠性得以大幅度提高。此外，还有如超声波-微波、双被动红外、超声波-被动红外、玻璃破碎-振动等。如图3-10所示。

　　为了进一步提高探测器的性能，在双鉴探测器的基础上又增加了微处理器技术的探测器，称为三鉴探测器。如：微波-红外-智能三鉴探测器。如图3-11所示。

图3-10　双鉴探测器样图

图3-11　三鉴探测器样图

⑩视频探测器

视频探测器是将电视监视技术与报警技术相结合的一种新型的安全防范报警设备。它是用电视摄像机来作为遥测传感器，通过检测被监视区域的图像变化，从而报警的一种装置。适用于博物馆、商场、宾馆、仓库、银行金库等。视频探测器安装时应避免环境光对镜头的直接照射，并尽量避免在摄像视场内出现经常开、关的照明光源。

⑪其他周界防范探测器

用于周界防范报警的探测器有很多种，常用的有电子围栏、振动电缆探测器、电场式探测器、泄漏电缆探测器、光纤探测器，以及其他一些机电式探测器、压电式探测器、振动式探测器等。

A．电子围栏，主要由脉冲主机和前端围栏两部分组成。脉冲主机主要安装在门卫室或控制中心，前端围栏安装在墙上。脉冲主机通电后发射端产生高压脉冲或低压脉冲传到前端围栏上，前端围栏上形成回路后把脉冲回传到脉冲主机的接收端，如果有人入侵或破坏前端围栏，或切断供电电源，脉冲主机会发出报警并把报警信号传给其他的安防设备。电子围栏安装示意图如图3-12所示。

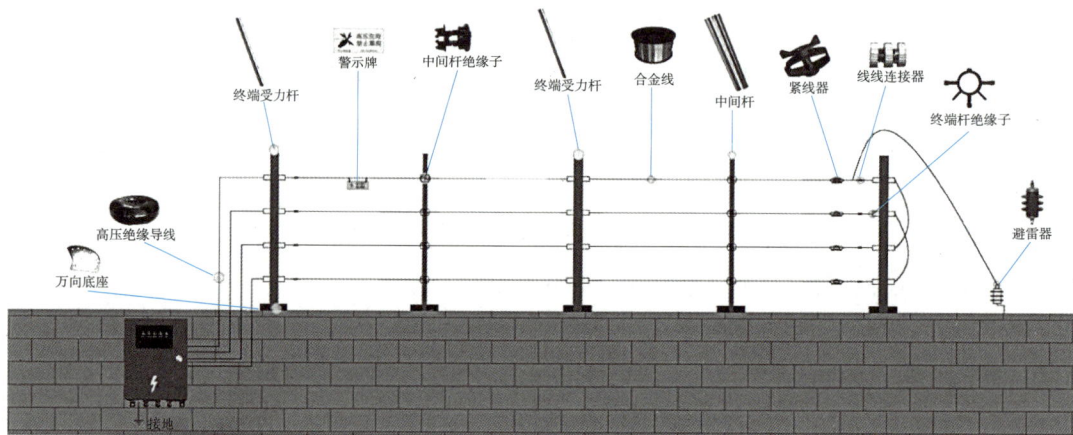

图3-12　电子围栏安装示意图

B．泄漏电缆探测器，由平行的两根泄漏电缆组成，一根泄漏同轴电缆与发射机相连，向外发射能量；另一根泄漏同轴电缆与接收机相连，用来接收能量。发射机发射的高频电磁能（频率约为30～300MHz）经发射电缆向外辐射，一部分能量耦合到接收电缆，收发电缆之间的空间形成一个椭圆形的电磁场的探测区域。适合用在隧道、地道、过道、走廊、楼梯、井、烟囱等处。

C．光纤探测器，分为利用光纤断裂使光路中断的探测器、利用光纤中光传输模式发生变化的探测器和利用光纤中光路发生变化的探测器。

D. 振动电缆探测器，分为驻极体振动电缆探测器和电磁感应式振动电缆探测器。

E. 电场感应式探测器，通过检测场线和感应线之间（一对一、一对二）输出的感应电压的幅度、速率或干扰的持续时间等方面的变化来探测入侵者。

F. 电容变化式探测器，可通过测量敏感线和接地线之间的电容变化来探测入侵者。

（2）传输部分

入侵报警系统信号传输部分又称信道，是探测器电子信号对外传输的通道。目前入侵报警系统的传输的主要方式有三种：专线、借用线、无线。

①专线传输，是利用专用线缆（包括光缆）设备通过铺设专用线路网络来构成报警信息的传输通道。其优点是系统专用化，信息传输不易受外界因素的干扰，做到专线专用；缺点是铺设线路工程量大，前期投资高，扩容困难，不适于单家独户使用，必须由社区或公安部门的接警中心控制，传输线路易遭破坏。此种系统只适合大型专项工程使用。

②借用线传输，是指借用电话线、电力线、有线电视网等公共线路作为报警信号传输通道。其优点是施工容易，不用专门布线；缺点是防破坏能力差、易受干扰。此种系统比较适合小型项目工程使用。

③无线传输，是指将入侵探测器与无线发射器相接，一旦发生警情，将向空中发出无线电信号。无线接收机收到信号产生报警，通知人员进行处理。其优点是具有较强的抗破坏性，传输速度快，且不影响住户原有装饰的美观，特别是利用公共无线网络（如电话网、宽带网）进行信息传输有其十分优越的条件，借助电信网络可实现低投入；可联网也可单独使用，这是有线网络传输无法比拟的；缺点是用电池供电可能产生误报，易受环境局限影响传输效果，可能被更强大的无线电波，雷电等杂散电场所干扰。此种系统比较适合于家庭、住宅小区、别墅、连锁超市、大型商场、酒店宾馆、医院、学校、金融、企业办公、政府、仓库、工厂等领域使用。

（3）入侵报警主机

入侵报警主机置于用户端的值班中心，是入侵报警系统的主控部分，它可向探测器提供电源，接收探测器送出的报警信号，并对信号进行处理。同时可以发出声音、光亮等报警信号，并指示出发生报警的部位，向上一级接警中心或其他部门报告警情。用户可以连接一个或多个键盘，在键盘上完成编程和对报警系统的各种控制操作。

3.1-4
入侵报警主机

1）入侵报警主机的主要功能

①防区功能：一个报警主机通常可以连接多个防区，并设定每个防区的防区类型。

②操作功能：基本操作有布防、撤防、旁路、测试等。一般主机操作都是通过键盘按密码来进行的。

③输出功能：现场声光报警输出，电话联网报警。

④可驱动外围设备：如开启摄像机、录像机、照明设备、记录打印机等。

⑤系统自检功能：可实现对整个入侵探测报警系统的自检，检查系统各个部分的工作状态是否处于正常工作状态，否则发出故障报警信号。

⑥故障报警功能：是对系统中线路的短路、开路、设备外壳被非法打开等进行检测，一旦发生，发出故障报警信号。

⑦系统的编程功能：体现了报警主机的智能化水平。它可以很好地满足不同用户的防范需求。编程内容很多，如操作人员的密码、各防区的布防类型、报警的延时时间、响铃时间、事件报告、测试报告、是否自动拨号向上一级报告警情（通信控制、通信格式、报警中心接收机的电话号码）、遥控编程的电话号码等。

2）入侵报警主机的分类

根据使用要求和系统大小不同分为小型报警控制器、区域报警控制器和集中报警控制器。

①小型报警控制器：适用于一般的小用户，防护部位较少。能提供4~8路报警信号、4~8路声控复核信号，功能扩展后，能从接收天线接收无线传输的报警信号。

②区域报警控制器：适用于一些相对规模较大的系统，要求防范区域较大，设置的探测器较多，如高层写字楼、高级住宅小区、大型仓库、货场等。区域报警控制器具有小型控制器的所有功能，结构原理类似，输入/输出端口更多，如有16路、24路及32路或更多的报警输入，并具有良好的并网能力。区域报警控制器与探测器的接口一般采用总线制，即采用串行通信方式访问每个探测器，所有探测器均根据安置的地点统一编址，控制器不停地巡检各探测器的状态。

③集中报警控制器：适用于大型和特大型的报警系统，由集中报警控制器把多个区域的报警控制器联系在一起。集中报警控制器能接收各个区域报警控制器送来的信息，同时也能向各区域报警控制器送去控制指令，直接监控各区域报警控制器的防范区域。集中控制器能直接切换出任何一个区域报警控制器送来的声音和图像复核信号，并根据需要，通过录像的形式记录下来。由于集中报警控制器能和多个区域报警控制器联网，因此具有更大的存储容量和更先进的联网功能。

3）报警主机对探测器和系统工作状态的控制方式

①布防状态：是指操作人员执行了布防指令后，使该系统的探测器已开始工作（俗称"开机"），并进入正常警戒状态，系统对探测器探测到的入侵行为作出报警。

②撤防状态：是指操作人员执行了撤防指令后，使该系统的探测器不能进入正常警戒工作状态，或从警戒状态下退出，使探测器无效（俗称"关机"）。此时，系统对探测器探测到的动作不作反应（24小时类型防区除外）。

③旁路状态：是指操作人员执行了旁路指令后，指定防区的探测器就会从整个探测器的群体中被旁路掉（失效），而不能进入工作状态。在一个报警系统中，可以将其中一个探测器单独旁路，也可以将多个探测器同时旁路（又称"集体旁路"）。

④24小时监控状态：是指某些防区的探测器处于常布防的全天时工作状态，一天24小时始终担任着正常警戒（如用于火警、匪警、医务救护用的紧急按钮、烟感火灾探测器、感温探测器等）。它不会受到布防、撤防操作的影响。

⑤系统自检、测试状态：是在系统撤防时操作人员对报警系统进行自检或测试的工作状态。

（4）验证设备

验证设备及其系统，即声、像验证系统，由于报警器不能做到绝对的不误报，所以往往附加电视监控和声音监听等验证设备，以确切判断现场发生的真实情况，避免警卫人员因误报而疲于奔波。电视验证设备发展成为视频运动探测器，使报警与监视功能合二为一，减轻了监视人员的劳动强度。

（5）其他配套部分

警卫力量根据监控中心（即报警控制器）发出的报警信号，迅速前往出事地点，抓获入侵者，中断其入侵活动。若没有警卫力量，则不能算作一个完整的报警系统。当然作为单个的家庭来说，除了家庭成员外，若没有另外的警卫力量，最好的方法是组织起来，各居民区应与派出所、联防队合作，在监控中心配以必要的警卫力量。同时，监控中心应与公安部门的机动力量保持联系，以便在必要时做出较大规模的行动。至于各企事业单位，应根据其规模的大小，自行组成相应的监控中心，且与区域性的监控中心联网。只有这样，才能对入侵者形成一种威慑力量。

3.1.4　问题思考

根据你的学习，说说书中列出的几种入侵报警探测器分别适合应用在哪些场合？安装在哪个部位？

1.　填空题

（1）入侵报警系统也称_____系统，是利用_____技术和_____技术探测并指示非法进入或试图非法进入设防区域的行为、_____报警信息、_____报警信息的电子系统或网络。

（2）微波探测器对_____目标最为敏感，而被动红外探测器对_____目标最为敏感，将两种探测器组合在一起成为_____探测器，只有在两种探测装置同时探测到目标时，才会发出报警信号，从而大大降低了_____率，使整机的可靠性得以大幅度提高。

（3）入侵报警系统信号传输部分又称_____，是探测器电子信号对外传输的通道。目前入侵报警系统的传输的主要方式有三种，即_____、_____、_____。

（4）入侵报警主机置于用户端的_____，是入侵报警系统的主控部分，它可向探测器提供_____，接收探测器送出的_____信号，并对信号进行处理。

2．判断题

（1）红外探测器是空间控制型探测器。（　　　）

（2）在较大面积的室内安装多个被动红外报警器时，会产生系统互扰的问题。（　　　）

（3）入侵报警系统中使用的视频探测器就是视频监控系统中使用的摄像机。（　　　）

（4）无线报警系统适合于在监控点较多，防范现场的分布又较分散、较远或不便架设传输线的场所采用。（　　　）

（5）入侵报警主机可以接收、处理来自探测器的报警信号，也可以向上一级接警中心或其他部门报告警情。（　　　）

3．单选题

（1）在入侵报警系统中，防护区指（　　　）。

A. 实体周界防护系统或和电子周界防护系统所组成的周界警戒线与防护区边界之间的区域

B. 允许公众出入的、防护目标所在的区域或部位

C. 不允许未授权人员出入（或窥视）的防护区域或部位

D. 在警戒范围内，安全防范手段未能覆盖的区域

（2）入侵报警系统中，所选用的探测器应能避免各种可能的干扰，（　　　）误报，（　　　）漏报。

A. 杜绝，杜绝　　　B. 杜绝，减少　　　C. 减少，减少　　　D. 减少，杜绝

（3）需设置紧急报警装置的部位宜不少于2个独立防区，每个独立防区的紧急报警装置数量不应大于（　　　）个。

A. 2　　　　　　　B. 4　　　　　　　C. 6　　　　　　　D. 8

4．问答题

（1）常用的入侵报警探测器有哪些？分别适用于什么场所？（列举5个以上）

（2）什么是双鉴探测器？市场上常见的双鉴探测器有哪几种？

（3）入侵报警系统由哪几部分组成？

（4）入侵报警主机对探测器和系统工作状态的控制方式有哪几种？

3.1-5
习题答案

3.1.5 知识拓展

资源名称	入侵报警系统的构成	常用入侵探测器的种类、特性及应用（一）	常用入侵探测器的种类、特性及应用（二）	常用入侵探测器的种类、特性及应用（三）
资源类型	视频	视频	视频	视频
资源二维码				
资源名称	常用入侵探测器的种类、特性及应用（四）	入侵报警控制器（一）	入侵报警控制器（二）	入侵报警主机的认识
资源类型	视频	视频	视频	视频
资源二维码				

任务 3.2 入侵报警系统的设计

3.2.1 教学目标与思路

【教学目标】

知识目标	能力目标	素养目标	思政要素
1. 了解入侵报警系统设计思路; 2. 了解入侵报警系统工程常用国家标准和行业标准。	1. 能独立完成入侵报警系统设计; 2. 能使用软件绘制入侵报警系统图和平面图。	能在规则允许的范围内,最大限度地满足用户的需要。	能自觉遵守法律法规、行业规范和标准。

【学习任务】

本任务通过对某国际艺术大厦办公楼(附图6)入侵报警系统的设计,了解入侵报警系统的设计思路,掌握入侵报警系统的设计步骤及方法,为系统的施工和维护打下基础。

3.2-1
任务布置

本栋楼是一栋办公大楼,地面共有4层建筑,地下有一层停车层。每层都有办公室、会议室等各种办公区域。设计入侵报警系统,实现能够自动探测发生在布防区域内的入侵行为,一旦发生突发事件,就能通过声光报警信号在安保控制中心准确地显示出出事地点,便于迅速采取应急措施。

请根据办公大楼的用户需求进行入侵报警系统图及平面图的设计。

【建议学时】4~6学时。

【思维导图】

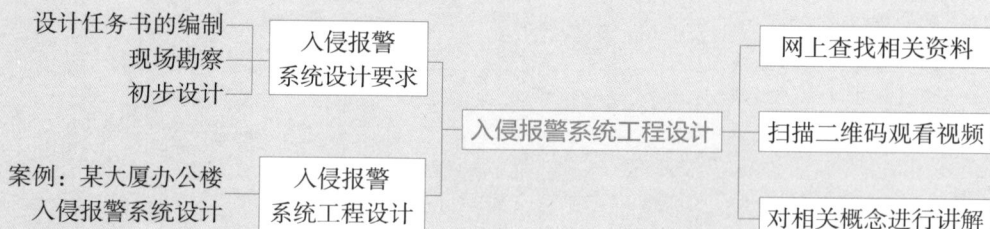

3.2.2 学生任务单

任务名称	入侵报警系统工程设计	
学生姓名	班级学号	
同组成员		
负责任务		
完成日期	完成效果	
	教师评价	

自学简述	课前预习	学习内容、浏览资源、查阅资料		
	拓展学习	任务以外的学习内容		
任务研究	完成步骤	用流程图表达		
	任务分工	任务分工	完成人	完成时间

	本人任务	
	角色扮演	
	岗位职责	
	提交成果	

任务实施	完成步骤	第1步	
		第2步	
		第3步	
		第4步	
		第5步	
	问题求助		
	难点解决		
	重点记录	完成任务过程中，用到的基本知识、公式、规范、方法和工具等	成果提交
学习反思	不足之处		
	待解问题		
	课后学习		

过程评价	自我评价（5分）	课前学习	时间观念	实施方法	知识技能	成果质量	分值
	小组评价（5分）	任务承担	时间观念	团队合作	知识技能	成果质量	分值

3.2.3 知识与技能

3.2-2
入侵报警系统设计要求

1. 知识点——入侵报警系统设计要求

《入侵报警系统工程设计规范》GB 50394—2007中规定，入侵报警系统工程的设计应按照图3-13所示的流程进行。

设计任务书的编制 ➡ 现场勘察 ➡ 初步设计 ➡ 方案论证 ➡ 正式设计

图3-13 入侵报警系统工程设计流程图

（1）设计任务书的编制

设计任务书是建筑设计的基本依据与指导性文件，在编制设计任务书前应进行客户需求与调研，并在现场勘察后，写出设计任务书。设计任务书可以从以下几个方面进行编制：

1）项目概况：本大楼为某国际艺术大厦办公楼，建筑占地面积约为670m²，室外占地2514m²，总建筑约为面积2648m²。大楼以用户办公为主，由4层办公楼及1层地下停车场组成。

2）用户需求：通过用户需求分析，了解项目防范功能、性能要求和指标等要求，包括项目功能和性能指标、防护目标和区域、监控中心要求、培训和维修服务等。例如，入侵报警中心不仅要有建筑要求、设施设备要求、防护要求，还应明确预定位置、操作与值班人员配置等。当围墙周界禁止人员接近时，应明确周界形状与长度、能够应对人的各种可能的接近方式、接近极限、报警要求、人防反应时间等。

（2）现场勘察

从附录平面图的现场勘察中，可以得出：设置周界防范系统作为第一道防线，当有入侵者非法进入办公楼时，就会被触发报警；在办公楼的门、窗等主要出入口和易入侵部位安装门磁、窗磁、红外幕帘、玻璃破碎、震动等探测器，能有效探测非法入侵；在室内重点防范区域（如：财务室、档案室等）安装多鉴探测器（如：双技术报警探测器等），全方位监控；当遇到紧急情况时，可以触发紧急求助按钮。

（3）初步设计

在初步设计环节需要根据任务设计书及现场勘察进行设计，并形成本系统的系统图与平面图。办公楼入侵报警系统一般由前端设备、传输线路、处理/控制/管理设备及显示记录设备四部分组成：1）前端设备由安装在各防区内的探测器以及紧急报警开关等组成，负责相应防区入侵信号的探测和处理；2）传输设备采用RV0.5电线进行报警信号的传输，它负责把探测的入侵报警信号传输到报警中心的报警主机上；3）处理/控制/管理设备主要负责实施布防、撤防，并对探测器的信号进行处理，判断是否应该产生报警状态等功能；4）显示记录设备能直观显示和提醒、记录设防区域现场报警信息等功能，图纸探测设备的安装区域如图3-14所示。

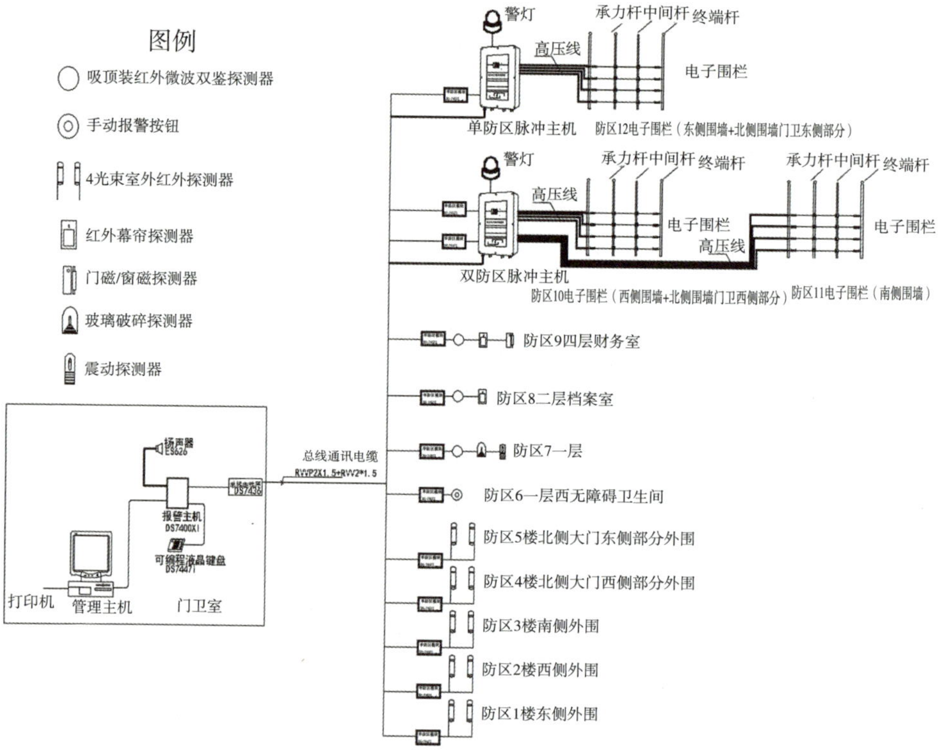

图3-14　报警系统图

　　系统采用分线制组建模式，利用安装在各防区前端的探测器和紧急报警按钮，来实现对防区的实时入侵报警检测和人为的手动报警。安保人员可通过报警控制键盘完成入侵报警系统的布防、撤防等操作，当系统处于布防状态时，防区内发生非法入侵或人为触动紧急报警按钮时，系统立刻发出报警动作，如声光报警、拨打110等。报警主机及控制键盘能够显示和记录报警信息，如相应的报警防区、报警类别等。所有探测器都具有防拆功能，遭到破坏可立刻发出报警信号。

　　1）电子围栏安装区域：办公大楼四周围墙。

　　2）主动红外探测器安装区域：办公大楼四周围，作为第二道周界防线。

　　3）红外、微波双鉴探测器安装区域：一楼大厅、二楼档案室、四楼财务室。

　　4）红外幕帘探测器安装区域：二楼档案室、四楼财务室。

　　5）门磁探测器安装区域：四楼财务室。

6）玻璃破碎探测器安装区域：一楼窗户附近。

7）震动探测器安装区域：一楼窗户附近。

8）手动报警按钮安装区域：一楼无障碍卫生间。

2. 技能点——入侵报警系统工程设计

完成了初步设计之后，就可以根据设计选择符合系统要求的入侵报警系统产品，并在附图2～6的平面图上进行施工图的文件编制。

> 3.2-3
> 入侵报警系统工程设计

3.2.4 问题思考

根据你的学习，以某办公大楼为例，分组完成一个简单的入侵报警系统工程的设计，提交平面点位图和系统图。

1. 填空题

（1）高风险防护对象的入侵报警系统应有＿＿＿＿＿＿＿＿＿＿功能。系统不得有＿＿＿＿＿＿＿＿＿＿，误报警率应符合工程合同书的要求。

（2）入侵报警系统前端应按需要选择、安装各类入侵探测设备，构成＿＿＿＿、＿＿＿＿、＿＿＿＿、空间或其组合的综合防护系统。

（3）按设计要求，入侵报警系统能探测、报警、传输和记录发生的入侵事件、＿＿＿＿和＿＿＿＿。

2. 判断题

（1）探测器盲区边缘与防护目标的距离不小于5m。（　　　）

（2）复合探测器，只能视为是一种探测技术的探测装置。（　　　）

（3）监控中心应设置为禁区。应有保证自身安全的防护措施和进行内外联络的通信手段。（　　　）

3. 单选题

（1）在环境噪声较小的仓库、博物馆、银行金库、机要室等处宜使用（　　　）。

A. 超声波探测器　　　　　　　　B. 玻璃破碎探测器

C. 声控探测器　　　　　　　　　D. 微波探测器

（2）在有大型金属物体遮挡的场合不宜使用（　　　）。

A. 被动式红外探测器　　　　　　B. 微波探测器

C. 超声波探测器　　　　　　　　D. 声控探测器

（3）可以在温湿度变化较大的场合使用的是（　　　）。

A．被动式红外探测器　　　　　　B．主动式红外探测器

C．超声波探测器　　　　　　　　D．微波探测器

4．多选题

（1）探测器的主要技术性能指标中，数值越小越好的有（　　　）。

A．灵敏度　　　　　　　　　　　B．误报率

C．漏报率　　　　　　　　　　　D．平均无故障时间

E．探测范围

（2）报警主机对探测器和系统工作状态的控制方式有（　　　）。

A．布防　　　　　　　　　　　　B．撤防

C．旁路　　　　　　　　　　　　D．24小时监控

E．系统自检

（3）一级安全防范系统应综合设置（　　　）等装置。

A．入侵报警　　　　　　　　　　B．电视监控

C．出入口控制　　　　　　　　　D．实体防护

E．停车场管理

5．问答题

（1）入侵报警系统设计的具体要求有哪些？

（2）入侵报警系统传输线缆的选择要求有哪些？

3.2-4
习题答案

3.2.5 知识拓展

资源名称	入侵报警系统工程设计规范
资源类型	文档
资源二维码	

任务 3.3
入侵报警系统的安装与接线

3.3.1 教学目标与思路

【教学目标】

知识目标	能力目标	素养目标	思政要素
1. 掌握入侵报警系统工程的施工准备的具体内容； 2. 了解系统的安装过程与安装方法； 3. 了解施工质量管理的基本知识。	1. 能够根据施工图纸进行入侵报警系统的施工准备； 2. 能够独立完成入侵报警系统接线； 3. 掌握入侵报警系统施工质量控制的方法。	1. 能够精益求精地完成自己的安装任务； 2. 能自觉提升质量与安全意识。	能自觉遵守法律法规、行业规范和标准。

【学习任务】在实训平台上完成项目施工。（1）器件安装：震动探测器、玻璃破碎探测器、感温探测器、烟雾探测器、红外对射探测器、声光报警器、红外幕帘探测器、红外探测器、DS6MX-CHI 小型报警主机、DS7400XI 大型报警主机及液晶键盘。在附图7的实训平台上安装设备，安装位置如图3-15和图3-16所示。（2）系统接线（图3-17）。

【建议学时】6～8学时。

【思维导图】

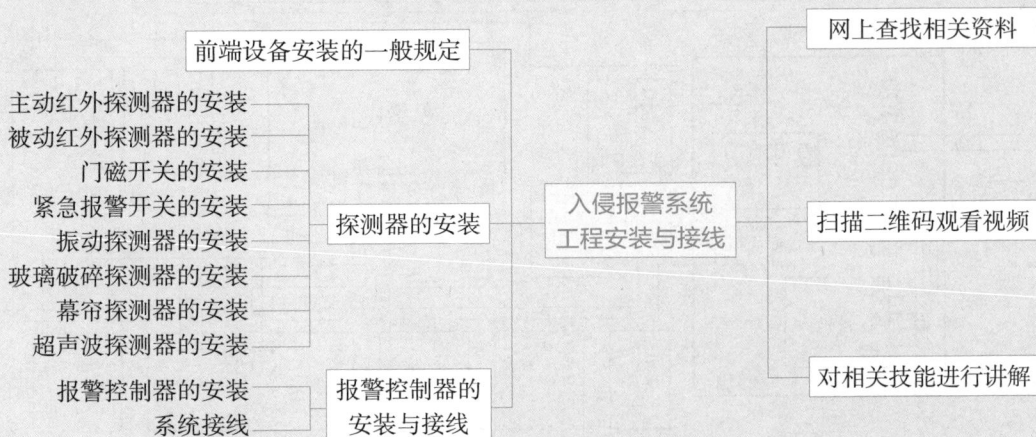

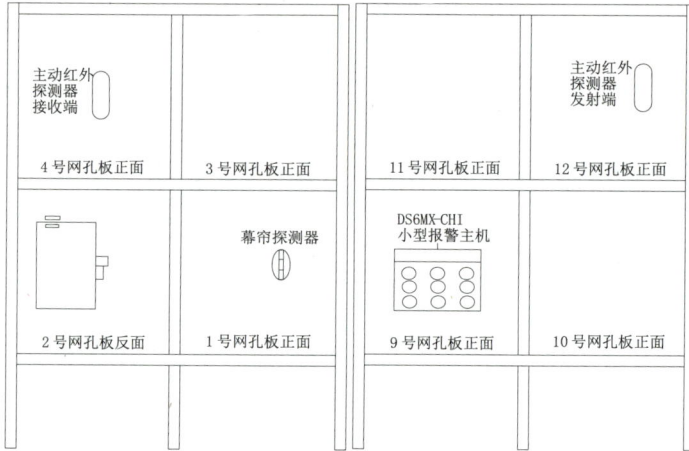

图3-15　安装位置示意图（一）

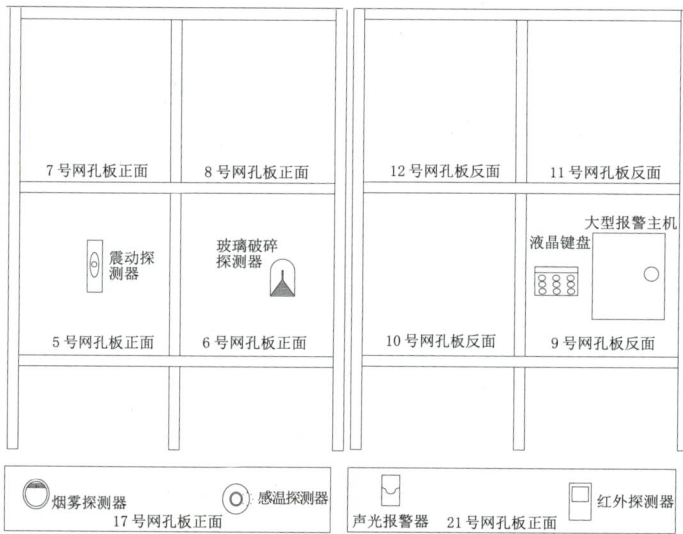

图3-16　安装位置示意图（二）

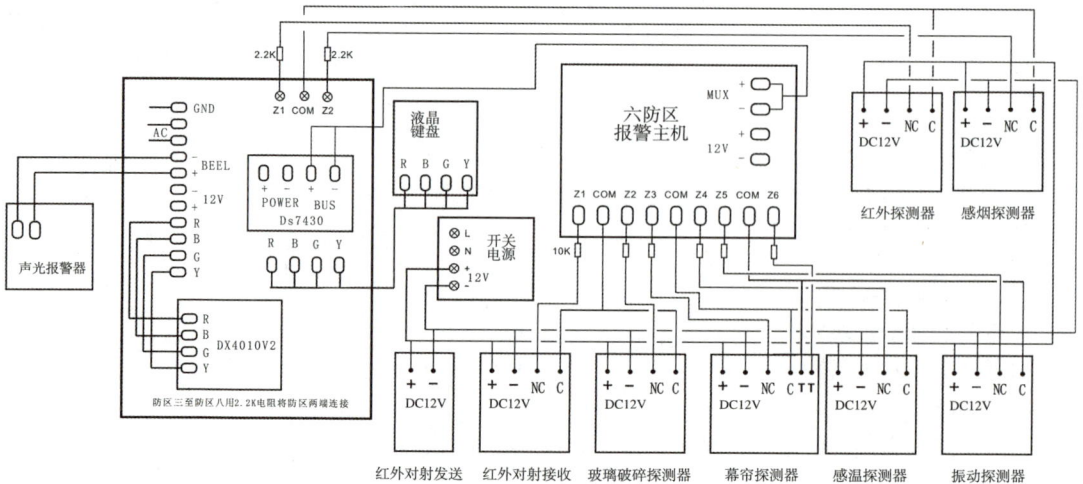

图3-17　系统接线图

3.3.2　学生任务单

任务名称	入侵报警系统的安装与接线	
学生姓名	班级学号	
同组成员		
负责任务		
完成日期	完成效果	
	教师评价	

自学简述	课前预习	学习内容、浏览资源、查阅资料		
	拓展学习	任务以外的学习内容		
任务研究	完成步骤	用流程图表达		
	任务分工	任务分工	完成人	完成时间

	本人任务	
	角色扮演	
	岗位职责	
	提交成果	

任务实施	完成步骤	第1步	
		第2步	
		第3步	
		第4步	
		第5步	
	问题求助		
	难点解决		
	重点记录	完成任务过程中，用到的基本知识、公式、规范、方法和工具等	成果提交
学习反思	不足之处		
	待解问题		
	课后学习		

过程评价	自我评价（5分）	课前学习	时间观念	实施方法	知识技能	成果质量	分值
	小组评价（5分）	任务承担	时间观念	团队合作	知识技能	成果质量	分值

3.3.3　知识与技能

1.知识点——前端设备安装的一般规定

入侵报警系统工程的施工安装必须按照设计图纸和相关技术文件规定，遵守相关国家标准和规范的要求进行。施工安装流程如图3-18所示。

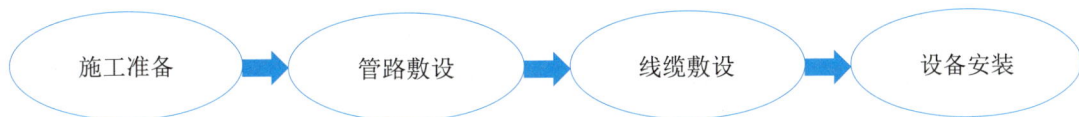

施工准备　→　管路敷设　→　线缆敷设　→　设备安装

图3-18　入侵报警系统工程的施工安装流程

前端设备安装的一般规定如下：

1）各类探测器的安装，应根据所选产品的特性、警戒范围要求和环境影响等，确定设备的安装点，如安装位置和高度等，特别注意安装方向与角度。探测器应安装牢固，探测器底座和支架应固定牢固，探测范围内应无障碍物。

2）室外探测器的安装位置应在干燥、通风、无雨水处，并应有防水、防潮措施。

3）周界探测器的安装，应能保证防区交叉，避免盲区，并应考虑使用环境的影响。

4）紧急按钮安装位置应隐蔽、便于操作、安装牢固。

5）导线连接应牢固可靠，外接部分不得外露，并留有适当余量。

6）报警系统安装环境及要求：对某些不设围墙的开放式建筑和金融营业场所、重要库房等建筑，还应安装门磁开关玻璃破碎报警器等，并考虑周界报警；金融营业柜台、商场收银台、重要仓库、居室等应配有紧急按钮；系统应按时间、按区域或部位任意编程、设防或撤防；系统应能显示报警部位、时间等报警信息；系统应能考虑与属地区域公共安全防范报警系统联网的需要和可能。

2.技能点——探测器的安装

3.3-1
主动式红外对射
探测器的安装

（1）主动红外探测器的安装

对射探测器的探测距离一般是在天气晴朗的情况下测出的，要根据当地情况留有余量，以免误报，一般以80%~90%为宜。红外光束并非只是一条线，而是比较粗的一束，调试时一定要保证对准。否则即便当时测试正常了，也可能由于环境的稍稍变化引起误报。对射探测器的保护范围较窄，注意光束覆盖不到的地方的防护。在安装时要尽量把两个对射探测器保持水平，在两个探测器之间不可以有障碍物，因为对射探测器探测角度上下不能超过20°，左右不能超过180°，为了调试方便，保持水平很重要。如安装在支架上，支架长度应为1m左右，支架直径为

40mm，在支架顶端以下10cm处开一直径为10mm的小孔以作穿线用。

一对对射探测器分为发射端和接收端：发射端只需要连电源便可，而线径的大小要视长度而定，线路越长要求的线径就越粗，一般使用1.0mm²的电源线；接收端要接电源线和信号线，用一条四芯线连接，把其中二芯做电源线，另外二芯做信号线，信号线与报警主机或扩展模块连接。对射探测器一般都采用集中供电的办法，但要注意线路不可以太长。如果线路太长，电压就会衰减，如使用1.0mm²电源线则最长不可以超过500m。接线时电源线接对射探测器的POWER（+/-）端子，而信号线则连接COM端子和NC端子，这种连接方法平时状态为常闭，而当对射探测器发生报警时，会触发一个断开信号给报警主机，主机收到信号就会发生报警。

在调试时要用配件中的挡光板挡住上方或下方的发射端和接收端，先调试好一面再调试另一面。在红外线探头的里面有一个类似潜望镜的观察孔，首先要在观察孔中观察调试探测器的左右位置，以便用观察孔看得到另一个红外线探测器；然后用万用表连接到接收端的一个专用测试孔上，把万用表调到DC10~20的挡位，观看万用表的读数来调节发射或接收端的上下左右，当接收端接收到发射端发射的红外线光速后，接收端就会有电压输出，使用万用表测量此电压的数值，电压要为3.5V以上才算正常，达到5V以上便为最好。

当调节好上方的发射端和接收端后，便可把挡光板挡住已调节好的发射端和接收端，再用同样的方法调试下方的发射端和接收端，使上下方的电压都为5V或以上。上下方都调试好后便可以把挡光板拿走，然后再观察一下读数是否为5V或以上。

调试好后可以安排调试人员在两个红外线探测器之间走动，观察万用表的电压是否有变化。正常的情况下，万用表的读数应为5V或以上，而当有人从中间走过时，光束给截断，则电压会变成0V，红外线探测器便会触发一个闭合信号给报警主机或扩展模块。

（2）被动红外探测器的安装

安装部位应避开误报源：避免直接将探测器安装在可能造成误报的物体附近，比如冷/热源（空调器、电冰箱、加热设备等）、荧光灯和通风口等必须尽量远离。

> 3.3-2
> 被动红外探测器的安装

> 3.3-3
> 被动红外探测器的测试

探测视区内不得有障碍物：在探测范围内，应保证探测器有良好的"视线"，即应当给探测器的视区保留一定的空间，不应有任何障碍物（比如：货架、家具、隔断等）遮挡探测器的"视线"，以免影响探测性能。

安装时应避免将带有俯视区的探测器安装在货架、家具、镜框等物体的正上方。因为老鼠有可能从这些物体上面爬过，由于距探测器过于接近，从而造成误报。

当目标沿着横向切割红外视区的方向行走时，探测器最为灵敏；而面对或背向探测器行走时，探测器的反应最为迟钝。

安装探测器的物体表面应牢固。避免将探测器安装在晃动（抖动）的天花板、墙面、柱子或支架上，否则有可能引起误报。完毕后，应将导线全部抽出探测器机壳外，以免影响视区分布。

安装完毕后，应用硅胶密封机壳上所有的孔洞，以防昆虫进入探测器内部，造成误报或影响探测性能。

（3）门磁开关的安装

干簧管和磁铁之间的距离应按产品要求正确安装；经常注意检查永久磁铁的磁性是否减弱；不宜在钢、铁物体上直接安装。必须安装时，应采用钢门专用型磁控开关。离门轴太近可能漏报，太远又可能误报。

3.3-4
门磁开关的安装

（4）紧急报警开关的安装

紧急按钮要安装在容易接触到但又不容易引起误按的地方；紧急按钮轻易不用，容易忽略其存在，注意安装的地方不要太过潮湿，以免腐蚀其触点。

3.3-5
紧急报警开关的安装

（5）振动探测器的安装

安装在墙壁或天花板等处时，与这些物体必须固定牢固；用于探测地面振动时，应将传感器周围的泥土压实，不适合用于地质板结的冻土地带或土质松软的泥沙沼泽地带；安装位置应远离振动源（如旋转的电机）；在室外应用时，埋入地下的震动探测器应与其他的物体保持一定距离（1~3cm以上）；需要定期检修，以确保灵敏度。

3.3-6
振动探测器的调试

3.3-7
振动探测器的安装

（6）玻璃破碎探测器的安装

安装时应将声电传感器正对着警戒的主要方向，但前面不应有遮挡物；探测器的灵敏度应调整到一个合适的值，一般以能探测到距探测器最远的被保护玻璃即可；一般玻璃破碎除非特殊说明，都不能和被保护的玻璃位于同一面墙上；不同种类的玻璃破碎探测器，根据其工作原理的不同，有的需要安装在窗框旁

3.3-8
玻璃破碎探测器的调试

3.3-9
玻璃破碎探测器的安装

边（一般距离框5cm左右），有的可以安装在靠近玻璃附近的墙壁或天花板上，但要求

玻璃与墙壁或天花板之间的夹角不得大于90°。

当用一个玻璃破碎探测器保护多面玻璃窗时，可将玻璃破碎探测器安装在房间的天花板上，并与几个被保护玻璃窗之间保持大致相同的探测距离。安装时应避免窗帘、百叶窗或其他遮盖物的影响，可以安装在窗帘背面的门窗框架上或门窗的上方，不要安装在通风口或换气扇的前面，也不要靠近门铃。大多玻璃破碎探测器依靠探测声音来判断报警，注意安装环境不能太嘈杂。

（7）幕帘探测器的安装

应避免安装在户外、有宠物的地方、空调附近、热源附近、太阳直射的地方、转动的物体下面。安装表面应坚固且不振动。将探测器安装在入侵者容易通过的地方。根据所选产品的特性、警戒范围要求和环境影响等，确定设备的安装点（位置和高度）。探测器底座和支架应固定牢固。导线连接应牢固可靠，外接部分不得外露，并留有适当余量。

3.3-10
幕帘探测器的安装

（8）超声波探测器的安装

安装超声波探测器的空间密封性要求高，不应有大容量的空气流动，不能有过多的门窗且需紧闭。应该避开通风设备及气体的流动。用超声波探测器保护的空间隔声性能要好，以减少外界噪声引起的误报。超声波对物体没有穿透性，因此使用时应避免物体的遮挡，玻璃、隔板、房门等对超声波的反射能力较差，因此不应正对安装。超声波是以空气作为传输介质的，因此空气的温度和相对湿度会影响其探测灵敏度。当温度为21℃、相对湿度38%时，超声波的衰减最为严重，探测范围也最小。

3.3-11
超声波探测器的设备
安装原理与连线图

3. 技能点——报警控制器的安装与接线

（1）报警控制器的安装

报警控制器的安装应符合《电气装置安装工程 低压电器施工及验收规范》GB 50254—2014的要求。报警控制器安装在墙上时，其底边距地板面高度不应小于1.5m，正面应有足够的活动空间；报警控制器必须安装牢固、端正。安装在松质墙上时，应采取加固措施；引入报警控制器的电缆或导线应符合下列要求：配线应排列整齐，不准交叉，并应固定牢固；引线端部均应编号，所编序号应与图纸一致，且字迹清晰不易褪色；端子板的每个接线端，接线不得超过两根；电缆芯和导线留有不小于20cm的余量；导线应绑扎成束；导线引入线管时，在进线管处应封堵；报警控制器应牢固接地，接地电阻值应小于4Ω；若采用联合接地装置，接地电阻应小于1Ω。接地应有明显标志。

（2）系统接线

1）探测器输出的开关信号

按探测器的输出开关的信号不同，可分为：常开型、常闭型和常开/常闭型。探测器输出端子示意图如图3-19所示。

（a）常开型　　　　（b）常闭型　　　　（c）常开/常闭型

图3-19　探测器输出端子示意图

①常开型（NO）探测器：在正常情况下，开关是断开的，EOL（线末电阻）电阻与之并联。当探测器被触发时，开关闭合，回路电阻为零，该防区报警。原理如图3-20所示。

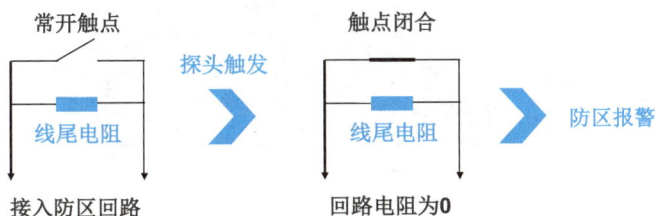

图3-20　常开端子接线原理图

②常闭型（NC）探测器：在正常情况下，开关是闭合的，EOL电阻与之串联。当探测器被触发时，开关断开，回路电阻为无穷大，该防区报警。原理如图3-21所示。

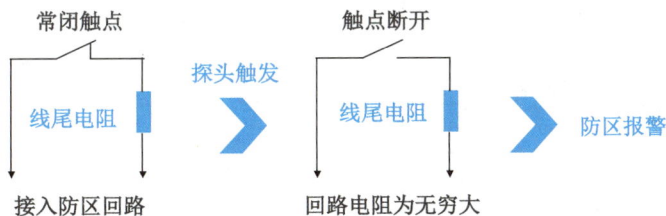

图3-21　常闭端子接线原理图

③常开/常闭型探测器：具有常开和常闭两种输出方式。

2）DS7400XI报警主机安装

接线端口及示意图如图3-22所示，图中：①接地：使用电源线将此处端子与报警主机外壳地相连。②交流16.5V：使用电源线将此处端子与报警主机内的变压器的16.5V输出端相连。③报警输

3.3-12
DS7400报警主机
安装原理与连线图

出：连接声光报警器。④辅助电源输出：DC12V，最大1.0A。⑤辅助输出总线：可连接DS7488、DS7412等外围设备。⑥后备电源：连接12V，7.0AH蓄电池。⑦键盘总线：可连接DS7447I、DS7412等外围设备。⑧报警电话接口：连接外部报警电话。⑨可编程输出口1、2：提供两个可编程输出。当被触发时，辅助电源的负极则短路到可编程输出1（P01），可编程输出1的电流额定值为1.0A，可编程输出1的功能在地址2735处编制；当被触发时，可编程输出口2（P02）则供给12V，500mA的电源。可编程输出2的功能在地址2736处编制。⑩自带八防区：可接入八个报警探测器输入。

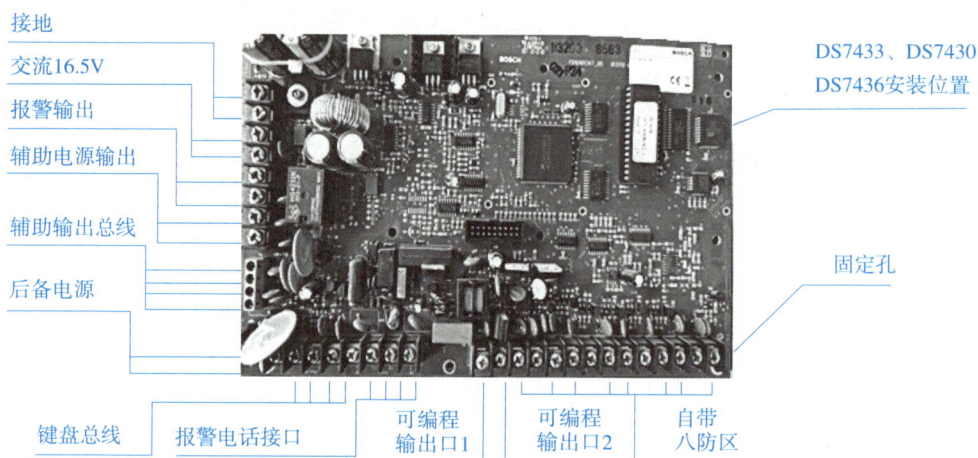

图3-22　接线端口说明及示意图

3）防区输入端口与报警探测器的连接

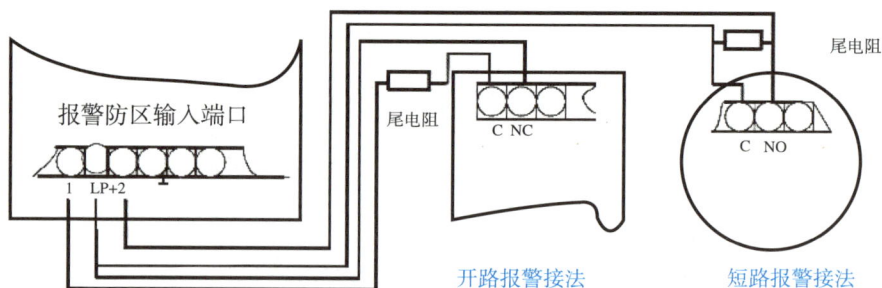

图3-23　防区输入端口与报警探测器的连接方法图

防区输入端口与报警探测器的连接方法如图3-23所示，触发方式为开路或短路报警两种接线方式。普通的探测器具有常开或常闭触点输出，即C、NO和C、NC（一般防火探测器是C、NO）。

各种报警主机的线尾电阻都不一样。如DS7400XI自带防区的线尾电阻是2.2kΩ，而扩充模块的线尾电阻为47kΩ。在使用时，不能混淆。

3.3.4　问题思考

根据你的学习，你觉得线尾电阻可以安装在报警主机内吗？请画图进行分析。

1．填空题

（1）按探测器的输出开关的信号不同，可分为：_____、_____和常开/常闭型。

（2）如果在一段长距离的相同位置或邻近区域必须安装三组以上探测器时，同品种对射应该_____安装，以避免光束干扰。

（3）人在不同的行进速度下通过探头时，与遮光时间对应关系：一般而言，遮光时间短，探头的灵敏性就_____；遮光时间长，探头的灵敏性就_____。

（4）建立周界防护报警系统，在小区围墙和栅栏上或内侧安装_____，当发生非法翻越时，探测器将警情及时传到智能化控制中心。

（5）DS7400XI报警控制系统主机自带_____个防区，可扩充_____个防区。

2．判断题

（1）线路绝对不能明敷，必须穿管暗设，这是探测器工作安全性的最起码的要求。（　　）

（2）在入侵报警系统安装过程中，配线接好后，即可接通电源进行调试。（　　）

（3）DS7400XI报警控制系统主机是一种大型的防火/入侵报警系统。（　　）

（4）常开型（NO）探测器：在正常情况下，开关是断开的，EOL（线末电阻）电阻与之并联。当探测器被触发时，开关闭合，回路电阻为无穷大，该防区报警。（　　）

（5）常闭型（NC）探测器：在正常情况下，开关是闭合的，EOL（线末电阻）电阻与之串联。当探测器被触发时，开关断开，回路电阻为零，该防区报警。（　　）

3．单选题

（1）主动式红外探测器的红外对射探头要选择合适的最短遮光时间来提高报警的可靠性，通常以（　　）m/s的速度来确定最短遮光时间。

A．10　　　　　　　B．20　　　　　　　C．30　　　　　　　D．40

（2）壁挂式报警控制设备在墙上的安装位置，如靠门安装时，宜安装在（　　）。

A．门轴的同一侧　　B．门轴的另一侧　　C．门框的上方　　　D．门框的下方

（3）总线制报警系统的电阻需要安装在（　　）。

A．报警主机内　　　　　　　　　B．传输线路中间

C．地址模块和探头之间　　　　　D．地址模块和总线间

（4）壁挂式报警控制设备在墙上的安装位置，靠近门轴安装时，靠近其门轴的侧面距离不应小于（　　）m。

A．0.5　　　　　　　B．0.8　　　　　　　C．1.0　　　　　　　D．1.5

（5）台式报警控制设备的操作、显示面板和管理计算机的显示器屏幕应避开（　　　）。

A．阳光直射　　　　B．阳光反射　　　　C．操作键盘　　　D．操纵摇杆

（6）主动红外探测器的安装要求（　　　）。

①发射和接收之间不应有遮挡物。

②室外选用多光束主动红外入侵探测器，减少误报警。

③室外使用，缩短警戒距离，选用自动增益，当气候变化时会自动调节灵敏度。安装应隐蔽，环境很差的室外不宜使用。

④安装牢固，光束对准。使用多组探测器频率不同。设定不同的最短遮光时间。

⑤在空旷地带或围墙屋顶上使用，应有避雷功能。

⑥光学系统要保持清洁，注意维护保养。

⑦根据场所选择对向式、反射式、单光束或多光束等方式

A．①②③④⑤　　　B．①②④⑥⑦　　　C．②③④⑤⑥　　　D．①②③④⑤⑥⑦

4．问答题

（1）入侵报警系统工程的施工安装应满足哪些条件？

（2）主动红外对射探测器的安装方法有哪几种？各有何利弊？

（3）被动红外对射探测器的安装方法有哪几种？各有何利弊？

（4）玻璃破碎探测器的安装方法有哪几种？各有何利弊？

3.3–13
习题答案

3.3.5 知识拓展

资源名称	识读入侵报警系统工程施工图	焊接线缆	报警探测器支架的安装	DS6MX报警主机的安装
资源类型	视频	视频	视频	视频
资源二维码				
资源名称	DS7412串行接口模块的安装	DS7447i控制键盘的安装	入侵报警系统与视频监控系统的安装	入侵报警系统与门禁系统的安装
资源类型	视频	视频	视频	视频
资源二维码				

任务 3.4
入侵报警系统的设置与调试

3.4.1 教学目标与思路

【教学目标】

知识目标	能力目标	素养目标	思政要素
掌握入侵报警主机编程方法。	1. 能定义防区功能； 2. 能通过软件与报警主机通信，并记录报警事件。	增强发现、分析和解决实际工程存在问题的能力。	树立以人为本，预防为主，安全第一的思想。

【学习任务】在完成"任务3.3入侵报警系统工程安装与接线"的基础上，通过报警主机编程，实现小型报警主机设置为大型报警主机的防区设置、防拆设置、连续报警设置、布防和撤防设置和运行记录等，具体要求请扫描二维码查看。

> 3.4-1
> 入侵报警系统工程设置
> 与调试任务

【建议学时】4~6学时。

【思维导图】

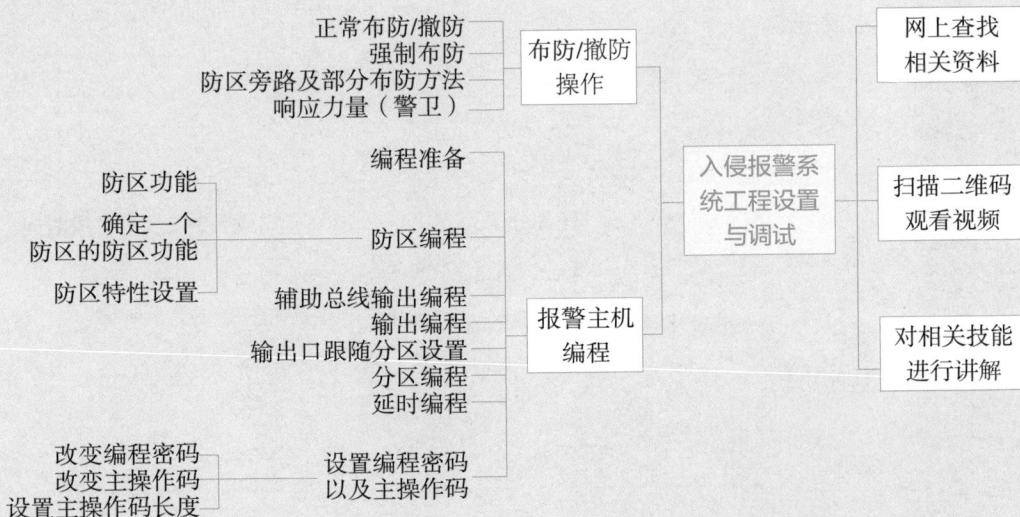

3.4.2 学生任务单

任务名称	入侵报警系统的设置与调试		
学生姓名		班级学号	
同组成员			
负责任务			
完成日期		完成效果	
		教师评价	

自学简述	课前预习	学习内容、浏览资源、查阅资料		
	拓展学习	任务以外的学习内容		
任务研究	完成步骤	用流程图表达		
	任务分工	任务分工	完成人	完成时间

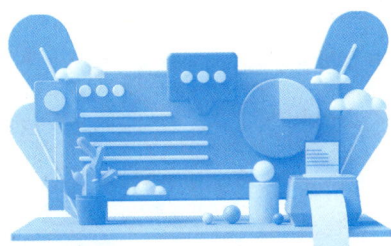

本人任务	
角色扮演	
岗位职责	
提交成果	

任务实施	完成步骤	第1步	
		第2步	
		第3步	
		第4步	
		第5步	
	问题求助		
	难点解决		
	重点记录	完成任务过程中，用到的基本知识、公式、规范、方法和工具等	成果提交
学习反思	不足之处		
	待解问题		
	课后学习		

过程评价	自我评价（5分）	课前学习	时间观念	实施方法	知识技能	成果质量	分值
	小组评价（5分）	任务承担	时间观念	团队合作	知识技能	成果质量	分值

3.4.3 知识与技能

1．技能点——布防/撤防操作

（1）正常布防/撤防

在采用正常布防前，要求键盘绿色状态灯Status必须处于恒亮状态。键盘显示"Ready to Arm"，这时才可以使用正常布防。如图3-24所示。

3.4-2
控制键盘调试

3.4-3
入侵报警主机布防/撤防

图3-24　键盘示意图

正常布防方法：PIN（1234）+On，此时Armed红灯将闪亮，键盘显示"Exit now"。若设有退出延时提示音，键盘将发出"哔哔"声音。延时时间结束后，Armed灯将恒亮。键盘显示"Armed"，此时表示系统已布防。在延时时间内，触发系统防区，系统不报警。

撤防/消除报警方法：PIN（1234）+Off，此时Armed红灯将熄灭。如果发生火警报警，还应按PIN（1234）+System reset键来消除火警记忆。

（2）强制布防

当系统有故障，Power灯将闪烁，键盘显示"Control trouble Enter#87"，表示有交流电未接、接地不正确、防区故障等现象。在未排除系统故障前，可以用强制布防的方法来对系统进行布防。强制布防方法：PIN+On+Bypass。（按PIN+On时键盘会发出5s声音，在这期间立即按Bypass）。

（3）防区旁路及部分布防方法

若某个防区有故障（显示"Not ready xxx"）或某个防区暂时不用，此时要对系统布防，必须对这些防区先进行旁路，然后再布防。旁路方法：PIN+Bypass+xxx（要旁路的防区的编号）。防区编号必须是三位数，如8防区，必须输入008。若要旁路多个防区，需作同样的操作。恢复某一防区，命令也是PIN+Bypass+xxx，恢复所有防区，则命令应为PIN+Bypass+*。

将防区旁路后，可以用PIN（1234）+On，对系统正常布防，此时键盘显示，表示系统部分布防，撤防和消除报警与一般状态相同。

注意：作一次布防/撤防后，被旁路的防区将恢复。

2. 技能点——报警主机编程

3.4-4
DS7400报警主机编程

（1）编程准备

DS7400XI报警系统进入编程及退出编程方法：进入编程密码是9876#0，退出编程方法是按住"*"键4s，听到"哔"一声，表示已退出编程。

填数据：DS7400XI编程地址一定是四位数，而每个地址的数据一定是两位。如：需将地址0001中填输入数据21，方法是按9876#0，此时DS7447键盘的灯都闪动。键盘显示如下：

"Prog.Mode4.o

Adr=　　　　　　"

输入地址"0001"，接着输入"21#"则显示顺序为：

"Prog.Mode4.o

Adr=0001 D_{01}=2　　"

"Prog.Mode4.o

Adr=0001 D_{01}=1　　"

此时自动跳到下一个地址，即地址0002，若不需要对地址0002进行编程，则连续按两次"*"，则显示：

"Prog.Mode4.o

Adr=　　　　　　"

此时就可以输入新的地址及该地址要设置的数据。

（2）防区编程

对DS7400XI进行防区编程时一般分三步：确定防区功能；确定某一防区具有哪一种防区功能；确定防区特性（即采用哪种防区扩充形式）。

DS7400XI共有30种防区类型可选择，常用的有：

1）延时防区：系统布防时，在退出延时时间内，如延时防区被触发，系统不报警。退出延时时间结束后，如延时防区再被触发，在进入延时时间内，如对系统撤防，则不报警；进入延时时间一结束则系统立即报警。受布防/撤防影响。

2）即时防区：系统布防时，在退出延时时间内，如即时防区被触发，系统不报警。退出延时时间结束后，如即时防区被触发，则系统立即报警。受布防/撤防影响。

3）24小时防区：无论系统是否布防，触发24小时防区则系统均将报警，一般用于接紧急按钮。

4）附校验火警防区：火警防区被一次触发后，在2min之内若再次触发，则系统报警；否则不报警。

5）无校验火警防区：火警防区被一次触发后，则系统报警。

6）布防/撤防防区：该防区可用来对DS7400XI所有防区或对某一分区进行布防/撤防操作。

表示防区功能有两位数据位，用户既可以使用出厂值，也可以根据表中的数据定义自己编写。表示防区功能的地址中的数据含义如图3-25所示。

数据1　数据2

输入数据	含义
0	无声、无显示防区，开路短路报警
1	无显示防区，开路短路报警
2	连续报警声输出，开路短路报警
3	脉冲报警声输出，开路短路报警

输入数据	含义
0	无效防区
1	即时防区
2	24小时防区
3	延时1防区
4	延时2防区
9	布防/撤防防区
*0	防火防区（带校验）
*1	防火防区（无校验）

选择功能	输入数据
对单个分区布防/撤防（不能强制布防）	0
对单个分区布防/撤防（能强制布防）	1
对所有分区布防/撤防（不能强制布防）	2
对所有分区布防/撤防（能强制布防）	3

图3-25　防区数据含义表示

如果第二个数据位为9，则第一个数据位必须为表中的数据。

DS7400XI有30种防区功能可以设置，分别占地址0001～0030，表3-3中地址的数据为出厂值，有些不常用的功能在表中并未列出，用户可以根据实际情况作修改。

表中每一种防区功能均对应一组防区功能号，在后面的防区设置中，要使用到防区功能号。如：要设置防区功能1为24小时防区，并为连续报警输出，则需在地址0001中输入数据22。步骤是：输入9876#0；输入0001；输入22#。

　　键盘将显示地址0002。可以继续输入0002地址中的数据或连续按两次"*"键后重新输入新的地址，或退出编程。防区功能编程出厂值设置状态见表3-3。

防区功能编程出厂值设置状态表　　　　　　　　　表3-3

防区功能号	对应地址	出厂值数据	含义
01	0001	23	连续报警，延时1
02	0002	24	连续报警，延时2
03	0003	21	连续报警，周界即时
04	0004	25	连续报警，内部/入口跟随
05	0005	26	连续报警，内部留守/外出
06	0006	27	连续报警，内部即时
07	0007	22	连续报警，24小时防区
08	0008	7*0	脉冲报警，附校验火警
……	……	……	……
30	0030		

　　防区功能与防区是两个概念。在防区编程中，就是要把某一具体防区设定具有哪一种防区功能。在防区编程中所要解决的问题是：要使用多少个防区，每个防区应设置为哪种防区功能。其中防区与地址的对应关系见表3-4。

防区与地址对应关系表　　　　　　　　　表3-4

防区	地址	数据1	数据2
1	0031		
2	0032		
……	……		
248	0278		

　　从地址0031～0278共248个地址，每个地址都有两位数据，代表的含义是：数据1和数据2表示防区功能号。如：第32防区是被编为24小时防区（防区功能号使用出厂值），则编程方法是：输入9876#0；输入0062；输入07#。

　　防区特性设置。因为DS7400XI是一种总线式大型报警主机系统，可使用的防区扩充模块有多种型号。如DS7432、DS6MX、DS6MX等系列，具体选择哪种型号在这项地址中设置。从0415～0538共有124个地址，每个地址有两个数据位，依次分别代表两个防区。两个数据位的含义见表3-5。其中地址与数据位对应关系见表3-6。

数据位的含义表　　　　表3-5

数据	含义	数据	含义
0	主机自带防区或DS7457i模块	4	MX280THL
1	DS7432、DS7433、DS7460、DS-6MX	5	Keyfob
2	DS7465	6	DS-3MX，DS6MX
3	MX280、MX280TH	—	—

地址与数据位对应表　　　　表3-6

地址	数据1	数据2
0415	防区1	防区2
0416	防区3	防区4
0417	防区5	防区6
……	……	……
0538	防区247	防区248

（3）辅助总线输出编程

DS7400XI和PC机直接相连或和串口打印机直接连接（用DS7412）或与继电器输出模块连接时都要使用辅助总线输出口，以确定辅助输出口的速率、数据流特性等。在本实训装置中，需编程的地址及数据参数为：地址4019　数据1　数据2。

其中数据1的设置内容及含义为：数据1的数据为"0"表示不使用DS7412，为"1"表示使用DS7412。数据2的设置内容及含义见表3-7。

数据2的设置内容及含义表　　　　表3-7

数据	含义	数据	含义
0	不发事件	5	发报警，故障，复位，其他事件
1	发报警，故障，复位	6	布防/撤防，其他事件
2	发布防/撤防	7	全部事件
3	发报警，故障，复位，布防/撤防	8	CMS7000监控软件
4	除报警，故障，复位，布防/撤防外的事件	—	—

若使用DS7412和PC机连接或与打印机相连，或使用继电器输出模块必须确定输出数据的速率及数据流的其他特性。在本实训装置中，需编程的地址及数据参数为：地址4020　数据1　数据2。

其中数据1的设置内容及含义见表3-8，数据2的设置内容及含义见表3-9。

数据1的设置内容及含义表　　　　　表3-8

输入数据	含义	输入数据	含义
0	300Baud	3	4800Baud
1	1200Baud	4	9600Baud
2	2400Baud	5	14400Baud

数据2的设置内容及含义表　　　　　表3-9

数据	8数据位	1停止位	2停止位	无校验	偶数校验	奇数校验	软件	硬件
0	√	√		√			√	
1	√			√				√
2	√		√	√			√	
3	√		√	√				√
4	√		√		√		√	
5	√	√			√			√
6	√	√				√	√	
7	√	√				√		√

（4）输出编程（2734～2736）

DS7400XI主板上有三个可编程输出口，即：Bell/警铃，Output1/输出口1，Output2/输出口2，它们可以跟系统的状态和系统事件输出，但不能跟随防区输出。编程方法如图3-26所示，每个输出口所在地址见表3-10。

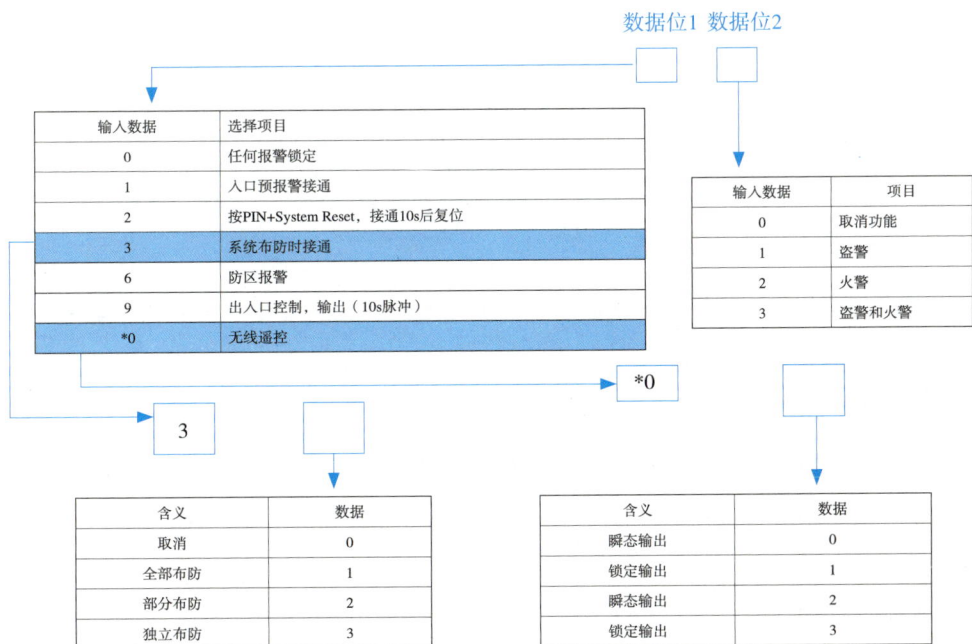

图3-26　编程方法

输出口所在地址表　　　　　表3-10

输出口	地址	出厂值
Bell/警铃	2734	63
Output1/输出口	2735	33
Output2/输出口	2736	23

DS7400XI主板上的BELL输出口一般用于报警警铃输出（输入数据63）。

注：如有用防火探测器，一般其电源由Output2供电，在地址2736中输入数据22，这样一旦防火探测器报警后就可以输入PIN+system reset使探测器复位。

（5）输出口跟随分区设置（2737～2738）

DS7400XI可分为8个分区，主板上的3个输出口可分别设置为跟随某一分区相关事件输出，如图3-27所示。

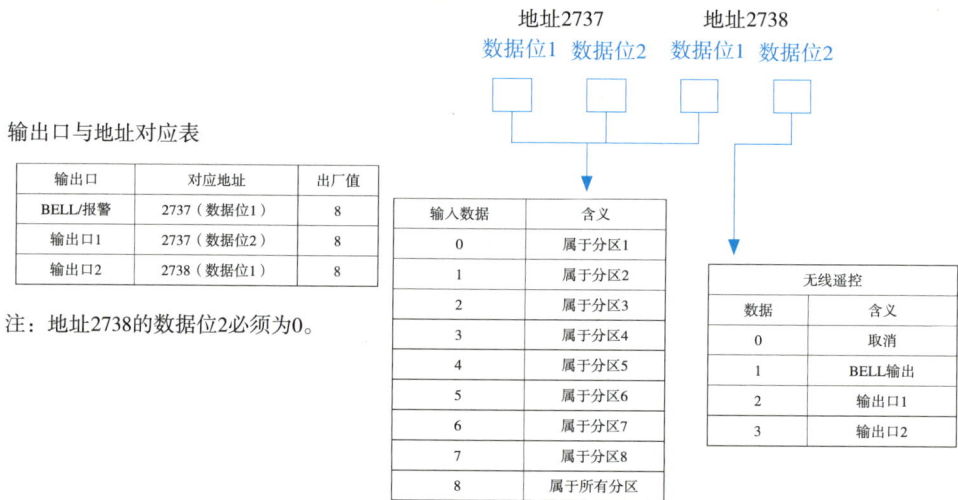

输出口与地址对应表

输出口	对应地址	出厂值
BELL/报警	2737（数据位1）	8
输出口1	2737（数据位2）	8
输出口2	2738（数据位1）	8

注：地址2738的数据位2必须为0。

地址2737　　　　地址2738
数据位1　数据位2　　数据位1　数据位2

输入数据	含义
0	属于分区1
1	属于分区2
2	属于分区3
3	属于分区4
4	属于分区5
5	属于分区6
6	属于分区7
7	属于分区8
8	属于所有分区

无线遥控

数据	含义
0	取消
1	BELL输出
2	输出口1
3	输出口2

图3-27　输出口跟随分区设置图

若要设报警输出口（BELL）跟随第二分区中的防火/防盗防区报警输出，则：

输入：9876#0（进入编程）；

输入：2734 63#（在2734地址中输入63，表示跟随防火/防盗事件）；

输入：**（因为不编2735地址，所以连续按两次"*"重新输入新地址）；

输入：2737 18#（在2737地址第一数据位中输入1，表示BELL口属于2分区）；按住"*"3s，退出编程。

（6）分区编程

DS7400XI报警主机可分为8个独立分区，并可自由设置每个分区包含哪些防区。每个分区可独立地进行布防/撤防。在分区编程前，必须确定三个因素，即：需要使用几个分区，是否有公共分区，每个分区中包含哪些防区。这几方面的因素都可在下列的编程中确定：

1）确定系统使用几个分区，有无公共分区（3420）

公共分区是指当其他相关分区都布防，公共分区才能布防。而公共分区先撤防其他相关分区才能撤防。在地址3420中，第一数据位表示确定使用几个分区，第二个数据位确定公共分区与其他分区的关系。若无特殊需要，就不设公共分区，那么第二位数据一般填0。

2）确定哪些防区属于哪个分区（0287～0410）

这个编程的概念是：DS7400XI有248个防区，可分为8个独立的分区，将这248个防区设置到不同的分区中去。从地址0287～0410共124个地址，每个地址有2个数据位，共248个数据位，它们依此代表248个防区。在这248个数据位中填入不同的数据，就表示系统的248个防区属于不同的分区，如图3-28所示。

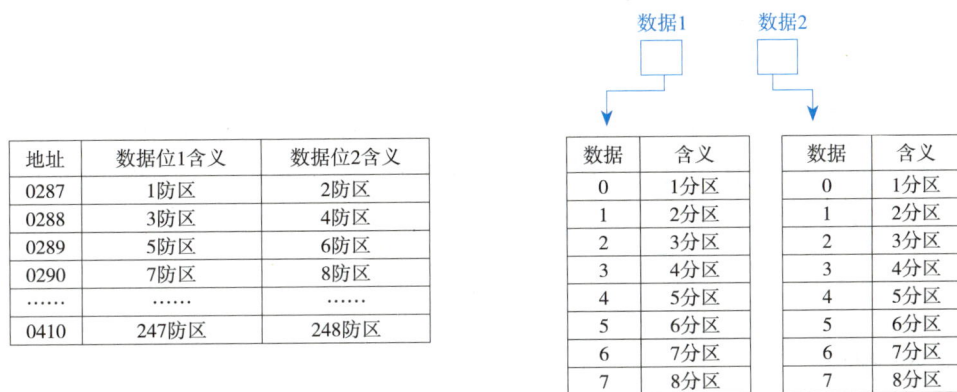

地址	数据位1含义	数据位2含义
0287	1防区	2防区
0288	3防区	4防区
0289	5防区	6防区
0290	7防区	8防区
……	……	……
0410	247防区	248防区

数据1

数据	含义
0	1分区
1	2分区
2	3分区
3	4分区
4	5分区
5	6分区
6	7分区
7	8分区

数据2

数据	含义
0	1分区
1	2分区
2	3分区
3	4分区
4	5分区
5	6分区
6	7分区
7	8分区

图3-28　防区分区关系

如：将1、2、3防区设为一分区，将4、5、6防区设为二分区。则：

输入：9876#0；

输入：0287 00#（1和2防区设为一分区，地址将自动变为0288）；

输入：01#（地址0288输入01，表示将3防区设为一分区，4防区设为二分区，地址自动跳到0289）；

输入：11#（将5、6防区设为二分区）；按住"*"3s，退出编程。

3）键盘的分区管理

①使用键盘数量及类型编程（3131～3138）

一个DS7400XI报警系统可以配一个键盘，也可以配多个键盘。若管理多个分区，必须将其中一个键盘设置为主键盘。若仅使用一个分区，就不必将键盘设为主键盘。

在地址3131～3138共8个地址，每个地址确定2个键盘的功能，如图3-29所示。

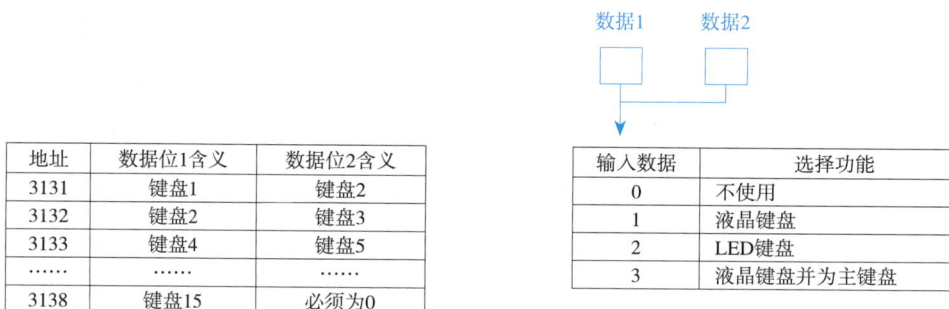

地址	数据位1含义	数据位2含义
3131	键盘1	键盘2
3132	键盘2	键盘3
3133	键盘4	键盘5
……	……	……
3138	键盘15	必须为0

输入数据	选择功能
0	不使用
1	液晶键盘
2	LED键盘
3	液晶键盘并为主键盘

图3-29　防区分区关系

②键盘的分区管理

DS7400XI可分为8个分区，每个分区可以由1个或几个键盘来管理。由地址3139～3146来设置。具体方法如图3-30所示。

注：若系统只设一个主键盘并且管理多个分区，则若将主键盘设为管理分区1，虽然主键盘能对其他分区进行布撤防，但其他分区报警时主键盘能显示，键盘蜂鸣器不叫。

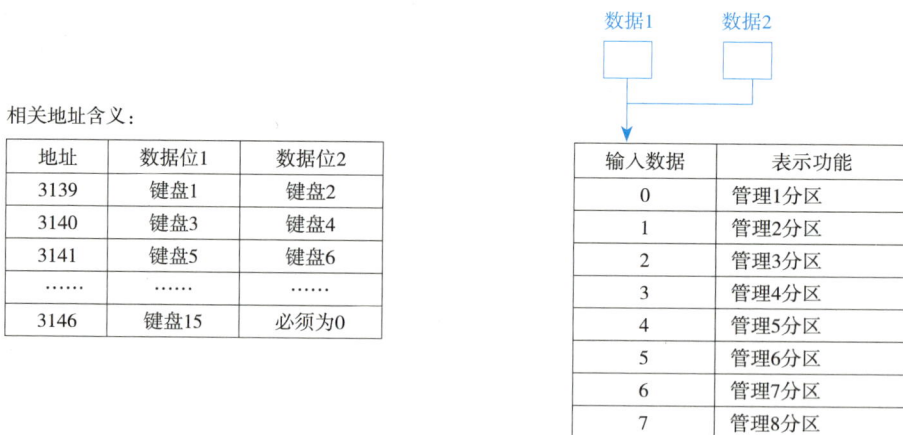

相关地址含义：

地址	数据位1	数据位2
3139	键盘1	键盘2
3140	键盘3	键盘4
3141	键盘5	键盘6
……	……	……
3146	键盘15	必须为0

输入数据	表示功能
0	管理1分区
1	管理2分区
2	管理3分区
3	管理4分区
4	管理5分区
5	管理6分区
6	管理7分区
7	管理8分区

图3-30　键盘管理分区图

（7）延时编程

DS7400XI有退出延时，进入延时时间1，进入延时时间2。编程地址分别是：退出延时时间　数据1　数据2，地址4030　1　2。

两个数据位表示时间，以5s为单位，输入数据范围是0~51（0~255s），预设置为12（60s）。进入延时时间1 数据1 数据2，地址4028 0 9。

两个数据位表示时间，以5s为单位，输入数据0~51（0~255s），预设置为09（45s）。进入延时时间2 数据1 数据2，地址4029 0 9。

两个数据位表示时间，以5s为单位，输入数据0~51（0~255s），预设置为09（45s）。

（8）设置编程密码以及主操作码

DS7400XI出厂值的编程密码是四位数，但最长可设置为六位数。其出厂值密码若设为四位数时则为9876，若设为六位数时则为987654。主操作码出厂值的操作密码是四位数，但最长可设置为六位数。其出厂值密码若为四位数时则为1234，若设为六位数时则为是123456。

改变编程密码（7589）：地址7589 数据1 数据2 数据3 数据4 数据5 数据6，编程时，进入地址7589，直接输入任意4（6）位数即可。

改变主操作码：地址7592 数据1 数据2 数据3 数据4 数据5 数据6，编程时，进入地址7592，直接输入任意4（6）位数。

设置主操作码长度：主操作码长度的设置（3478）方法如图3-31和图3-32所示。

含义	数据
四位	0
六位	1

数据1

数据2

0

图3-31 设置主码操作长度图

数据位1

数据位2

输入数据	含义
0	使用1个分区
1	使用2个分区
2	使用3个分区
3	使用4个分区
4	使用5个分区
5	使用6个分区
6	使用7个分区
7	使用8个分区

选择项目	输入数据
无公共分区	0
分区1是分区2和3的公共分区	1
分区1是分区2至4的公共分区	2
分区1是分区2至5的公共分区	3
分区1是分区2至6的公共分区	4
分区1是分区2至7的公共分区	5
分区1是分区2至8的公共分区	6

图3-32 数据1和数据2分区关系

3.4.4 问题思考

请根据你的体验，总结一下系统调试中遇到的问题、解决的办法及要注意的事项。

1．填空题

（1）入侵报警系统的调试，应在建筑物内装修和_____结束后进行；调试前，应具备该系统设计时的_____，和施工过程中的_____及隐蔽工程的_____等。

（2）入侵报警系统调试开始前应先检查线路，对_____、_____、_____、_____等进行有效处理。

2．单选题

（1）入侵行为已经发生，而系统未能做出报警响应或指示的情况属于（　　　）。

A．误报警　　　　　B．漏报警　　　　　C．强制报警　　　　　D．挟持报警

（2）由于意外触动手动装置、自动装置对未设计的报警状态做出响应、部件的错误动作或损坏、操作人员失误等而发出的报警信号的情况属于（　　　）。

A．误报警　　　　　B．漏报警　　　　　C．强制报警　　　　　D．挟持报警

（3）在设防状态下，当探测器探测到有入侵发生或触动紧急报警装置时，报警控制设备应显示出报警发生的（　　　）。

A．时间　　　　　　B．地址　　　　　　C．种类　　　　　　D．性质

（4）报警发生后，系统应能（　　　）复位。

A．自动　　　　　　B．即时　　　　　　C．延时　　　　　　D．手动

（5）在（　　　）状态下，系统不应对探测器的报警状态做出响应。

A．布防　　　　　　B．设防　　　　　　C．撤防　　　　　　D．24小时

（6）DS6MX-CHI报警主机的每个防区必须接一个（　　　）Ω的线尾电阻。

A．2.7k　　　　　　B．4k　　　　　　　C．10k　　　　　　　D．16k

（7）如果DS6MX-CHI报警主机的空防区（没有如果外接探测器的防区）未接线尾电阻，则该防区处于（　　　）状态。

A．触发报警　　　　B．始终无触发　　　C．屏蔽　　　　　　D．短路

3．问答题

（1）对DS7400XI进行防区编程时一般分为哪几步？

（2）分析线尾电阻安装在探测器侧和防盗主机侧效果有什么不同？为什么？

（3）入侵报警系统的防区类型有哪些？工作方式如何？

3.4-6
习题答案

3.4.5 知识拓展

资源名称	DS6MX报警主机的编程与调试	CMS7000软件设置	入侵报警系统与视频监控系统的调试	入侵报警系统与门禁系统的调试
资源类型	视频	视频	视频	视频
资源二维码				

CHAPTER 4

项目 4
出入口控制系统的设计与施工

任务 4.1　出入口控制系统的认知
任务 4.2　出入口控制系统的设计
任务 4.3　出入口控制系统的安装与接线
任务 4.4　出入口控制系统的设置与调试

任务 4.1
出入口控制系统的认知

4.1.1 教学目标与思路

【教学目标】

知识目标	能力目标	素养目标	思政要素
1. 熟悉出入口控制系统的组成； 2. 熟悉出入口控制系统的工作原理。	1. 能绘制出入口控制系统的结构图； 2. 能说明出入口控制系统的原理功能。	积极倾听别人的意见，正确表达自己思想。	1. 培养民族自豪感； 2. 树立以人为本，预防为主，安全第一的思想。

【学习任务】本任务通过让学生参观或观看一个典型的可视对讲系统，使学生对出入口控制系统的基本概念、结构组成、工作原理及主要功能有一个全面的了解，为系统的规划、设计、施工和维护打下基础。

【建议学时】2~4学时。

【思维导图】

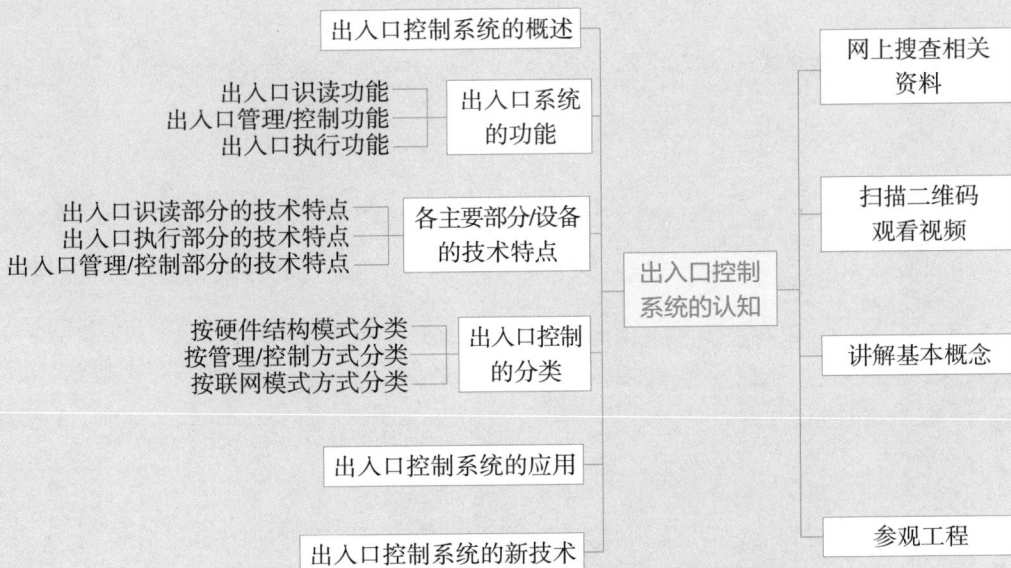

4.1.2 学生任务单

任务名称	出入口控制系统的认知	
学生姓名	班级学号	
同组成员		
负责任务		
完成日期	完成效果	
	教师评价	

自学简述	课前预习	学习内容、浏览资源、查阅资料		
	拓展学习	任务以外的学习内容		
任务研究	完成步骤	用流程图表达		
	任务分工	任务分工	完成人	完成时间

本人任务	
角色扮演	
岗位职责	
提交成果	

任务实施	完成步骤	第1步	
		第2步	
		第3步	
		第4步	
		第5步	
	问题求助		
	难点解决		
	重点记录	完成任务过程中，用到的基本知识、公式、规范、方法和工具等	成果提交
学习反思	不足之处		
	待解问题		
	课后学习		

过程评价	自我评价（5分）	课前学习	时间观念	实施方法	知识技能	成果质量	分值
	小组评价（5分）	任务承担	时间观念	团队合作	知识技能	成果质量	分值

4.1.3　知识与技能

1．知识点——出入口控制系统的概述

所谓出入口控制技术就是通过对目标个性化探测，配合物理阻挡，实现全员监控，在出入口做出响应。出入口控制系统（Access Control System，ACS）可以定义为：利用自定义符识别或/和模式识别技术对出入口目标进行识别，并控制出入口执行机构启闭的电子系统或网络。

出入口控制系统主要采用身份识别技术，同时结合计算机技术、控制技术和网络通信技术，实现对出入口人员的进出行为实施管理的分布式控制系统，是安全防范自动化系统中的主要子系统之一。它通过现代化的技术将企图作案的嫌疑人或危险品等拒之门外，达到避免犯罪活动的发生，因此可以算是一种主动式的安防系统。出入口控制系统的主要功能是指采用现代电子与信息技术，在出入口对人或物这两类目标的进、出，进行放行、拒绝、记录和报警等操作的控制系统。

4.1-1　出入口控制的基本概述

2．知识点——出入口系统的功能

出入口控制系统的主要功能就是将需要控制的各类出入口，按各种不同的通行对象及其准入级别对其进出时间、通行位置等实施实时控制与管理，并具有报警功能，实现对出入口人员的进出行为实施分布式控制管理。因此出入口控制系统主要是由识读部分、传输部分、管理/控制部分和执行部分以及相应的系统软件组成，如图4-1所示。

4.1-2　出入口控制的功能

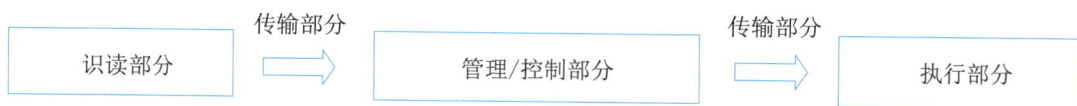

识读部分　—传输部分→　管理/控制部分　—传输部分→　执行部分

图4-1　结构组成

（1）出入口识读功能

出入口识读是通过现场装置获取操作及钥匙信息，并能够对目标进行识别，应能将信息传递给管理/控制部分处理，也可接受管理/控制部分的指令。对人员目标，分为生物特征识别系统、人员编码识别系统两类；对物品目标，分为物品特征识别系统、物品编码识别系统两类。

（2）出入口管理/控制功能

它是出入口控制系统的管理控制中心，也是出入口控制系统的人机管理界面。它负责接收识读部分传来的操作和钥匙信息，与预先存储、设定的信息进行比较、判断，

对目标的出入行为进行鉴别及核准；对符合出入授权的目标，向执行部分发出予以放行或拒绝的指令，达到指挥、驱动出入口控制执行机构的动作。对于出入事件、操作事件、报警事件等的记录、存储及报表的生成。事件通常采用4W的格式、即When（什么时间）、Who（谁）、Where（什么地方）、What（干什么）；可以设定操作员的级别管理，使不同级别的操作员对系统有不同的操作能力，还有操作员登录核准管理等；对于出入口控制的设定可以是单/多识别方式选择，输出控制信号设定等，对于非法侵入及系统故障都可以进行报警处理等。

（3）出入口执行功能

它是出入口控制系统的执行操作部分，接收从出入口管理子系统发来的控制命令，并在出入口做出相应的动作，实现出入口控制系统的拒绝与放行操作。

3．知识点——各主要部分/设备的技术特点

（1）出入口识读部分的技术特点

识读部分是出入口控制系统的前端设备，负责实现对出入目标的个性化探测任务，在编码识别设备中，以卡片式读取设备最为广泛。

1）条码卡：黑白相间组成的一维或二维条码印刷在卡片上就构成了条码卡，类似于商品上贴的条码。其特点是成本低廉，缺点是条码容易被复制、污损，一般用在安全级别较低的场所。

2）无源感应卡：它是在接触式IC卡的基础上采用射频识别技术，也称无源射频卡，卡片与读卡器之间的数据采用射频方式传递。主要有感应式ID卡和可读写的感应式IC卡两种形式。常见的读卡距离为4~80cm。在识读过程中不需接触读卡器，对粉尘、潮湿等环境的适应远高于上述其他卡片系统，它使用起来非常方便，是目前出入口控制系统识读产品的主流。

3）生物特征技术：生物特征识别不依附于其他介质，直接实现对出入目标的个性化探测，通过两种形式达到识别的目的。

对于识别技术的选择，可以通过对不同的场所及对安全性、性价比做出合理评估，然后再合理选择。一般场所可以使用进门读卡器、出门按钮方式；特殊场所可以使用进出门均需要刷卡的方式；重要场所可以采用进门刷卡+乱序键盘、出门刷卡的方式；要害场所可以采用进门刷卡+指纹+乱序键盘、出门刷卡的方式。

（2）出入口执行部分的技术特点

出入口系统中的执行部分主要执行命令起到控制出入口设备的作用，其设备可以分为闭锁设备、阻挡设备及出入准许指示装置设备三种表现形式：1）闭锁部件主要指各种电控、电动锁具；2）阻挡部件主要指各种电动门、升降式地挡（阻止车辆通行的装置）等设备；3）出入准许指示装置主要指通行/禁止指示灯、显示设备等。在门禁系统中较为常见的锁门部件是电控锁。用户可以根据门的材料、出门要求等需求选取不同的锁具。主要有电磁锁、阳极锁、阴极锁几种类型。

（3）出入口管理/控制部分的技术特点

出入口管理/控制部分是出入口控制系统的核心，主要是由硬件、接口和软件组成，它们的特点如下：

1）管理/控制部分硬件结构的特点：联网型出入口控制系统普遍采用中心管理计算机对系统进行授权与设置，前端现场控制器实时执行管理控制功能。简单功能的现场控制器主要采用8位单片处理器进行管理，复杂一些的采用16位单片机甚至高速CPU。为保证控制器断电时信息不丢失，普遍采用静态存储器SRAM存储授权和事件信息，并由3V锂电池提供应急数据保持，也有个别小系统采用EEPROM存储的。

2）信息及控制接口的特点：与识读部分接口的主要形式为RS-232或RS-485，以及目前被大多数感应式读卡器和现场控制器采用的威根（Wiegand）接口。

3）软件特点：在联网型出入口控制系统中，运行在中心计算机上的管理软件提供人/机界面，负责授权、管理及实施远程控制，其客户端有C/S结构部署的，也有B/S部署的。大型系统还设置双机备份模式，以提高可靠性。有些软件不但能实现电子地图、门禁、停车场、考勤、在线巡逻、报警等功能，还能与DVR等视频设备实现联动。

4. 知识点——出入口控制的分类

出入口控制系统可根据系统规模、现场情况、安全管理要求等，合理选择构建模式。

> 4.1-4
> 出入口控制的分类

（1）按硬件结构模式分类

出入口控制系统按其硬件结构模式可以分为两种类型：

1）一体型：出入口控制系统的各个组成部分通过内部链接、组合集成在一起，实现出入口控制的所有功能。如图4-2所示。

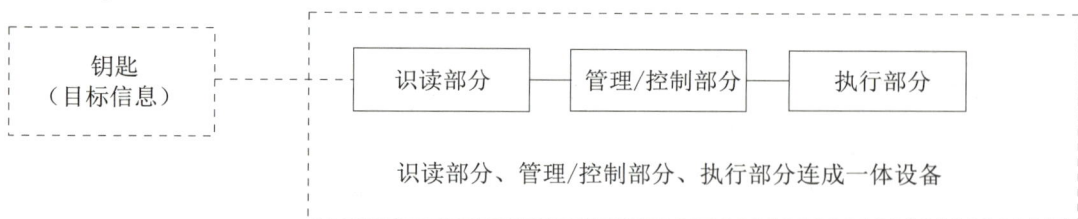

钥匙（目标信息）　识读部分　管理/控制部分　执行部分

识读部分、管理/控制部分、执行部分连成一体设备

图4-2　一体型产品组成

2）分体型：出入口控制系统的各个组成部分，在结构上有分开的部分，也有通过不同方式组合的部分。分开部分与组合部分之间通过电子、机电等手段连成为一个系统，实现出入口控制的所有功能。如图4-3所示。

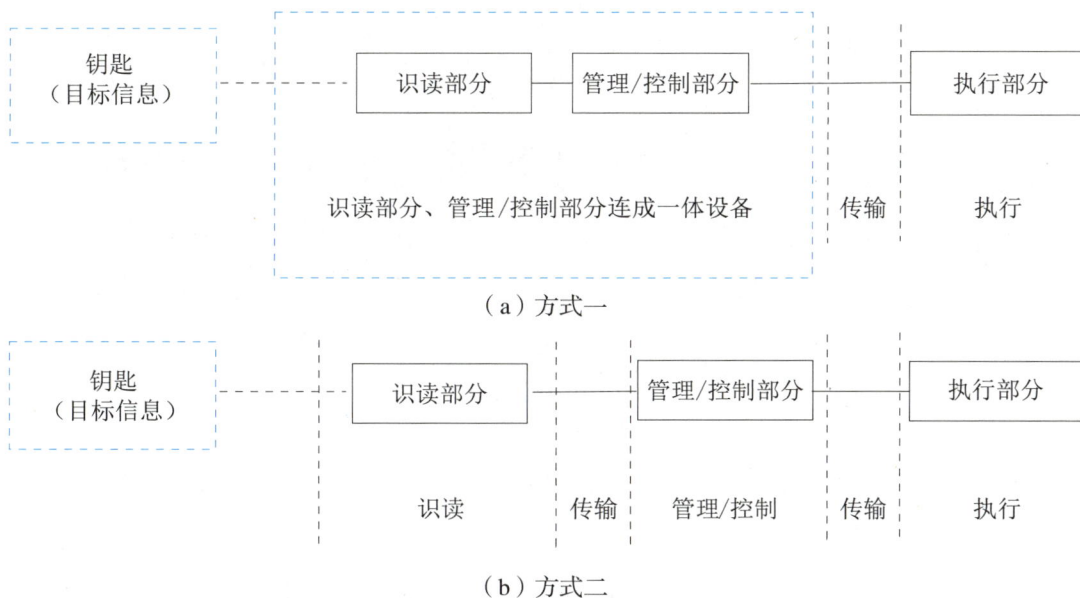

（a）方式一

（b）方式二

图4-3　分体型产品组成

（2）按管理/控制方式分类

出入口控制系统按其管理/控制方式可分为以下类型：

1）独立控制型：出入口控制系统，其管理与控制的全部显示/编程/管理/控制等功能均在一个设备（出入口控制器）内完成，如图4-4（a）所示。

2）联网控制型：出入口控制系统，其管理与控制部分的全部显示/编程/管理/控制功能布置一个设备（出入口控制器）内完成，如图4-4（b）所示。设备之间的数据传输通过有线和/或无线数据通道及网络设备实现。

3）数据载体传输控制型：出入口控制系统与联网型出入口控制系统仅在于数据传输的方式不同，其管理与控制部分的全部显示/编程/管理/控制等功能不是在一个设备（出入口控制器）内完成，如图4-4（c）所示。设备之间的数据传输通过对可移动的、可读写的数据载体的输入/导出操作完成。

（3）按联网模式方式分类

出入口控制系统按联网模式可分为以下类型：

1）总线制：出入口控制系统的现场控制设备通过联网数据总线与出入口管理中心的显示，编程设备相连，每条总线在出入口管理中心只有一个网络接口。

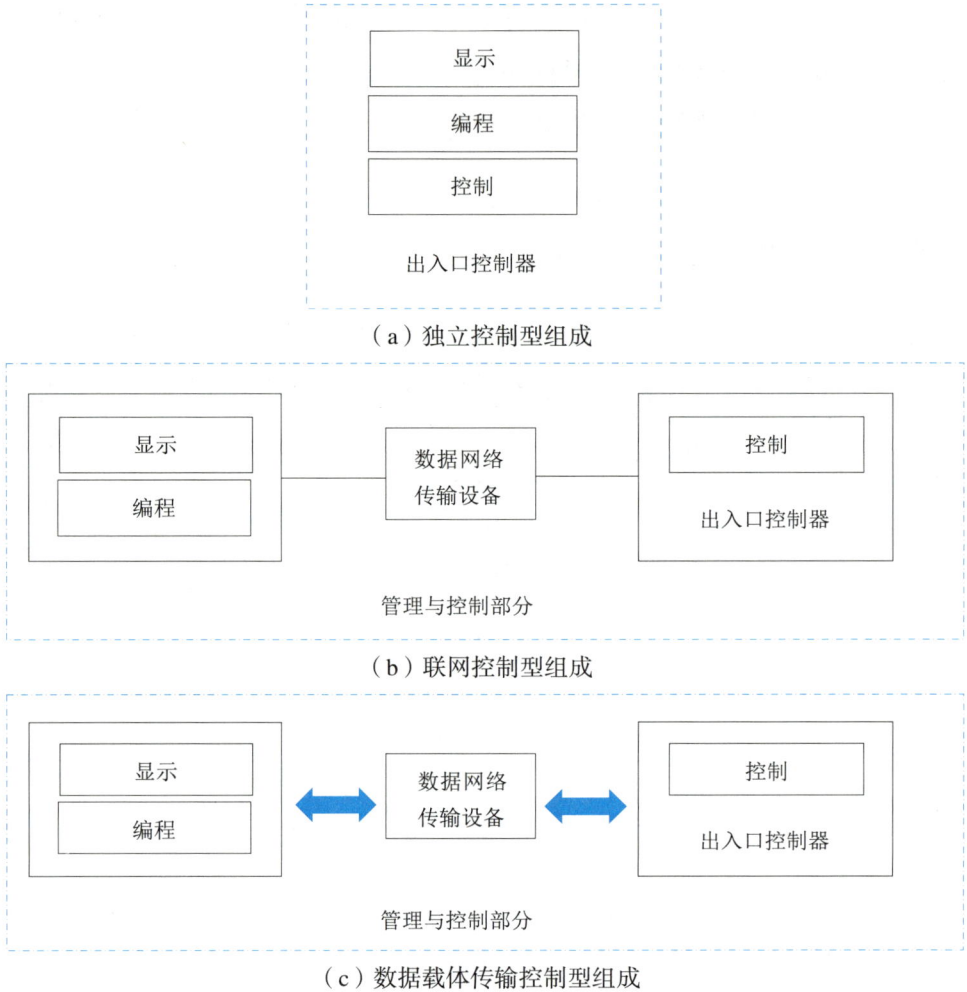

（a）独立控制型组成

（b）联网控制型组成

（c）数据载体传输控制型组成

图4-4　按管理/控制方式分类

2）环线制：出入口控制系统的现场控制设备通过联网数据总线与出入口管理中心的显示，编程设备相连，每条总线在出入口管理中心有两个网络接口，当总线有一处发生断线故障时，系统仍能正常工作，并可探测到故障的地点。

3）单级网：出入口控制系统的现场控制设备与出入口管理中心的显示、编程设备的连接采用单一联网结构。

4）多级网：出入口控制系统的现场控制设备与出入口管理中心的显示、编程设备的连接采用两级以上串联的联网结构，且相邻两级网络采用不同的网络协议。

4.1.4 问题思考

根据你的学习，你觉得出入口控制系统还可以应用在哪些场所？今后的发展趋势是怎样的？

1. 填空题

（1）所谓出入口控制技术就是通过对＿＿＿＿＿＿＿，实现＿＿＿＿＿＿＿，在出入口做出响应。

（2）出入口控制系统的主要是由＿＿＿＿＿＿＿＿＿、＿＿＿＿＿＿＿＿＿、＿＿＿＿＿＿＿＿＿和＿＿＿＿＿＿＿＿＿＿以及相应的系统软件组成。

2. 判断题

（1）出入口识读是通过现场装置获取操作及钥匙信息，并能够对目标进行识别，应能将信息传递给管理/控制部分处理，也可接受管理/控制部分的指令。（　　　）

（2）对于识别技术的选择，可以通过对不同的场所及对安全性、性价比做出合理评估，然后再合理选择。（　　　）

3. 单选题

（1）在出入口控制系统中，目前常用的身份标识凭证不包括（　　　）。

A. 密码　　　　　　B. 磁卡　　　　　　C. ID卡　　　　　　D. IP卡

（2）在门禁控制系统中，生物特征识别的优点是（　　　）。

A. 安全性极好　　　B. 成本很高　　　C. 识别率不高　　　D. 对环境要求高

4. 问答题

（1）出入口控制系统的概念是什么？

（2）出入口控制系统有哪些部分组成，及各组成部分的功能是什么？

4.1-5
习题答案

（3）出入口控制系统是如何分类的？

4.1.5 知识拓展

资源名称	门禁系统的组成结构和工作原理	出入口控制系统的应用及新技术
资源类型	视频	视频
资源二维码		

任务 4.2
出入口控制系统的设计

4.2.1 教学目标与思路

【教学目标】

知识目标	能力目标	素养目标	思政要素
1. 熟悉出入口控制系统设计方法； 2. 了解出入口控制系统设计规范。	1. 能根据用户需求完成出入口控制的设计； 2. 能使用CAD软件绘制出入口控制系统。	能在倾听用户需求的基础上，按规范进行设计。	1. 增强学生的职业素养； 2. 树立以人为本，预防为主，安全第一的思想。

【学习任务】本任务是通过对某国际艺术大厦办公楼的可视对讲系统的设计，使学生了解出入口控制系统的设计过程，了解出入口控制系统的设计步骤及方法，为系统的施工和维护打下基础。具体的设计任务请扫描二维码查看。

> 4.2-1
> 出入口控制系统的
> 设计学习任务

【建议学时】4~6学时。

【思维导图】

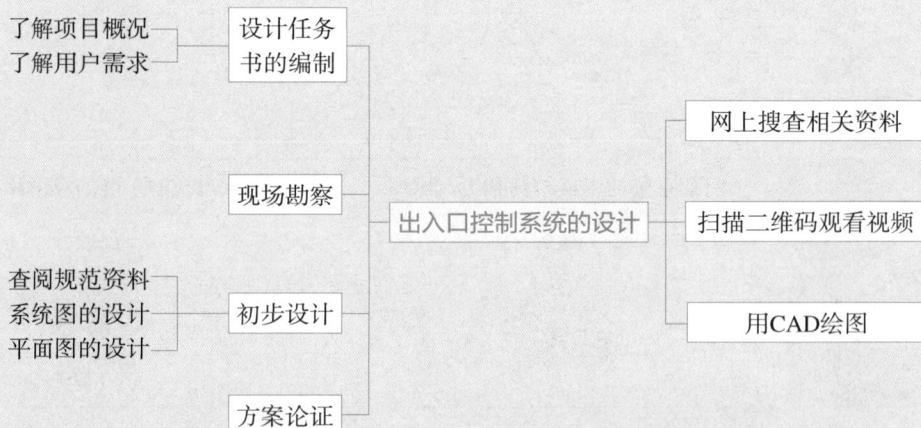

4.2.2 学生任务单

任务名称	出入口控制系统的设计	
学生姓名	班级学号	
同组成员		
负责任务		
完成日期	完成效果	
	教师评价	

自学简述	课前预习	学习内容、浏览资源、查阅资料		
	拓展学习	任务以外的学习内容		
任务研究	完成步骤	用流程图表达		
	任务分工	任务分工	完成人	完成时间

本人任务	
角色扮演	
岗位职责	
提交成果	

任务实施	**完成步骤**	第1步	
		第2步	
		第3步	
		第4步	
		第5步	
	问题求助		
	难点解决		
	重点记录	完成任务过程中，用到的基本知识、公式、规范、方法和工具等	成果提交
学习反思	**不足之处**		
	待解问题		
	课后学习		

过程评价	**自我评价**（5分）	课前学习	时间观念	实施方法	知识技能	成果质量	分值
	小组评价（5分）	任务承担	时间观念	团队合作	知识技能	成果质量	分值

4.2.3　知识与技能

1．技能点——设计任务书的编制

4.2-2
设计任务书的编制

设计任务书是建筑设计的基本依据与指导性文件，在编制设计任务书前应进行客户需求与调研，并在现场勘察后，写出设计任务书。设计任务书主要根据用户需求进行编制。

用户需求的调研就是为了了解客户对出入口控制的功能要求，根据防护对象的风险等级和防护级别、管理要求、环境条件和工程投资等因素，确定系统的规模和构成；同时根据客户系统功能要求、出入目标数量、出入权限、出入时间段等因素来确定系统的设备选型和配置。

该大楼防护对象的风险等级为三级风险，安全防护级别也是为三级防护，大楼安装可视对讲主要是用于职工的进出及考勤使用，其主要实现的功能需求与本学习任务中描述一致。

2．技能点——现场勘察

4.2-3
现场勘察

在接收到设计任务书之后，就需要进行现场勘察，了解现场的建筑布局情况，从而确定现场设备的安装位置。通过实地走访与分析建筑平面图，得出以下几点分析：

（1）大楼地下一层的停车场通往楼上办公区有一个出入口，为了便于办公大楼用户的出入及安全性考虑，此处需要安装一个出入口门锁。

（2）大楼一层主要是用户的出入口，对来访者需要进行分流，本办公区域的用户需要通过门禁系统进出，外来访客需要到大厅管理处核实身份后进出。

（3）大楼一层大厅的过道两侧是进入本大楼的出入口，需要分别在此处两侧安装出入口门锁，控制进出大楼的人员。

（4）根据用户需求，可视对讲分机主要用于办公楼内的办公室区域，对于会议室不采用可视对讲系统。根据平面图所示一楼左侧有两间办公室，需要安装可视对讲室内分机。

（5）一楼以上用户通过大楼右侧的门禁系统进出，为了提高各个办公室的安全性，同时为了对办公人员管理与考勤，一楼以上办公区域内的所有办公室需要安装可视对讲分机。

（6）门卫处也需要安装门禁系统，便于人员进出的控制。

（7）管理机安装在大楼一楼的机房内。

3. 技能点——初步设计

在初步设计环节需要根据任务设计书及现场勘察进行设计，并形成本系统的系统图与平面图。由于可视对讲系统一般由主机（室外机）、分机（室内机）、不间断电源、电控锁等组成。其对讲原理与语音对讲系统完全一样，只是在室外机上加装了一台摄像机，摄像机输出的视频信号由室外机内的视频信号放大器放大后，经视频传输线（一般是同轴电缆）送到各楼层接线盒内的视频分配器，再进入每一住户的室内机中。室内机上有一个图像监视器，住户通过监视器可看见访客容貌及大门口情景。可视对讲系统可以采用总线制进行设计安装，通过各种双绞线进行信号的传输，例如某产品的可视对讲系统如图4-5所示。

4.2-4
可视对讲的初步设计

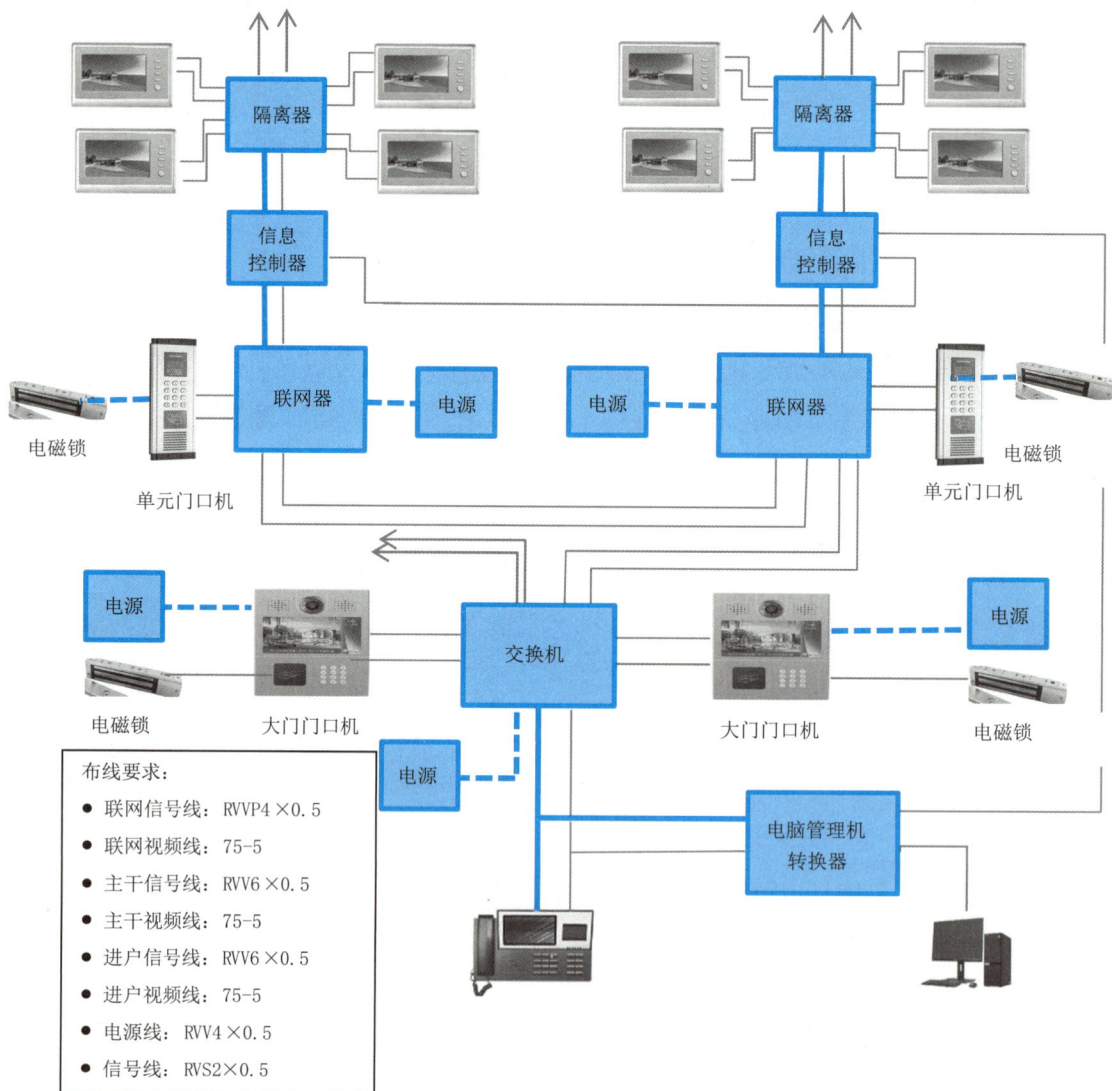

布线要求：
- 联网信号线：RVVP4×0.5
- 联网视频线：75-5
- 主干信号线：RVV6×0.5
- 主干视频线：75-5
- 进户信号线：RVV6×0.5
- 进户视频线：75-5
- 电源线：RVV4×0.5
- 信号线：RVS2×0.5

图4-5 某产品的直按式可视对讲系统

此系统布线时需要用到联网信号线、联网视频线、主杆信号线与视频线、进户信号线与视频线以及电源线等。单元门口机通过联网器与用户分机进行相连，各个楼层采用隔离器将用户分机与联网器相连。各个单元的联网机通过交换机与大门门口机和管理机相连通信。目前，越来越多的用户采用了POE（Power Over Ethernet）系统进行布线，此系统又称为有源以太网，POE系统如图4-6所示。

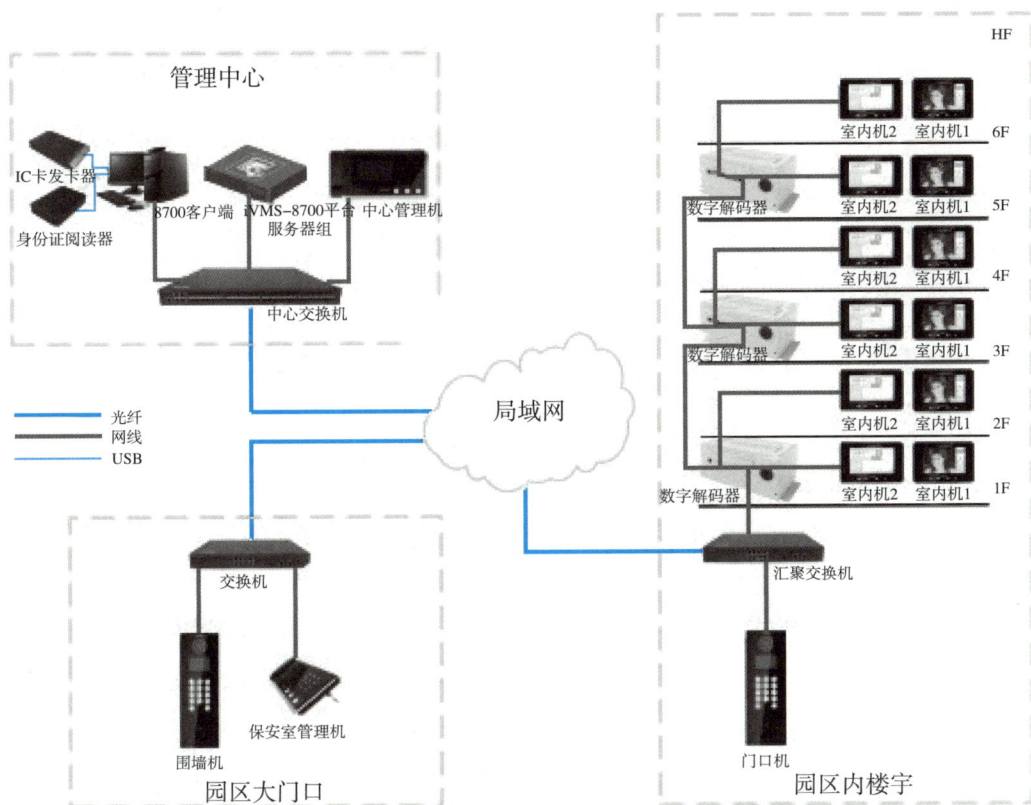

图4-6　POE可视对讲示意图

此系统布线时只需要布置网线或光纤即可，大大方便了布线，交换机不仅可以实现音视频信号的传输，还可以为设备提供直流电源，最大限度地降低了布线成本。

（1）系统图的设计

系统图的功能就是直观清晰地反映本栋大楼可视对讲系统的主要组成部分和连接关系，在图中清楚反映各种设备之间的连接关系。包括管理机、室内分机、门口机等设计。

本系统依据产品的结构形式进行布线设计，采用网线代替音视频线的传输，用交换机代替联网器的使用。平面图中各楼层办公室内分机安装的个数，可以通过绘制系统图来反映各设备间的关系，本次可视对讲系统图设计如图4-7所示。

图例

管理机/门卫机

室内分机

门口机

磁力锁

出门按钮

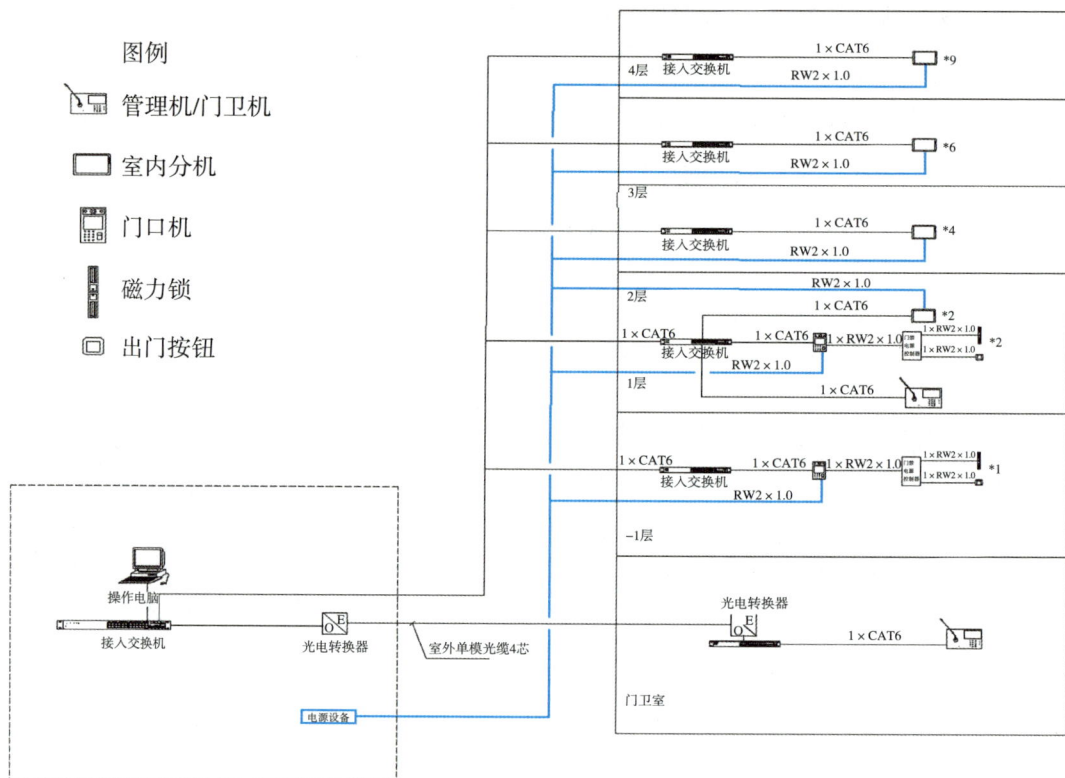

图4-7 可视对讲系统图

图4-7中各楼层与交换机的连接以树形连接为主。楼层布线采用CAT6网线进行布线，各个楼层再采用交换机连接办公室内可视对讲分机。管理机及室内分机等的电源线都从一楼机房内的电源设备取出。根据用户需求，门卫需要安装一台管理机，但由于一楼机房与门卫处较远，为了避免长距离输出导致信号丢失，可以采用光纤传输，因此在机房及门卫处各增加一台光电转换器进行信号的转换。大楼的一楼及地下停车场均要安装一台门口机及磁力锁，大楼内接待处安装一台管理机。统计各楼层平面图中办公室安装可视分机的数量，然后在系统图中标出。门禁系统中需要用到电源控制门锁的开启，因此两个门口机上需要再引入电源线。

（2）平面图的设计

平面图是反映系统设备在建筑平面上的安装位置，也为系统图的设计提供一定的依据。根据本次设计所选用交换机系统，设备与交换机的连接主要是采用网络连接，这样大大简化了平面图中设备的安装走线。本系统根据现场勘察情况可以确定平面图中各个设备的安装位置，按照附录图设计平面图。

平面图的设计要求是：

1）在地下一楼通往楼上的入口处安装了门口机及门内开锁按钮，门口机主要是两种线：一种是电源线，另一种是用于传输音视频的网线。

2）根据用户需求在一楼各个办公室内安装了室内分机；各个门口入口处安装了门口机及电磁锁、开锁按钮；一楼机房内安装了机柜、操作电脑、交换机等设备，室内机、门口机等设备所需电源都可以从机柜内电源取出。一楼设备门口机所用的网线为CAT6×1、电源线为RVV2×1.0；开锁按钮、电磁锁所需要用到的线型也为RVV2×1.0。

3）二、三、四楼层的室内机安装要求与一楼相同，所采用的线性与一楼所示线型相同。

4．技能点——方案论证

完成了初步设计之后，就可以根据设计选择相关的可视对讲系统产品，并编制施工图的文件。

4.2.4 问题思考

根据你的学习，分小组模拟楼层用户，每个小组模拟楼层用户需求，然后根据客户需求完成相关小区的出入口系统设计。

1．填空题

（1）出入口控制系统的设计可以分为＿＿＿＿＿＿＿＿、＿＿＿＿＿＿＿＿、＿＿＿＿＿＿＿＿、＿＿＿＿＿＿＿＿这几个步骤。

（2）可视对讲系统一般由＿＿＿＿＿＿＿＿、＿＿＿＿＿＿＿＿、＿＿＿＿＿＿＿＿、＿＿＿＿＿＿＿＿等组成。

2．判断题

（1）系统图不能直观清晰地反映本栋大楼可视对讲系统的主要组成部分和连接关系。（ ）

（2）POE（Power Over Ethernet）系统又称为有源以太网。（ ）

3．单选题

（1）GB 50348是什么标准？（ ）

A.《出入口控制技术要求》 B.《安全防范工程技术标准》

C.《安全控制技术要求》 D.《出入口防范工程技术规范》

（2）POE（Power Over Ethernet）系统采用布线的类型是（ ）。

A．网线或光纤 B．BV导线 C．BVR导线 D．双绞线

4．问答题

（1）请介绍可视对讲的结构形式，并作详细说明。

（2）什么是POE系统，请作简要说明，它具有哪些特点？

4.2-5
习题答案

4.2.5 知识拓展

资源名称	出入口控制系统的主要功能及性能指标	出入口控制系统的主要功能及性能指标	可视对讲系统的结构形式	可视对讲系统的结构形式
资源类型	文档	视频	文档	视频
资源二维码				
资源名称	POE系统	识读可视对讲系统工程施工图	识读门禁系统工程施工图	
资源类型	文档	视频	视频	
资源二维码				

任务 4.3
出入口控制系统的安装与接线

4.3.1 教学目标与思路

【教学目标】

知识目标	能力目标	素养目标	思政要素
1. 进一步了解可视对讲系统的组成结构和工作原理； 2. 深化对设备及其功能的了解； 3. 了解系统的安装过程与安装方法。	1. 能根据要求进行设备的安装与接线； 2. 能了解设备的安装方法。	能认真完成任务，遵守操作规范，强化质量和安全意识。	1. 培养学生安全意识； 2. 培养学生树立良好的职业素养； 3. 树立以人为本，预防为主，安全第一的思想。

【学习任务】请学生根据接线图，在实训室内实训平台（附图7）上完成某办公楼内可视对讲系统的设备安装及施工，了解施工准备的主要内容、准备过程及主要的操作方法等。具体要求请扫描二维码查看。

4.3-1
出入口控制系统的
安装与接线学习任务

【建议学时】6～8学时。

【思维导图】

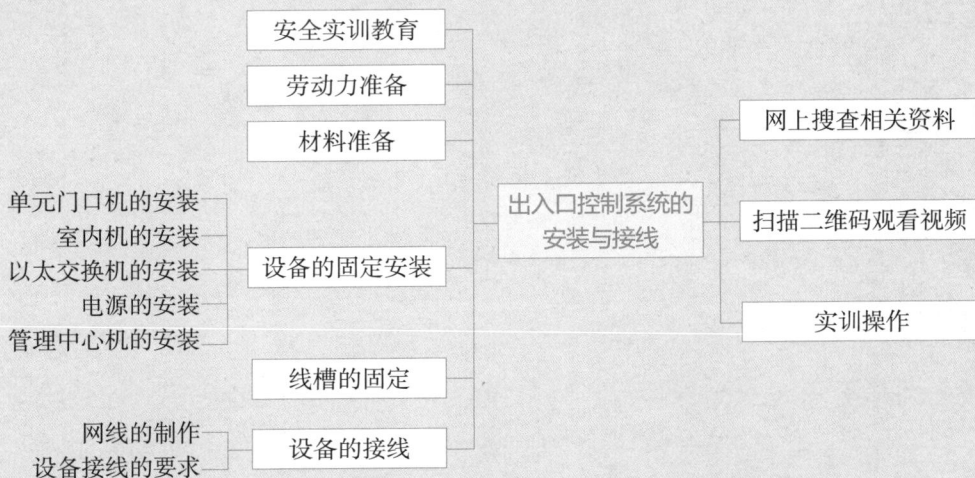

4.3.2 学生任务单

任务名称	出入口控制系统的安装与接线		
学生姓名		班级学号	
同组成员			
负责任务			
完成日期		完成效果	
		教师评价	

自学简述	课前预习	学习内容、浏览资源、查阅资料		
	拓展学习	任务以外的学习内容		
任务研究	完成步骤	用流程图表达		
	任务分工	任务分工	完成人	完成时间

本人任务	
角色扮演	
岗位职责	
提交成果	

任务实施	完成步骤	第1步	
		第2步	
		第3步	
		第4步	
		第5步	
	问题求助		
	难点解决		
	重点记录	完成任务过程中，用到的基本知识、公式、规范、方法和工具等	成果提交
学习反思	不足之处		
	待解问题		
	课后学习		

过程评价	自我评价（5分）	课前学习	时间观念	实施方法	知识技能	成果质量	分值
	小组评价（5分）	任务承担	时间观念	团队合作	知识技能	成果质量	分值

4.3.3　知识与技能

根据可视对讲系统的任务要求和需要在实训操作平台上安装相应的设备，并进行接线。

1．技能点——固定安装设备

根据可视对讲系统的功能要求，可以将设备固定安装在如下位置：

（1）单元门口主机、电磁锁及开门按钮的安装

单元门口主机主要起到呼叫室内机、管理机、开门锁的功能，需要安装在单元的门口，因此可将单元门口主机安装在2号网孔板正面对应底盒上，将电磁锁和开门按钮安装到"2号网孔板反面"的对应位置，如图4-8所示。

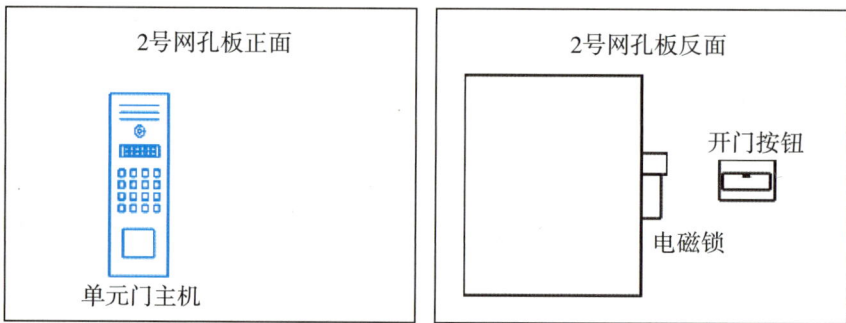

图4-8　2号网孔板正面及反面

（2）室内机的安装

本次实训模拟了两个不同办公室内的室内机，将室内机1安装到"3号网孔板"的正面，将室内机2安装到"10号网孔板"的正面，如图4-9所示。

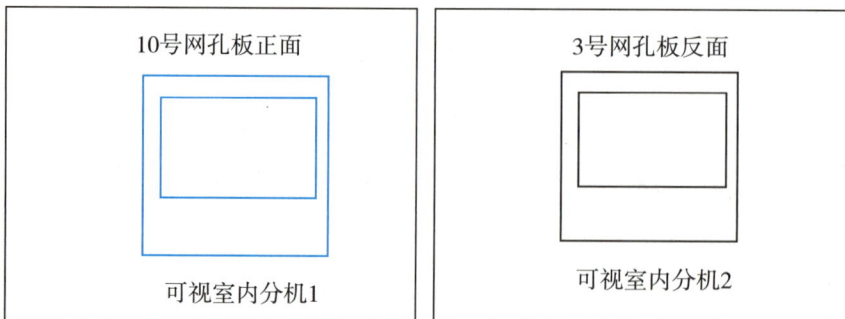

图4-9　10号网孔板正面及3号网孔板反面

（3）以太交换机及电源的安装

以太交换机及电源一般安装在小区的弱电井内，靠近一楼门口机处。因此，可以将以太交换机安装到"1号网孔板"的正面，如图4-10所示。

（4）管理中心机的安装

管理中心机安装到"11号网孔板"的正面，将门磁开锁安装到"2号网孔板反面"的对应位置，如图4-11所示。

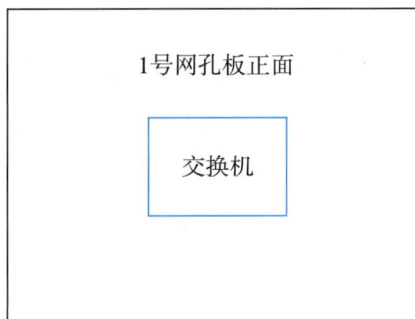

图4-10 1号网孔板正面

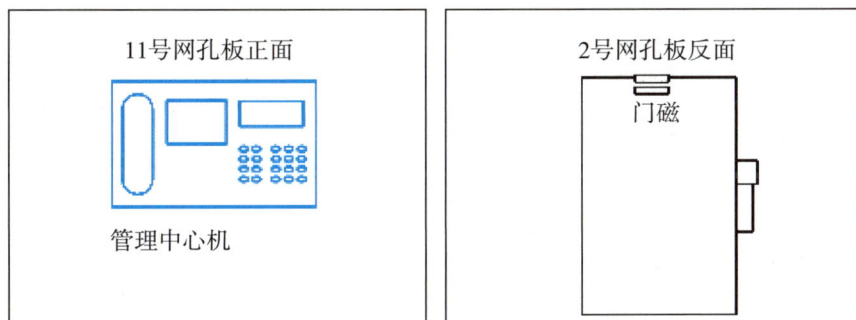

图4-11 11号网孔板正面及2号网孔板反面

2．技能点——线槽的固定

本次可视对讲系统的安装是明敷设，因此在固定设备以后，需要根据实训操作平台进行线槽的设计与固定。

3．技能点——可视对讲系统的接线

根据对讲门禁及室内安防系统的接线图，按照以下工艺要求，完成对讲门禁及室内安防系统的接线。

（1）所有设备是通过网络线连接。

（2）信号导线原则上不允许续接。

（3）电源线续接处应用热缩管、套管等工艺用料进行保护。

（4）线槽内的布线应整齐、规范。

本系统采用网络交换机进行连接，因此在接线过程中需要制作两头具有水晶头的网线。

4.3.4 问题思考

根据你的体会，可视对讲系统工程施工准备及安装过程中需要注意哪些问题？

1．填空题

（1）电源线续接处应用_____、_____等工艺用料进行保护。

（2）控制器与管理主机之间的通信用信号线宜采用_____。

2．判断题

（1）单元门口机的主要起到呼叫室内机、管理机、开门锁的功能，需要安装在单元的门口。（　　）

（2）本次可视对讲系统的安装是明敷设，因此在固定设备以后，可随意根据设备进行线槽固定。（　　）

（3）GSON-A5门禁电源可为设备提供DC12V电源。（　　）

3．问答题

（1）实训操作的步骤有哪些？

（2）实训过程中需要注意的安全事项有哪些？

4.3-2
习题答案

4.3.5 知识拓展

资源名称	人脸门口机的安装和接线说明	人脸门口机的安装和接线说明	可视对讲室内机的安装和接线说明	可视对讲室内机的安装和接线说明
资源类型	文档	视频	文档	视频
资源二维码				
资源名称	管理中心机的安装和接线说明	管理中心机的安装和接线说明	网络交换机的安装和接线说明	网络交换机的安装和接线说明
资源类型	文档	视频	文档	视频
资源二维码				
资源名称	磁力锁的安装	门禁电源	出入口控制线缆的选型	出入口控制线缆的选型
资源类型	视频	视频	文档	视频
资源二维码				

任务 4.4
出入口控制系统的设置与调试

4.4.1 教学目标与思路

【教学目标】

知识目标	能力目标	素养目标	思政要素
1. 进一步了解可视对讲系统设备的调试方法； 2. 深化对设备及其功能的了解； 3. 了解可视对讲系统的设置与调试过程。	1. 能根据要求进行设备的设置； 2. 能了解设备的调试方法。	具有批判性思维和解决问题的能力，交流和合作的能力。	1. 培养学生耐心细致，认真做事的工作作风； 2. 树立以人为本，预防为主，安全第一的思想。

【学习任务】让学生通过完成一个可视对讲系统工程的设置与调试，了解可视对讲系统的调试方法。通过对参数的设置，可视对讲系统实现以下功能：

（1）通过室外主机（设置楼房为1期，楼栋号为1，单元号为1）呼叫可视室内分机（房间号：101和房间号：102），实现可视对讲与开锁功能，要求视频、语音清晰。

（2）通过室外主机呼叫管理中心机，实现视频通话功能。

（3）通过可视对讲系统室内机呼叫管理中心，实现通话功能。

（4）通过管理中心机呼叫可视室内主机，实现对讲功能。

（5）设置管理中心机参数，实现对室外主机的自动监控。

（6）实现管理中心机开单元门，创建管理员2，可实现管理员指纹和人脸识别开门。

【建议学时】4～6学时。

【思维导图】

4.4.2 学生任务单

任务名称	出入口控制系统的设置与调试	
学生姓名	班级学号	
同组成员		
负责任务		
完成日期	完成效果	
	教师评价	

自学简述	课前预习	学习内容、浏览资源、查阅资料		
	拓展学习	任务以外的学习内容		
任务研究	完成步骤	用流程图表达		
	任务分工	任务分工	完成人	完成时间

		本人任务	
		角色扮演	
		岗位职责	
		提交成果	

任务实施	完成步骤	第1步	
		第2步	
		第3步	
		第4步	
		第5步	
	问题求助		
	难点解决		
	重点记录	完成任务过程中，用到的基本知识、公式、规范、方法和工具等	成果提交
学习反思	不足之处		
	待解问题		
	课后学习		

过程评价	自我评价（5分）	课前学习	时间观念	实施方法	知识技能	成果质量	分值
	小组评价（5分）	任务承担	时间观念	团队合作	知识技能	成果质量	分值

4.4.3　知识与技能

本次系统的调试将依据任务4.3中可视对讲系统的设备接线完成相应的操作过程。本系统中主要调试的设备为人脸门口机、室内主机、管理机。系统调试的一般步骤主要分为以下几步：

1．技能点——检查线路

设备安装结束后，需要再次检查线路是否有漏接、错接等现象。

由于本系统采用的网络布线，因此在检测电路时，需要采用网络测试仪对每段线路进行检测。操作步骤如下：

（1）首先将网线检测仪的电源打开，检查是否有电。

（2）网线检测仪在测量时，先将电源开关关闭，需要将一条网线的两端，一端接入该测试仪主机的网线接口上，另一端接入测试仪副机的网线接口上；再将主机上的电源打开，观看测试灯的显示状况。

（3）仔细观察主机和副机两排显示灯上的数字，是否同时对称显示。若对称显示，即代表该网线良好；若不对称显示或个别灯不亮，则代表网线断开或制作网线头时线芯排列错误。

（4）用万用表的电压挡测试端口电压是否正常。

2．技能点——设备的检查

在保证线路及接线无误后，对所有设备进行通电检查，检查设备是否能够正常使用。若门口主机及线路和设备能正常工作，接着切断系统电源，再连接好上一层系统的主线路，进行第二层调试（系统接线时一定要断电），依次往上调。

在单元楼的调试过程中，必须从底层开始一层一层地往上调试，即把第一层调试完后，再进行第二层的调试，依此一直往上调试，直到整单元调试完毕且能正常工作。

3．技能点——查看交换机

通电后观察交换机上连接设备网络是否接通，主要是观察交换机上端口的指示灯是否亮。

4．技能点——设备地址设置

对系统内所有设备进行IP地址的设置，这里需要注意所有设备的IP地址不能冲突，所有设置的地址一定要一致，否则将无法正常调试。这一步需要不断查阅相关手册进行调试，实现相应的功能。

5．技能点——系统联调

根据功能要求进行可视对讲系统的整个联调，完成系统功能的设置要求。

例如本次可视对讲系统可以星级如下联动调试：

（1）门口机呼叫室内机

在门口机根据界面提示，输入用户房间号，然后按"井"号键结束。房间号的格式为期–幢–单元–室，如本系统设置的室内分机是1期1栋1单元101室，输入的格式为"1–1–1–101"。

（2）门口机呼叫管理机

在人脸门口机主界面上，根据界面提示，点击【0】+【OK】就可以呼叫管理中心。

（3）室内机呼叫管理机

在室内机的用户界面上按下呼叫管理机图标，就可以呼叫管理机，并进行通话。

（4）室内机呼叫室内机

室内机之间还可以互呼通话，首先进入呼叫界面，再输入相应的室内机房号即可。例如本系统中101室的室内机可以呼叫102室的室内机。

（5）管理机呼叫室内机

在管理机主界面，点击"可视对讲"图标进入呼叫住户界面，根据呼叫住户页面下端的房间号规则提示，输入正确的房间号，点击绿色通话按键开始呼叫住户。呼叫或通话过程中，相应的房间号会自动添加至通信录中。

4.4.4　问题思考

请根据你的操作体验，总结一下施工中遇到的问题及要注意的事项。

1．填空题

（1）本实训中人脸门口机需要通过长按_____和_____键，方可进入本地配置界面。

（2）管理机的工程管理默认密码是_____。

2．判断题

（1）房间号的格式为期–幢–单元–室，假设房间号为是1期1栋2单元101室，输入的格式为"1–1–1–101"。（　　）

（2）在使用万用表检测电源机是否正常工作时，需要用万用表的电压挡测试端口电压是否正常。（　　）

3．单选题

在可视对讲系统中，如果门口机无法呼叫管理机，可能的故障是（　　）。

A．视频线没有接好　　　　　　B．音频线没有接好

C．门口机内的地址不一致　　　D．无电源输入

4. 问答题

（1）本实训项目的调试步骤是什么？

（2）可视对讲系统调试过程的体会有哪些？

4.4-1
习题答案

4.4.5 知识拓展

资源名称	人脸门口机的设置与调试方法	人脸门口机的设置与调试方法	可视对管理主机设置与调试方法
资源类型	文档	视频	文档
资源二维码			
资源名称	可视对管理主机设置与调试方法	可视对讲室内机的设置与调试方法	可视对讲室内机的设置与调试方法
资源类型	视频	文档	视频
资源二维码			

CHAPTER 5

项目 5

电子巡更系统的
设计与施工

任务 5.1　电子巡更系统的认识

任务 5.2　电子巡更系统的设计

任务 5.3　电子巡更系统的安装与接线

任务 5.4　电子巡更系统的设置与调试

任务 5.1
电子巡更系统的认识

5.1.1 教学目标与思路

【教学目标】

知识目标	能力目标	素养目标	思政要素
1. 熟悉电子巡更系统的设备和器材； 2. 掌握电子巡更系统的组成、机构和工作原理。	1. 能绘制电子巡更系统的结构图； 2. 能说明各设备在电子巡更系统中的主要作用。	具有良好的倾听能力，以及写作、交流沟通能力。	1. 树立劳动光荣、爱岗敬业的思想； 2. 树立以人为本，预防为主，安全第一的思想。

【学习任务】对电子巡更系统的概念、系统的构成及主要功能有一个比较清晰、全面的了解，为系统的规划、设计、施工和维护打下基础。

【建议学时】2学时。

【思维导图】

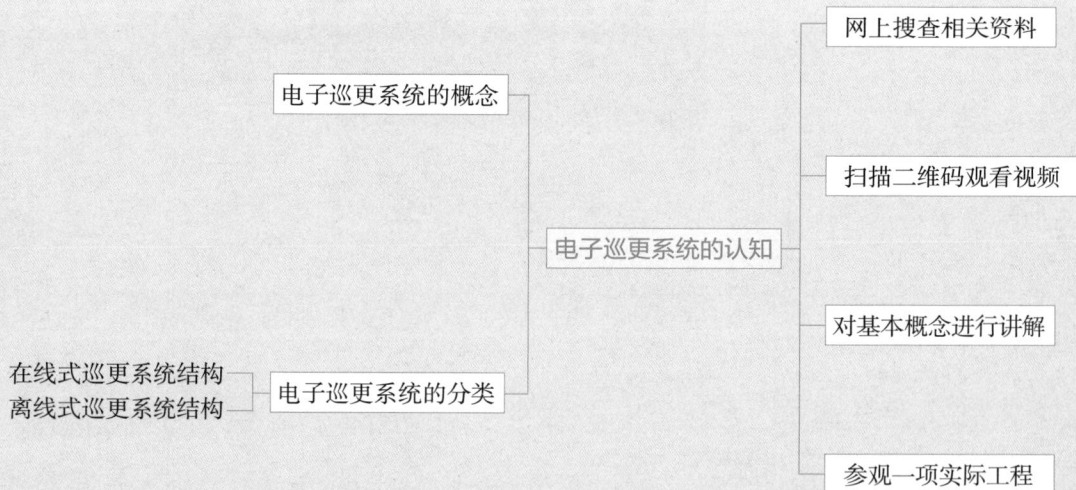

5.1.2 学生任务单

任务名称	电子巡更系统的认识	
学生姓名	班级学号	
同组成员		
负责任务		
完成日期	完成效果	
	教师评价	

		学习内容、浏览资源、查阅资料		
自学简述	课前预习			
	拓展学习	任务以外的学习内容		
任务研究	完成步骤	用流程图表达		
	任务分工	任务分工	完成人	完成时间

		本人任务	
		角色扮演	
		岗位职责	
		提交成果	

		第1步	
		第2步	
任务实施	完成步骤	第3步	
		第4步	
		第5步	
	问题求助		
	难点解决		
	重点记录	完成任务过程中，用到的基本知识、公式、规范、方法和工具等	成果提交
学习反思	不足之处		
	待解问题		
	课后学习		

		课前学习	时间观念	实施方法	知识技能	成果质量	分值
过程评价	自我评价（5分）						
		任务承担	时间观念	团队合作	知识技能	成果质量	分值
	小组评价（5分）						

5.1.3 知识与技能

知识点——电子巡更系统的概念

（1）电子巡更系统

5.1-1
电子巡更系统工程的概念

电子巡更系统是指对保安巡更人员的巡更路线、方式及过程进行管理和控制的电子系统。

电子巡更系统应能根据建筑物的使用功能和安全防范管理的要求，按照预先编制的保安人员巡更程序，通过信息识读器或其他方式对保安人员巡逻的工作状态（是否准时、是否遵守顺序等）进行监督、记录，并能对意外情况及时报警。

电子巡更系统在巡更线路上安装巡更开关或读卡器，巡更保安人员在规定的时间区域内到达指定的巡更点，并且用专用的钥匙开启巡更开关或读卡，向系统管理中心发出"巡更到位"的信号。系统管理中心收到信号后，记录下巡更到位的时间与巡更点的编号。如果在规定时间内，指定巡更点未发出"巡更到位"的信号，该巡更点将发出报警信号。如果未按顺序开启巡更开关，未巡视的巡更点也会发出未巡视信号，并记录在系统管理中心。

（2）电子巡更系统的分类

电子巡更系统按照信息传递方式分为在线巡更系统和离线巡更系统。

1）在线巡更系统由计算机、通信转换器、前端控制器、巡更开关等设备组成。其系统结构如图5-1所示。

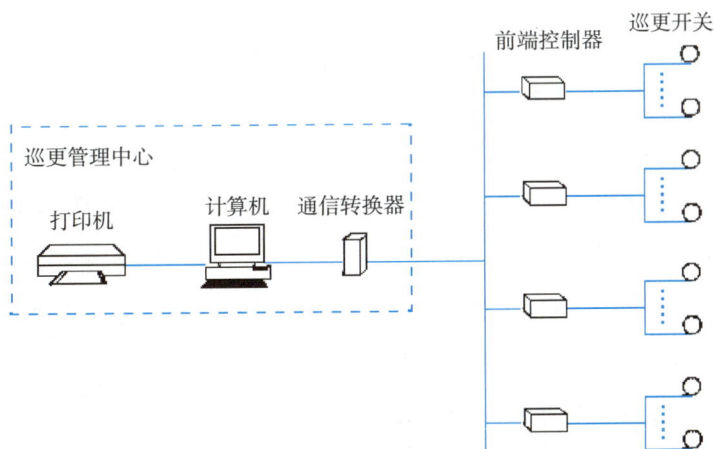

图5-1　在线巡更系统图

一般巡更点设置在主要出入口、主要通道、各紧急出入口、重要部分等处，巡更人员按指定路线与时间到达巡更点并触发巡查开关PT，巡更点将信号通过前端控制器及网络收发器送到系统管理中心的计算机。

2）离线巡更系统由数据处理工作站、数据采集器和巡更点三部分组成。工作时，巡更人员手持数据采集器，按指定的巡更路线与时间巡逻，每到达一个巡更点，通过数据采集器读取巡更点的数据（巡检时间及地点），巡更结束后将采集器插入通信座，所有巡更情况自动下载至计算机中，根据不同要求生成巡更报告，并可查询、打印每个巡更人员的巡更情况。离线巡更系统的结构如图5-2所示。

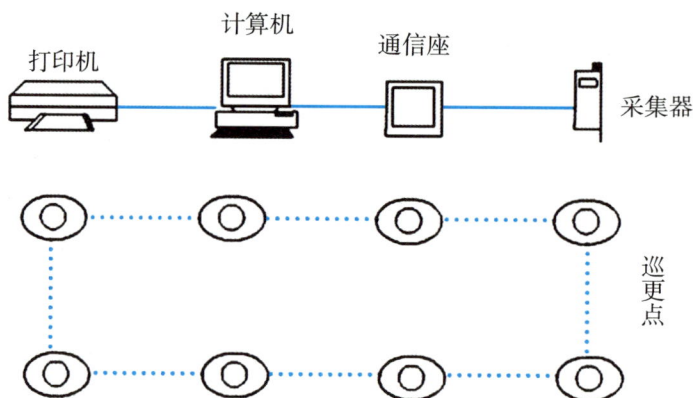

图5-2　离线巡更系统结构图

5.1.4　问题思考

根据你的学习，你觉得电子巡更系统今后的发展趋势是怎样的？

1．填空题

（1）巡更系统按信息传递方式分为_____和_____。

（2）在线巡更系统由_____、_____、_____、_____等设备组成。

（3）离线巡更系统由_____、_____和_____三部分组成。

2．判断题

（1）电子巡更系统是对保安巡更人员的巡更路线、方式及过程进行管理和控制的电子系统。（　　）

（2）在线巡更系统由数据处理工作站、数据采集器和巡更点三部分组成。（　　）

3．单选题

（1）（　　）由计算机、通信转换器、前端控制器、巡更开关等设备组成。

A．在线巡更系统　　　　　　　　　B．离线巡更系统

C．视频监控系统　　　　　　　　　D．防盗报警系统

（2）工作时，巡查人员手持（　　），按指定的巡更路线与时间巡逻，每到达一个巡更点，通过数据采集器读取巡更点的数据（巡更时间及地点）。

A. 数据采集器　　　　　　　　B. 信息点

C. 巡更钮　　　　　　　　　　D. 通信转换器

4. 问答题

（1）巡更管理系统的主要作用是什么？

（2）在线巡更和离线巡更各自的特点是什么？

5.1-2
习题答案

5.1.5　知识拓展

资源名称	电子巡更系统概述	巡更系统的组成
资源类型	视频	视频
资源二维码		

任务 5.2 电子巡更系统的设计

5.2.1 教学目标与思路

【教学目标】

知识目标	能力目标	素养目标	思政要素
1. 掌握电子巡更系统的设计方法和步骤； 2. 了解电子巡更系统的设计规范。	1. 能说明电子巡更系统施工图的基本组成； 2. 能根据实际工程案例设计电子巡更系统。	1. 能不断学习新知识，并能应用到具体工作中； 2. 能统筹考虑多方意见，形成科学合理的方案。	能自觉遵守法律法规、行业规范和标准。

【学习任务】本任务是通过某国际艺术大厦办公楼的电子巡更系统的设计，了解电子巡更系统的设计过程，了解电子巡更系统的设计步骤及方法，为系统的施工和维护打下基础。

本设计将以某国际艺术大厦办公楼为例，其平面图如附图1~附图6所示。本大楼主要用作某公司的办公大楼，需要通过安装电子巡更系统，实现以下功能：

（1）采用离线式巡更方式。

（2）要求保安在规定的时间内按照规定的路线巡更。

（3）保安需要巡更每层楼以及楼外围的周边。

请根据办公大楼的用户需求进行电子巡更系统图及平面图的设计。

【建议学时】4学时。

【思维导图】

5.2.2 学生任务单

任务名称	电子巡更系统的设计	
学生姓名	班级学号	
同组成员		
负责任务		
完成日期	完成效果	
	教师评价	

自学简述	课前预习	学习内容、浏览资源、查阅资料		
	拓展学习	任务以外的学习内容		
任务研究	完成步骤	用流程图表达		
	任务分工	任务分工	完成人	完成时间

		本人任务	
		角色扮演	
		岗位职责	
		提交成果	

任务实施	完成步骤	第1步	
		第2步	
		第3步	
		第4步	
		第5步	
	问题求助		
	难点解决		
	重点记录	完成任务过程中，用到的基本知识、公式、规范、方法和工具等	成果提交
学习反思	不足之处		
	待解问题		
	课后学习		

		课前学习	时间观念	实施方法	知识技能	成果质量	分值
过程评价	自我评价（5分）						
	小组评价（5分）	任务承担	时间观念	团队合作	知识技能	成果质量	分值

5.2.3　知识与技能

电子巡更系统的主要设计必须按照一定的流程进行。步骤如下：编制设计任务书、现场勘察、初步设计、方案论证、深化设计。下面以某一智能建筑为例，具体介绍设计电子巡更系统的方法和过程。

1．技能点——电子巡更系统的设计

（1）编制项目概况表

根据该智能建筑项目的建筑规划，经过与建设方协商与讨论，编制某智能建筑电子巡更系统概况表，见表5-1。

某小区电子巡更系统项目概况表　　　　　表5-1

项目	详情
项目名称	某国际艺术大厦办公楼电子巡更系统项目
项目地点	常州市钟楼区和裕路××号
客户类别	□小区　■商业大厦　□公共场所　□其他
大厦楼层数	5
出入口数量	1
巡更要求	规定线路巡更

（2）编制系统点数表

根据该智能建筑项目的建筑结构以及电子巡更系统的要求，编制该智能建筑电子巡更系统的点数表，见表5-2。

某小区电子巡更系统点数表　　　　　表5-2

区域	设备名称	安装点位（位置）	数量（个）
小区内部	电子巡更钮	建筑物内部	10
小区周界	电子巡更钮	周界围墙墙壁	48

（3）设计电子巡更系统图

离线式电子巡更系统具有施工简单、造价低等优点，根据业主的需求，该智能小区电子巡更系统采用离线式巡更系统，保安人员持巡更棒到巡更点采集信息，通过信息采集器传输到电脑。系统图如图5-3所示。

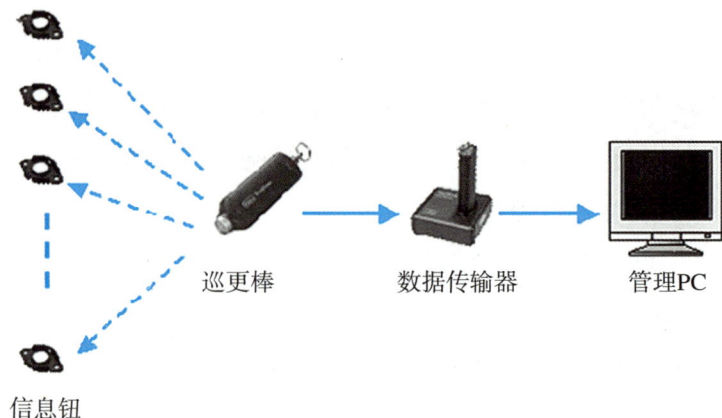

图5-3　电子巡更系统图

1）信息钮：即巡更点，安装在需要巡检的地点或设备上，耐受各种环境的变化，安全防水，无须电源、无须布线安装十分简单方便。

2）巡更棒：巡检时由巡检员携带，无按键操作、使用简单方便；金属外壳、独特密封设计完全防水、防摔、防阵、防尘；内可存储10000条巡更信息（可扩内存），超低功耗；巡检完毕后，通过传输器把数据导入计算机。

3）数据传输器：又称通信座，是将巡检器内的巡检数据下载到管理微机的转换通信设备，由数据线和通信座构成，标准的USB口与计算机连接。

4）管理PC：安装管理软件，软件可进行网络（单机、远程）传输，并将有关数据进行处理，对巡检数据进行管理并提供详尽的巡检报告。管理人员将通过计算机来读取巡更棒中的信息，了解巡检人员的活动情况，包括经过巡检地点的日期和时间等信息，通过查询分析和统计，可达到对巡逻人员监督和考核的目的。

（4）设计电子巡更平面图

根据电子巡更系统设计规范、客户的需求以及保安巡更路线的合理性，设计平面图如附图1~附图6所示。

2．知识点——电子巡更系统的要求

（1）设备安装要求

应根据建筑物的规模、特点、现场防护目标的数

> 5.2-2
> 电子巡更系统设备
> 安装要求

量以及管理要求合理设置巡更装置；现场设备应安装牢固，高度应便于识读、易于操作，注意防破坏。

在线式电子巡更系统各设备之间的连接应有明晰的标示（如接线柱/座有位置、规格、定向等特征，引出线有颜色区分或数字、字符标示）。在线式电子巡更系统各设备（装置）之间的连线宜能以隐蔽工程连接。

系统各种硬件设备的外形尺寸应符合产品说明书要求，非金属外壳表面应无裂纹、褪色及永久性污渍和明显划痕，金属外壳表面涂覆不能露出底层金属，无起泡、腐蚀、划痕、涂层脱落和沙孔等。系统各种硬件设备依据说明书配合到位，各种功能操作应手感良好、动作灵活、无卡滞现象。

巡更人员通过巡更地点时，按正常操作方式，采集装置或识读装置应采集到巡更信息，采集装置应具有防复读功能。

采集装置应能存贮不少于4000条的巡更信息，识读装置宜具有巡更信息存储功能，存储容量由产品标准规定，采集装置在换电池或掉电时，所存储的巡更信息不应丢失，保存时间不少于10天。

采集装置或识读装置在识读时应有声、光或振动等指标，采集装置或识读装置的响应时间应小于1s；采集装置或识读装置采用非接触方式的识读距离应大于2cm；在线式电子巡更系统采用本地管理模式时，现场巡更信息传输到管理终端的响应时间不应大于5s；采用电话网管理模式时，现场巡更信息传输到管理终端的响应时间不应大于20s。

管理终端应能通过授权或自动方式对采集装置或识读装置进行校队；采集装置或识读装置计时误差每天应小于10s，管理终端宜每天对采集装置或识读装置进行校时。

电子巡更系统在传输数据时，如发生传送中断或传送失败等故障，应有提示信息。采集装置或识读装置内的巡更信息应能直接输出打印或通过信息转换装置下载到管理终端输出打印。

（2）电子巡更系统管理软件要求

应采用中文界面，并根据管理终端的配置选择相应的通信协议及其接口，应设置登录和操作权限，应有操作日志，更新时应保留并维持原有的参数、巡更记录、操作日志等信息；对在线式电子巡更系统，应能通过管理终端向各识读装置发出自检查询信号并显示正常或故障的设备编号或代码；软件能编制巡更计划，除能设置多条不同的巡更路线外，也能对预定的巡更区域、路线、巡更时间、地点、人员等信息设置，并有校时功能；系统巡更信息在管理终端中保存不少于30天。

系统应对正常和异常巡更（迟到、早退、漏巡、错巡、人员班次错误等）信息进行记录，每条巡更记录应能反映时间（年、月、日、时、分、秒）、地点、人员信息。

在授权下，可按时间、地点、路线、区域、人员、班次等方式对巡更记录进行查询、统计；在授权下也可按专项要求（迟到、早退、错巡、漏巡或系统故障等）对巡更记录查询、统计。

线式电子巡更系统在管理终端关机、故障或通信中断时，识读装置宜独立实现对该点的巡更信息的记录；当管理终端开机、故障修复或通信恢复后能自动将巡更信息送到管理终端。

在线式电子巡更系统中，管理终端在巡更计划时间内没收到巡更信息及收到不符合巡更计划的巡更信息应有警情提示；管理终端收到设备故障或不正常报告应有警情显示；当巡更人员发生意外时宜具备向管理终端紧急报警的功能。

（3）电子巡更系统安全性、电磁兼容性和环境适应性要求

系统所用设备的安全性指标应符合《安全防范报警设备 安全要求和试验方法》GB 16796—2009的相关规定；电源插头或电源引入端与外壳金属部件之间的绝缘电阻在正常环境条件下应不小于100MΩ，在温湿环境下应不小于10MΩ。

5.2.4 问题思考

根据你的学习，你觉得电子巡更系统在设计过程中应注意哪些问题？

1. 填空题

（1）电子巡更系统的主要设计必须按照一定的流程进行。步骤如下：编制设计任务书、现场勘察、_____、方案论证、_____。

（2）离线式电子巡更系统具有_____、造价低等优点。

（3）通信座即数据传输器，是将_____内的巡检数据下载到管理微机的转换通信设备，由_____和_____构成，标准的USB口与计算机连接。

2. 判断题

（1）在线式电子巡更系统具有施工简单、造价低等优点。（　　）

（2）电子巡更系统中，电源插头或电源引入端与外壳金属部件之间的绝缘电阻在正常环境条件下应不小于100MΩ，在温湿环境下应不小于10MΩ。（　　）

3. 选择题

（　　）巡检时由巡检员携带，无按键操作、使用简单方便；金属外壳、独特密封设计完全防水、防摔、防阵、防尘。

A. 通信转换器　　　B. 信息点　　　　C. 巡更钮　　　　D. 巡更器

4. 问答题

（1）电子巡更系统安全性、电磁兼容性和环境适应性要求有哪些？

（2）电子巡更系统主要设计流程是什么？

5.2-3
习题答案

5.2.5 知识拓展

资源名称	电子巡更系统的设备安装原理与连线图	电子巡更系统的组成结构和工作原理
资源类型	视频	视频
资源二维码		

✖ 任务 5.3
电子巡更系统的安装与接线

5.3.1 教学目标与思路

【教学目标】

知识目标	能力目标	素养目标	思政要素
了解电子巡更系统的施工规范。	能根据要求安装电子巡更系统设备并完成接线。	培养学生认真负责的态度，精益求精的精神。	1. 培养热爱劳动的思想； 2. 培养工匠精神。

【学习任务】在实训平台安装巡更点，具体安装位置如图5-4所示。在计算机上安装电子巡更软件，计算机连接打印机。

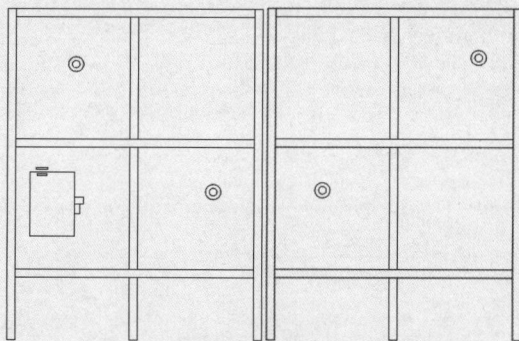

图5-4 巡更点安装位置

【建议学时】2学时。

【思维导图】

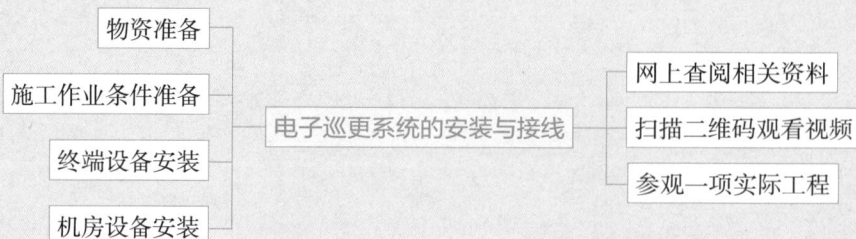

5.3.2 学生任务单

任务名称	电子巡更系统的安装与接线	
学生姓名	班级学号	
同组成员		
负责任务		
完成日期	完成效果	
	教师评价	

自学简述	课前预习	学习内容、浏览资源、查阅资料
	拓展学习	任务以外的学习内容

任务研究	完成步骤	用流程图表达		
	任务分工	任务分工	完成人	完成时间

	本人任务	
	角色扮演	
	岗位职责	
	提交成果	

		第1步	
		第2步	
	完成步骤	第3步	
		第4步	
		第5步	
任务实施	问题求助		
	难点解决		
	重点记录	完成任务过程中，用到的基本知识、公式、规范、方法和工具等	成果提交
学习反思	不足之处		
	待解问题		
	课后学习		

过程评价	自我评价（5分）	课前学习	时间观念	实施方法	知识技能	成果质量	分值
	小组评价（5分）	任务承担	时间观念	团队合作	知识技能	成果质量	分值

5.3.3　知识与技能

1．技能点——电子巡更系统设备的安装接线

（1）终端设备安装

> 5.3-1
> 电子巡更系统设备的
> 安装接线

安装前应按照图纸核对巡更点的位置及数量，并读取巡更点的ID码。

巡更点的安装高度应符合设计或产品说明书的要求，如无特殊说明一般安装高度为1.4m。对于离线式系统，巡更点的安装处于巡更棒便于读取的位置。

离线式巡更点安装时可以用钢钉、固定胶或直接埋于水泥墙（感应型巡更点），埋入深度应小于5cm，巡更点的安装应与安装位置的表面平行。感应型巡更点的读取距离一般在10～25cm之间，只要巡更棒能接近即可。

安装巡更点的同时，应记录每个巡更点所对应的安装地点，所有的安装点应与系统管理主机的巡更点设置相对应。

（2）机房设备安装

设备在安装前应进行检验，设备外形尺寸、设备内主板及接线端口的型号、规格应符合设计规定，备品、备件齐全。安装图纸连接巡更系统主机、计算机、UPS、打印机、充电座等设备。设备安装应牢固、紧密，紧固件应做防锈处理。安装的设备应按图纸或产品说明书要求接地，其接地电阻应符合设计要求。安装系统软件的计算机硬件配置不应低于软件对计算机硬件的要求，操作系统应符合系统软件的要求。

2．知识点——电子巡更系统施工准备

（1）施工物资准备

1）机房设备：主要包括系统主机、充电器、计算机（内置管理软件）、打印机、不间断电源等；2）传输设备（在线式系统）：分线箱、电线电缆等；3）终端设备：主要包括巡更点、巡更棒、数据采集器等设备；4）其他材料：塑料胀管、弹簧垫圈、接线端子、钻头等。

上述设备材料应根据设计要求选型，必须附有产品合格证、质检报告、安装及使用说明书等。并经国家3C认证，具有3C认证标识。如果是进口产品，则需提供进口商品商检证明。设备安装前应根据使用说明书进行全部检查后，方可安装。

（2）施工作业条件准备

机房内，土建工程应内部装修完毕，门、窗、门锁装配齐全完整；弱电竖井、建筑内其他公共部分及外围的布线线缆沟、槽、管、箱盒施工完毕；各预留孔洞、预埋件的位置，线管的管径、管路的辐射位置等均应符合设计施工要求。

5.3.4 问题思考

根据你的体会，可电子巡更系统工程施工准备及安装过程中需要注意哪些问题？

1．填空题

（1）电子巡更系统的终端设备主要包括_____、_____、_____等设备。

（2）巡更点的安装高度应符合设计或产品说明书的要求，如无特殊说明一般安装高度为_____m。对于离线式系统，巡更点的安装处于巡更棒_____位置。

2．判断题

（1）离线式巡更点安装时可以用钢钉、固定胶或直接埋于水泥墙（感应型巡更点），埋入深度应小于3cm。（　　　）

（2）感应型巡更点的读取距离一般在10～25cm之间，只要巡更棒能接近即可。（　　　）

3．选择题

电子巡更系统的终端设备主要包括（　　　）等设备。

A．巡更点　　　　　B．巡更棒　　　　　C．数据采集器　　　D．摄像机

4．问答题

（1）电子巡更系统施工准备工作有哪些？

（2）电子巡更系统机房设备主要有哪些？

5.3-2
习题答案

5.3.5 知识拓展

资源名称	识读电子巡更系统工程施工图	电子巡更系统接触式巡更按钮安装与测试	巡更设备的安装接线
资源类型	视频	视频	视频
资源二维码			

任务 5.4
电子巡更系统的设置与调试

5.4.1 教学目标与思路

【教学目标】

知识目标	能力目标	素养目标	思政要素
了解电子巡更系统的调试方法。	能根据电子巡更系统要求，对电子巡更系统软件进行设置与调试。	研究寻找解决问题的多种途径；指导如何得到精确的答案。	1. 培养热爱劳动的精神； 2. 培养精益求精的工匠精神。

【学习任务】设置电子巡更系统，实现以下功能要求：

（1）将12号网孔板反面巡更点的地点名称设置为"管理中心"，将1号网孔板正面巡更的地点名称设置为"单元门口"，将2号网孔板正面巡更点的地点名称设置为"智能大楼1"，将12号网孔板正面巡更点的地点名称设置为"智能大楼2"，将20号网孔板正面巡更点的地点名称设置为"弱电间"，将21号网孔板反面巡更点的地点名称设置为"小区会所"。

（2）设置巡更人员为"保安A"，设置两个巡更事件，事件的状态1为"无异常"，状态2为"异常"。

（3）设置巡更路线为单元门口—智能大楼1—智能大楼2—管理中心—弱电间—小区会所。

（4）设置每个巡更点相隔时间为2分钟。

（5）设置一个计划"巡逻"为有序计划，巡更开始时间为11：00。

（6）将运行记录保存在计算机D盘"工位号"文件夹下的"巡更系统"子文件夹内。

【建议学时】2学时。

【思维导图】

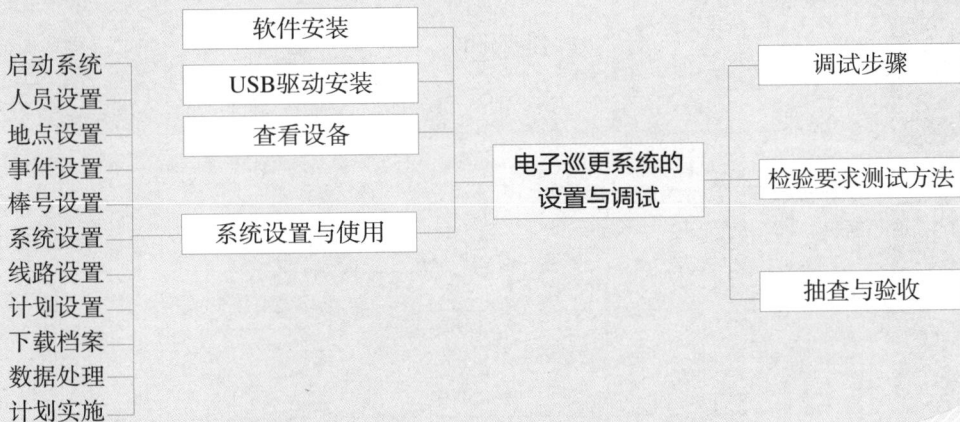

5.4.2 学生任务单

任务名称	电子巡更系统的设置与调试	
学生姓名	班级学号	
同组成员		
负责任务		
完成日期	完成效果	
	教师评价	

自学简述	课前预习	学习内容、浏览资源、查阅资料		
	拓展学习	任务以外的学习内容		
任务研究	完成步骤	用流程图表达		
	任务分工	任务分工	完成人	完成时间

	本人任务	
	角色扮演	
	岗位职责	
	提交成果	

		第1步	
		第2步	
	完成步骤	第3步	
		第4步	
		第5步	
任务实施	问题求助		
	难点解决		
	重点记录	完成任务过程中，用到的基本知识、公式、规范、方法和工具等	成果提交
	不足之处		
学习反思	待解问题		
	课后学习		

		课前学习	时间观念	实施方法	知识技能	成果质量	分值
过程评价	自我评价（5分）						
	小组评价（5分）	任务承担	时间观念	团队合作	知识技能	成果质量	分值

5.4.3 知识与技能

1．技能点——电子巡更系统的调试

（1）安装软件

运行光盘中的SETUP.EXE文件，依据提示即可完

成安装。安装过程中可能需要重新启动计算机。第一次安装完成后，请将巡检器用USB
传输线与电脑连接好，进行设置，USB驱动安装完成。软件安装完成后，即可在"开始
|程序|巡检管理系统A1.0"中，单击"巡检管理系统A1.0"项，系统启动，并出现登录
窗口。

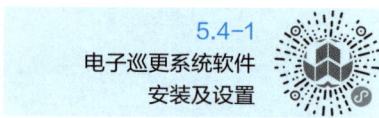

（2）人员设置

人员设置的界面如图5-5所示，此选项用来对巡检
人员进行设置，以便用于日后对巡检情况的查询。

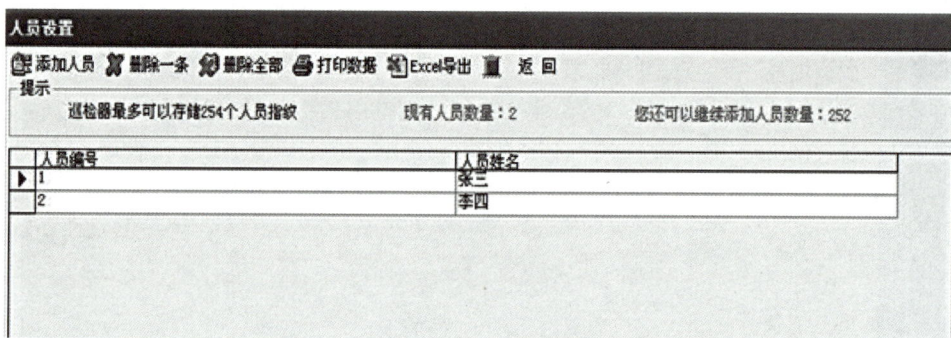

图5-5　人员设置

人员名称为手动添加，最多为7个汉字或者15个字符，添加完毕后，可以在表格内
对人员名称进行修改。

中文机内最多存储254个人员信息，在该界面的上方有数量提示。

点击"打印数据"可以将巡检人员设置情况进行打印，也可以以Excel表格的形式
将人员设置导出，以备查看。

（3）地点设置

地点设置如图5-6所示，此选项用来设置巡检地点，以便用于日后对巡检情况的
查询。

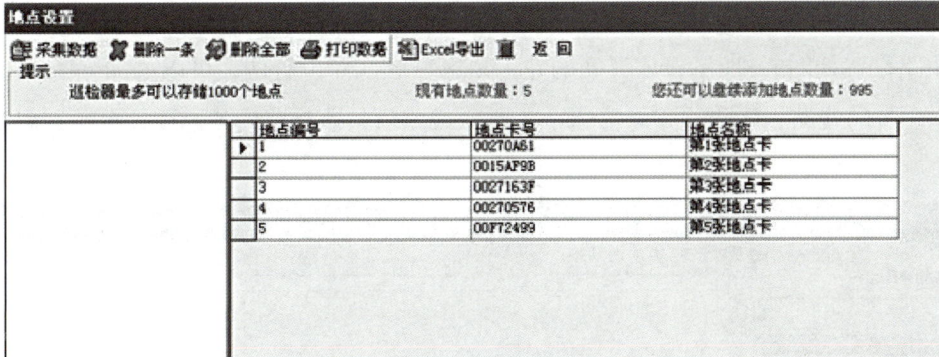

图5-6　地点设置

设置地点之前，可先在"采集数据"的界面将巡检器清空，将巡检器设置成正在通信的状态，点击"删除数据"按钮，即可删除中文机内的历史数据，然后将要设置的地点钮按顺序依次读入到巡检器中，把巡检器和电脑连接好，选择"资源设置—地点钮设置"点击采集数据，软件会自动存储数据。数据采集结束后，按顺序填写每个地点对应的名称。修改完毕退出即可。

中文机内最多存储1000个地点信息，在该界面的上方有数量提示。

点击"打印数据"可以将地点设置情况进行打印，也可以以Excel表格的形式将地点设置导出，以备查看。

（4）事件设置

事件设置如图5-7所示，此选项用来设置巡逻事件，以便用于日后对巡检情况的查询。

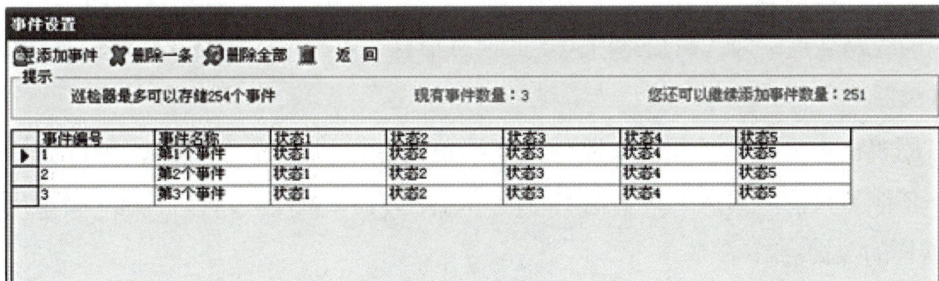

图5-7　事件设置

事件信息为手动添加，点击"添加事件"，系统会自动添加一条默认的事件，在相应的表格内直接修改事件名称和状态名称即可。

（5）线路设置

线路设置如图5-8所示，该界面的左下角区域为线路设置区，可以添加一条新的线路或删除已有的线路，删除线路时需慎重（删除线路后，该线路内的巡逻信息也被删除）。

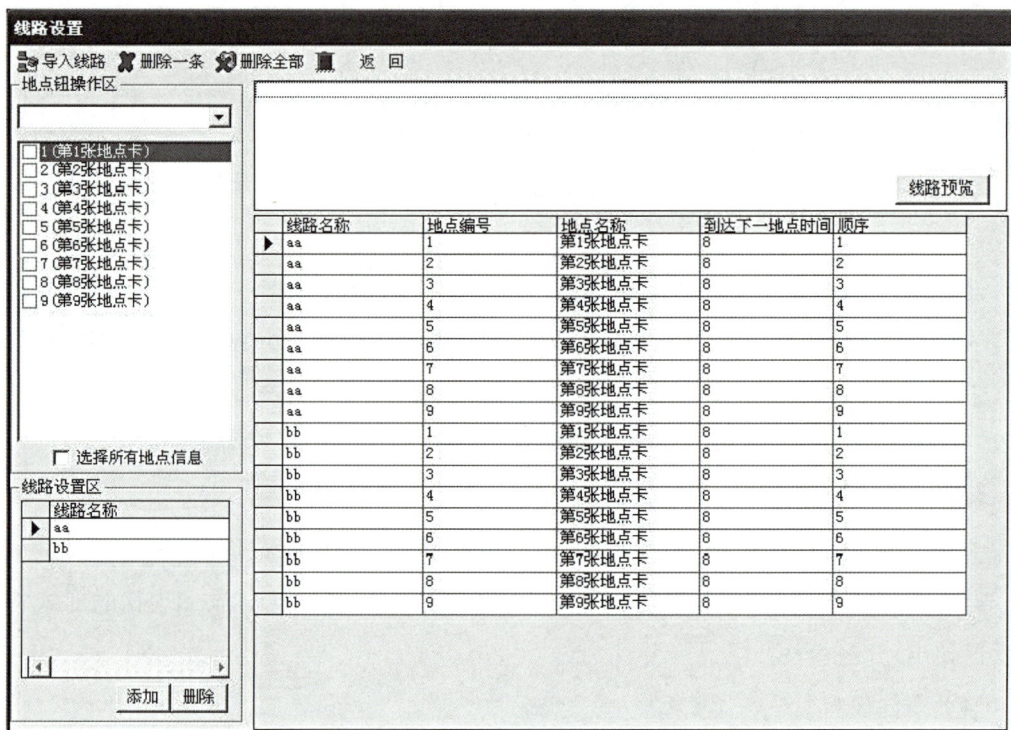

图5-8　线路设置

左上角"地点钮操作区"内，会详细列举地点的编号和名称以及线路的列表。选择相应的线路名称，勾选该线路内包含的地点信息，点击导入线路，软件会自动保存相应的数据。

右侧表格内显示的是相应线路的具体巡逻信息，到达下一个地点时间和顺序可以修改，其他为只读。到达下一个地点时间单位是分钟，最小1分钟，注意：不能设置类似0.8这样的数据。

（6）计划设置

根据实际情况输入计划名称，然后选择该计划对应的线路，设置相应的时间后，点击"添加计划"，如图5-9所示。计划被保存后，在右侧的表格内会有相应的显示，表格内的数据不能修改。若需要修改，可以删除某条计划后再重新添加。

计划设置的时候，包括两种模式：

1）有序计划：只设置开始时间，在计划执行的巡逻过程中，线路中第一个点到达的时间就是开始时间，第二个点的到达时间是第一个的时间加上线路设置中设置的"到下一地点的分钟数"，即为第二个点的准确时间，这样依次得到以后每个点到达的准确时间。

2）无序计划：设置开始时间和结束时间，只要是在设置的这段时间范围内巡逻，就是符合要求的计划。

计划设置

添加计划　删除一条　删除全部　打印数据　Excel导出　返 回

线路设置区

计划名称：全部

线路名称：XLMC

提前提示时间（分钟）：05

● 有序计划　○ 无序计划

开始时间：00:00:00

结束时间：01:00:00

计划名称	线路名称	开始时间	结束时间	提示时间	计划模式
aa	XLMC	00:00:00		5	有序
aa	XLMC	01:00:00	02:00:00	5	无序
bb	XLMC	10:00:00		5	有序
cc	XLMC	20:00:00	21:00:00	5	无序
dd	XLMC	11:00:00		5	有序
ee	XLMC	12:00:00		5	有序
ff	XLMC	13:00:00		5	有序
gg	XLMC	14:00:00		5	有序
hh	XLMC	15:00:00		5	有序
ii	XLMC	16:00:00		5	有序
kk	XLMC	17:00:00		5	有序
ll	XLMC	18:00:00		5	有序
qq	XLMC	19:00:00		5	有序
ww	XLMC	21:00:00		5	有序
rr	XLMC	22:00:00		5	有序
tt	XLMC	23:00:00		5	有序

图5-9　添加计划

（7）下载档案

当修改过人员、地点或者事件信息后，请重新下载数据到中文机，这样能保证软件中设置的数据与中文机的数据实时保持一致。

下载计划的时候，首先要设置中文机为"正在通信"状态，然后再选择好要下载的计划后，点击"下载数据"即可。

（8）数据处理

将巡检器与计算机连接好并且将巡检器设置成正在通信的状态，点击"采集数据"，软件将自动提取巡检器内的数据保存到数据库。

将巡检器与计算机连接好并且将巡检器设置成正在通信的状态，点击"删除数据"，可以将巡检器硬件内存储的历史数据删除。

在前期基础设置时，可先在该界面采集并删除巡检器内部的历史数据，然后再进行设置操作，以避免历史数据造成的影响。

2．知识点——电子巡更系统调试步骤及方法

（1）电子巡更系统调试的主要步骤

1）调试系统组成部分的各设备，均应工作正常。

2）检查在线式信息采集点读值的可靠性、实时巡更与预置的一致性，并查看记录、存储信息以及在发生不到位时的及时报警功能。

3）检查离线式电子巡更系统，确保信息钮信息的正确性，数据的采集、统计、打印等功能正常。

（2）电子巡更系统检验项目、检验要求及测试方法

电子巡更系统的检验项目、检验要求及测试方法见表5-3。

电子巡更系统检验要求及方法　　　　　　　　　　表5-3

序号	检验项目	检验要求及测试方法
1	巡更设置功能检验	在线式的电子巡更系统应能设置保安人员巡更程序，应能对保安人员巡逻的工作状态（是否准时、是否遵守顺序等）进行实时监督、记录。当发生保安人员不到位时，应有报警功能。当与入侵报警系统、出入口控制系统联动时，应保证对联动设备的控制准确、可靠。离线式电子巡更系统应能保证信息识读准确、可靠。
2	记录打印功能检验	应能记录打印执行器编号、执行时间，与设置程序的对比等信息。
3	管理功能检验	应能有多级系统管理密码。
4	其他功能检验	具体工程中具有的而以上功能中未涉及的项目，其检验要求应符合相应标准、工程合同及正式设计文件的要求。

（3）电子巡更系统的抽查与验收

对照正式设计文件和工程检验报告，复核系统具有的巡更时间、地点、人员和顺序等数据的显示、归档、查询、打印等功能。

复核在线式电子巡更系统，应具有即时报警功能。

5.4.4 问题思考

根据你的学习，你觉得电子巡更系统在设置过程中应注意哪些问题？

1. 填空题

（1）检查在线式信息采集点读值_____、实时巡更与_____的一致性，并查看记录、存储信息以及在发生不到位时的及时报警功能。

（2）检查离线式电子巡更系统，确保信息钮信息的正确性，数据的_____、_____、_____等功能正常。

2. 判断题

（1）有序计划：设置开始时间和结束时间，只要是在设置的这段时间范围内巡逻，就是符合要求的计划。（　　）

（2）计划设置的时候，包括两种模式：有序计划和无序计划。（　　）

3．单选题

有序计划：只设置开始时间，在计划执行的巡逻过程中，线路中第一个点到达的时间就是（　　　）。

A．开始时间　　　　　　　　B．巡更时间

C．结束时间　　　　　　　　D．巡逻时间

4．问答题

电子巡更系统常见的检验项目及对应测试方法是什么？

5.4–3
习题答案

5.4.5 知识拓展

资源名称	电子巡更系统安装与调试技能实训
资源类型	视频
资源二维码	

CHAPTER 6

项目 6

停车库（场）管理系统的设计与施工

任务 6.1 停车库（场）管理系统的认知

任务 6.2 停车库（场）管理系统的设计

任务 6.3 停车库（场）管理系统的安装与
接线

任务 6.4 停车库（场）管理系统的设置与
调试

停车库（场）管理系统的认知

6.1.1 教学目标与思路

【教学目标】

知识目标	能力目标	素养目标	思政要素
1. 掌握停车库（场）管理系统的概念； 2. 熟悉停车库（场）管理系统的主要设备及工作原理； 3. 了解停车库（场）管理系统车辆出入检测方式。	1. 能认识停车库（场）管理系统的设备并说明作用； 2. 能绘制停车库（场）管理系统车辆进出场流程图。	能通过倾听和观察获得有效的资讯；能正确表达自己思想，提出相关建议。	树立以人为本，服务用户的思想。

【学习任务】掌握停车库（场）管理系统的概念，认识停车库（场）管理系统的主要设备，了解停车库（场）管理系统的工作原理，了解停车库（场）管理系统的组成，了解停车库（场）管理系统车辆进出场流程。

【建议学时】2~4学时。

【思维导图】

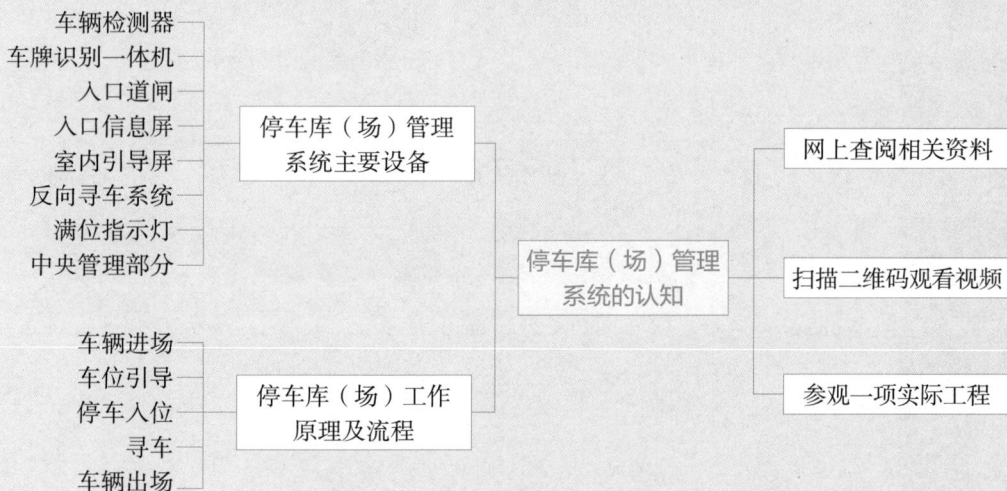

6.1.2 学生任务单

任务名称	停车库（场）管理系统的认知	
学生姓名	班级学号	
同组成员		
负责任务		
完成日期	完成效果	
	教师评价	

自学简述	课前预习	学习内容、浏览资源、查阅资料		
	拓展学习	任务以外的学习内容		
任务研究	完成步骤	用流程图表达		
	任务分工	任务分工	完成人	完成时间

	本人任务	
	角色扮演	
	岗位职责	
	提交成果	

任务实施	完成步骤	第1步	
		第2步	
		第3步	
		第4步	
		第5步	
	问题求助		
	难点解决		
	重点记录	完成任务过程中，用到的基本知识、公式、规范、方法和工具等	成果提交
学习反思	不足之处		
	待解问题		
	课后学习		

过程评价	自我评价（5分）	课前学习	时间观念	实施方法	知识技能	成果质量	分值
	小组评价（5分）	任务承担	时间观念	团队合作	知识技能	成果质量	分值

6.1.3 知识与技能

国家标准《安全防范工程技术标准》GB 50348—2018中定义："停车场安全管理系统是对人员和车辆进、出停车场进行登录、监控以及人员和车辆在场内的安全实现综合管理的电子系统"。停车场系统又称停车场安全管理系统，是安全技术防范体系的一个重要组成部分。目前，最专业化的停车场系统为免取卡停车场系统。

1．知识点——停车库（场）管理系统主要设备

（1）车辆检测器

车辆检测器对进入停车场的车辆进行检测，有地感线圈和光电检测器两种形式。

1）"地感线圈"就是一个振荡电路（图6-1）。它是在地面上先造出一个直径大概1m圆形的沟槽或是面积相当的矩形沟槽，再在这个沟槽中埋入2～3匝导线，构成一个埋于地表的电感线圈，由它和电容组成振荡电路，振荡信号通过变换送到单片机组成的频率测量电路。当有大的金属物如汽车经过时，由于空间介质发生变化引起了振荡频率的变化（有金属物体时振荡频率升高），这个变化就作为汽车经过"地感线圈"的证实信号，同时这个信号的开始和结束之间的时间间隔又可以用来测量汽车的移动速度。

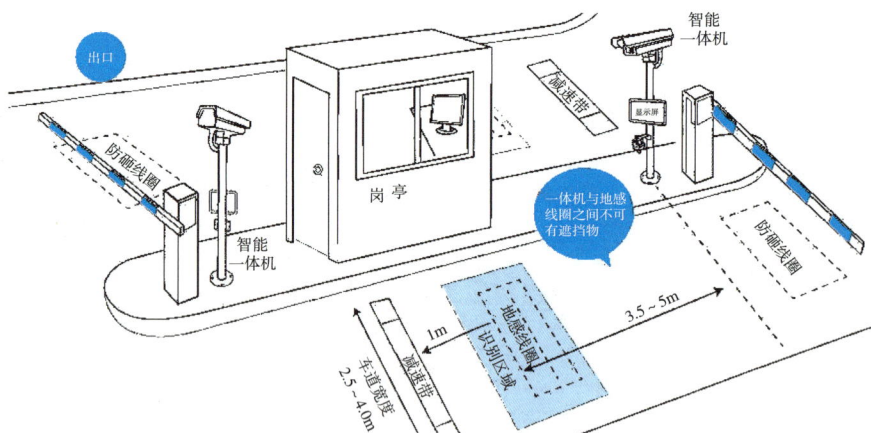

图6-1 地感线圈

2）光电检测（图6-2）有"光束遮断式"和"反射遮断式"两种方式。"光束遮断式"在道路上方正向（垂直于路面）安装；"反射遮挡式"则采用路侧发射法，即光电检测器在路侧安装。

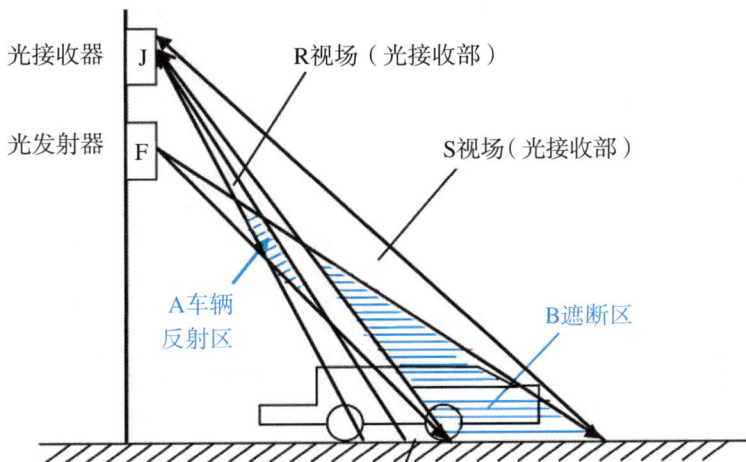

图6-2　光电检测

（2）车牌识别一体机

车牌识别一体机是计算机视频图像识别技术在车辆牌照识别中的一种应用，即从图像信息中将车牌号码提取并识别出来，其主要包括识别摄像机和信息显示等部分，集成了自动采集识别和显示车牌信息、语音提示、图像采集、控制道闸等功能。车牌识别一体机一般安装在入口道闸附近。如图6-3所示。

识别摄像机是专门针对停车场系统推出，基于嵌入式的智能高清车牌识别一体机产品，设备选用200万高清宽动态摄像机，采用宽动态技术，通过可调角度的专用支架固定在识别一体机顶部。识别摄像机内部主要包括高清车牌识别抓拍单元、镜头和内

图6-3　车牌识别一体机

置补光灯，并配置有安装支架、护罩、万向节等，高清车牌识别抓拍单元是高清识别摄像机的核心部件。

信息显示部分集成安装在车牌识别一体机的箱体中，包括LED显示屏、电源模块、语音模块、控制主板、补光灯等。1）LED显示屏主要有智能红绿灯同行提示、车牌信息显示等功能，绿灯亮表示车辆允许同行，同时显示车牌号码等相关车辆信息；2）语音模块通过控制板实现语音提示播报，可根据需求自定义语音内容，如"欢迎光临""一路平安"等；3）控制主板是信息显示部分的控制核心，通过与高清识别摄像机的信息交流，智能控制各组成部分；4）补光灯会在夜间或者光线较暗的环境下打开，完成对高清识别摄像机的补光操作。

（3）入口道闸

道闸又称为挡车器，可单独通过无线遥控实现起落杆，也可以通过停车场系统实

行自动管理状态，入场时自动识别放行车辆，出场时收取停车费后自动放行车辆。根据道闸的使用场所，其闸杆可分为直杆、栅栏及曲臂杆等。如图6-4所示。

（a）直杆道闸　　　　　　　　　　　（b）栅栏道闸

图6-4　入口道闸

（4）入口信息屏

入口信息屏一般安装在入口安全岛上或车库入口处，用于显示当前停车场内的剩余车位、数量等信息，可单独或联网使用。显示内容可以是整个车库的剩余车位余数，也可以是各区的剩余车位数。通过管理系统和车位监控摄像机可以获知空车位的占用情况，并反映在入口信息显示屏上，驾车人员可以根据入口信息屏知道剩余车位的数量。

（5）室内引导屏

室内引导屏一般安装在停车场道路拐角、分岔口等位置，方便车主第一时间了解相关方向区域的空余车位情况，若有空车位，则指示箭头亮，并且显示剩余的车位数量；若无空车位，则显示车位数为零。驾驶员可根据引导屏信息指引到空车位停车区。

室内引导屏由LED显示屏、控制主板和电源模块组成。1）LED显示屏以数字字符显示当前区域剩余车位信息；2）控制主板完成信息的接收和显示命令，其信息接口为RS-485接口，用于连接该区域内的视频车位检测器。

（6）反向寻车系统

反向寻车系统一般包括视频车位检测器、查询机和反向寻车管理软件。1）视频车位检测器实时检测当前车位的状态，提供当前车位的车辆信息给查询机；2）查询机一般安装在停车场内各电梯口或楼道口，车主可在查询机上输入自己车辆的车牌或车位号等信息，查询自己车辆的停放位置，同时查询机可根据当前位置规划出方便快捷的寻车路线，使车主快速找到自己车辆停放位置；3）反向寻车管理软件安装在查询机上，软件中嵌入了停车场的车位电子地图，可以直观地显示出最优寻车路线。

（7）满位指示灯

满位指示灯与计算机和车辆计数相连，车位满时，满位指示灯亮。系统自动关闭入口处，车辆禁止驶入。

（8）中央管理部分

中央管理部分是停车场系统的管理和控制中心，主要包括岗亭或控制室、数据交换机、计算机及停车场管理软件等。中央管理部分应能实现对系统操作权限、车辆出入信息的管理功能；对车辆的出/入行为进行鉴别及核准，对符合出/入条件的出/入行为予以放行，并能实现信息比对功能。

岗亭主要是用来管理临时车辆和收费的，对于一些没有临时车辆的停车场，也可以不设立岗亭。岗亭的位置一般设立在出入口，方便管理收费，岗亭内一般会安装数据交换机、计算机等中心管理设备，有工作人员在里面办公。

2. 知识点——停车库（场）的系统工作原理及流程

一次完整的停车过程主要包括车辆进场、车位引导、停车入位、寻车、车辆出场等。

> 6.1-2
> 停车场系统
> 工作原理及流程

（1）车辆进场

当车辆到达入口处，进入入口识别摄像机识别范围，摄像机开始识别车辆信息，并在服务器管理软件上显示。等车辆走到触发线时，摄像机抓拍车辆入场照片，并向入口道闸发出触发信号，道闸动作，闸杆升起，同时显示屏显示车辆信息，并发出语音提示，车辆进入。

当车辆经过入口处地感线圈时，车辆检测器检测到有车辆经过，保持闸杆处于抬起状态，防止砸车。当车辆驶出地感线圈检测范围后，车辆检测器向入口道闸发出关闸信号，道闸动作，闸杆落下。

（2）车位引导

车位上方均安装了视频车位检测器，用来检测当前车位是否被占用，精确统计出相关车位信息。

进入的车辆根据入口信息屏的剩余车位信息，选择进入停车场的相应区域，再根据室内引导屏及视频车位探测器的状态指示灯等信息，快速寻找到可停放的车位。

（3）停车入位

当车辆驶入停放车位时，视频车位检测器检测到车辆入库，并将车辆相关信息发送至中央管理部分，告知系统车位已被占用。

（4）寻车

驾驶员在就近的查询机上输入车辆的车牌或车位号等信息，查询车辆的停放位置，选择正确查询结果，点击查看路线，根据系统规划的最优路线，快速找到车辆。

（5）车辆出场

车辆驶出车位时，视频车位检测器检测到车辆驶离，并将相关车位信息发送至中央管理部分，告知系统车位未被占用。

车辆来到出口处，进入出口识别摄像机识别范围，摄像机开始识别车辆信息，并在服务器管理软件上显示，等车辆走到触发线时，摄像机抓拍车辆入场照片，并向入口道闸发出触发信号，道闸动作，闸杆升起，同时显示屏显示车辆信息，并发出语音提示，车辆驶出。

当车辆经过出口地感线圈时，车辆检测器检测到有车辆经过，保持闸杆处于抬起状态，防止砸车。当车辆驶出地感线圈检测范围后，车辆检测器向出口道闸发出关闸信号，道闸动作，闸杆落下，车辆驶出停车场。

6.1.4 问题思考

根据你的学习，你知道停车场系统具有哪些设备，停车场系统又是如何工作的？

1．填空题

（1）根据道闸的使用场所，其闸杆可分为_____、栅栏及曲臂杆等。

（2）_____是智能道闸的控制核心，用于实现道闸系统的自动控制。

（3）车牌识别一体机主要包括_____和信息显示等部分。

（4）室内引导屏用于显示当前区域的空余车位数，其通信方式一般为_____。

（5）停车场管理软件一般包括_____、车位引导管理软件、反向寻车管理软件等，实现对停车场系统的智能管理。

2．判断题

（1）一次完整的停车过程主要包括车辆进场、车位引导、停车入位、寻车、车辆出场等。（　　　）

（2）车牌识别一体机一般安装在远离入口道闸的地方。（　　　）

3．单选题

（1）根据道闸的使用场所，其闸杆可分为（　　　）等。

A．直杆　　　　　　B．栅栏　　　　　　C．曲臂杆　　　　　　D．弯杆

（2）停车场系统中，车位上方均安装了（　　　），用来检测当前车位是否被占用，精确统计出相关车位信息。

A．视频车位检测器　B．道闸　　　　　　C．地感线圈　　　　　　D．显示屏

4．问答题

（1）停车场系统常用设备有哪些?

（2）车牌识别主要包括哪些工作过程?

6.1-3
习题答案

（3）简述视频车位引导系统的主要工作过程。

6.1.5 知识拓展

资源名称	停车场管理系统	停车场车辆管理系统的功能及组成	停车场管理系统主要设备
资源类型	视频	视频	视频
资源二维码			

任务 6.2
停车库（场）管理系统的设计

6.2.1 教学目标与思路

【教学目标】

知识目标	能力目标	素养目标	思政要素
了解停车库（场）管理系统的设计规范。	能根据客户需求设计停车库（场）管理系统。	培养学生精益求精、坚持不懈。	树立以人为本的思想。

【学习任务】本设计将以某国际艺术大厦办公楼为例，其平面图如附图6所示。本大楼主要用作某公司的办公大楼，需要通过安装智能停车系统对办公大楼内的员工提供停车管理服务，此停车场要具有收费、满位显示、对讲、图像对比等功能。具体要求请扫描二维码。

6.2-1
停车场管理系统
设计任务

【建议学时】4学时。

【思维导图】

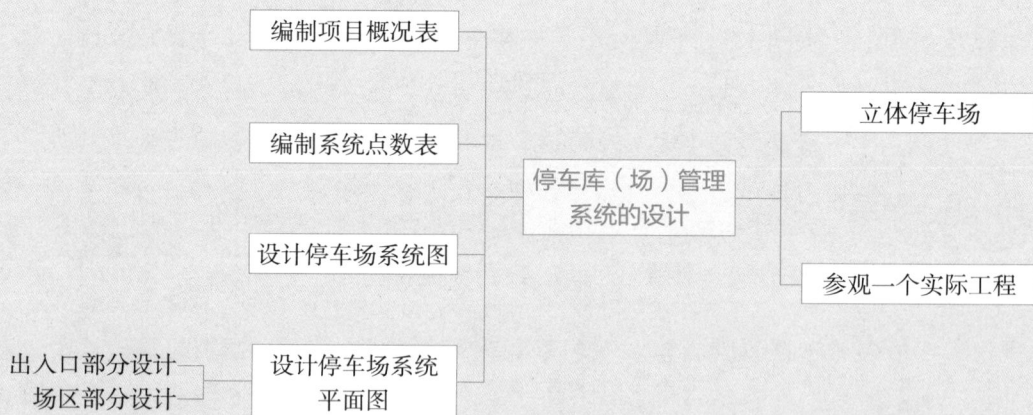

6.2.2 学生任务单

任务名称	停车库（场）管理系统的设计	
学生姓名	班级学号	
同组成员		
负责任务		
完成日期	完成效果	
	教师评价	

		学习内容、浏览资源、查阅资料		
自学简述	课前预习			
	拓展学习	任务以外的学习内容		
任务研究	完成步骤	用流程图表达		
	任务分工	任务分工	完成人	完成时间

		本人任务	
角色扮演	
岗位职责	
提交成果	

			第1步	
任务实施	完成步骤		第2步	
			第3步	
			第4步	
			第5步	
	问题求助			
	难点解决			
	重点记录		完成任务过程中，用到的基本知识、公式、规范、方法和工具等	成果提交
学习反思	不足之处			
	待解问题			
	课后学习			

		课前学习	时间观念	实施方法	知识技能	成果质量	分值
过程评价	自我评价（5分）						
	小组评价（5分）	任务承担	时间观念	团队合作	知识技能	成果质量	分值

6.2.3 知识与技能

停车库（场）系统的设计主要按照一定的流程进行，步骤如下：编制任务书、现场勘察、初步设计、方案论证、深化设计。

6.2-2
停车场管理系统
设计步骤

1．技能点——停车场系统设计

（1）编制项目概况表

根据建设方的需求分析，编制某大厦停车场项目概况表，见表6-1。

某大厦停车场项目概况表 表6-1

项目	详情
项目名称	某大厦停车场项目
项目地点	常州市钟楼区和裕路××号
客户类别	□小区 ■商业大厦 □公共场所 □其他
停车场类别	■地下 □室内 ■地面
停车性质	□内部专用 ■公共收费 □其他
车场内停车性质	□大型车 □中型车 ■小型车
车位总数	70
出入口位置	■分开 □共道
停车场入口个数	1个
停车场出口个数	1个
岗亭	■需要 □不需要
岗亭位置	出入口
停车场收费模式	□中央收费 ■出口收费 □其他
车辆识别方式	□射频卡识别 ■车牌识别 □人工登记
是否需要图像对比	■是 □否
是否纳入公共信息系统	□是 ■否
车位引导	■需要 □不需要
反向寻车	□需要 ■不需要
道闸防砸功能	■需要 □不需要

（2）编制系统点数表

点数统计表是工程实践中最常用的统计和分析方法，适用于停车场系统等各种工程应用。为了正确和清楚确定设备的安装点位，以及各设备的安装数量，方便安装施工中的领料和进度管理，需要编制系统点数表。编制点数表的要点如下：

1）表格设计合理。要求表格打印成文本后，表格的宽度和文字大小合理。

2）位置正确。建筑物需要安装设备的位置都要逐一罗列出来，没有漏点或多点，位置正确、清楚，应具有唯一性，不易混淆，避免后期安装位置错误，不易表达的设备位置可在施工图中作明确说明。

3）数量正确。系统所需设备的数量必须填写正确。

4）设备名称正确。

5）文件名称正确。作为工程技术文件，文件名称必须准确，能够直接反映文件内容。

6）签字和日期正确。作为工程技术文件，设计、复核、审核、审定等人员签字非常重要，如果没有签字就无法确定该文件的有效性，也没有人对文件负责。日期直接反映文件的有效性，在实际应用中，可能经常修改技术文件，一般是最新日期的文件替代以前日期的文件。

某大厦停车场系统点数表见表6-2。

某大厦停车场系统点数表 表6-2

区域	设备名称	安装点位（位置）数量	数量
出入口	道闸	停车场出入口	2台
	车牌识别一体机	停车场出入口	2台
	车辆探测器	集成安装在道闸内部	2台
	地感线圈	道闸杆下方区域车道上	2个
	管理设备	岗亭内部	1套
	岗亭	停车场出入口	1个
场所	室内引导屏	车库内部	1
	车位摄像机	车位上方，检测1～3个车位	5个
	查询机	车库内部	1个

（3）设计停车场系统图

系统图的功能就是直观清晰地反映停车场系统的主要组成部分和连接关系，在图中清楚反映各种设备之间的连接关系。包括出入口道闸、车牌识别一体机、室内引导屏、车位检测器、管理中心等设备。系统图一般不考虑设备的具体位置、距离等详细情况。图6-5为某大厦停车场系统图。

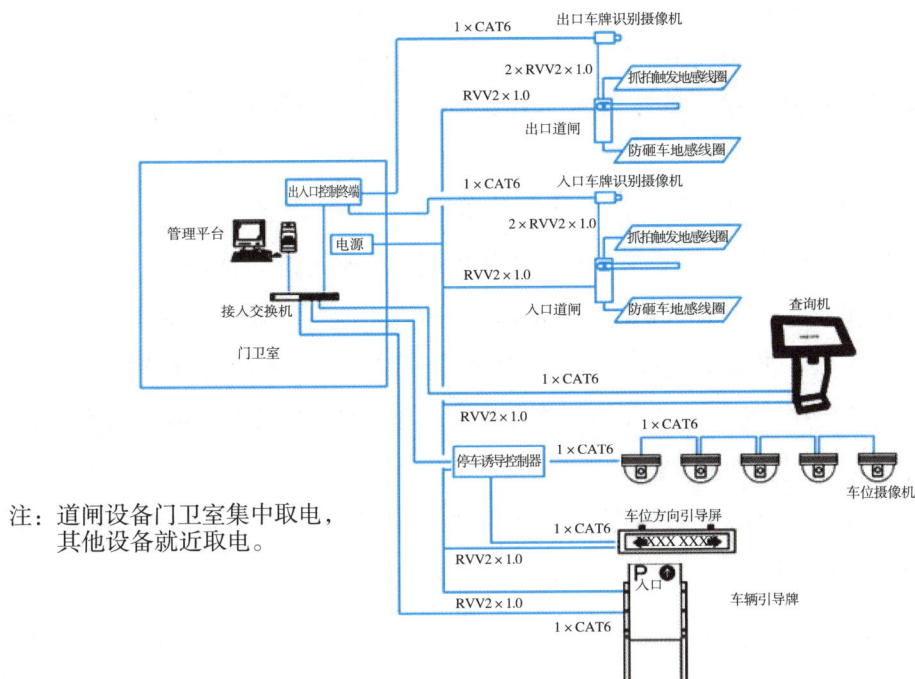

图6-5 某大厦停车场系统图

1）设计说明

①系统采用以太网和RS-485总线两种通信方式进行数据传输。

②场区内有1个多路视频服务器，分别连接34个视频车位探测器、4块引导屏、1台查询机，覆盖100个车位。

③系统设置1个出入口，用于车辆的出入，满足日常车流量的需求。

④视频车位检测器通过线性电源单独供电，其他设备所有供电采用市政AC220V供电。

2）设计要点

①系统图设计的图形符号必须正确，要符合相关建筑设计标准和图集规定。

②系统的目的就是为了规定设备的连接关系。因此必须按照相关标准规定，清楚地给出各设备之间的连接关系，如道闸与车辆检测器、道闸与车牌识别一体机之间的连接关系，这些连接关系实际上决定了停车场系统拓扑图。

③在系统图中要标注各种设备之间的通信方式，方便工程施工选材。

④设计说明一般是对图的补充，可以帮助快速理解和阅读图纸。系统图设计后，必须在图纸空白位置增加设计说明。

⑤标题栏一般在图纸的右下角。标题栏一般包括：建筑名称、项目名称、图纸编号、设计人、审核人、审定人等信息。

（4）设计停车场平面图

1）出入口部分设计

设备具体位置的确定除了其基本规则外，主要是根据现场情况而定，基本规则如下：

①入外出内。入口设备尽量靠近停车场外侧，方便驾驶员辨别，入口验证设备方便驾驶员验证入场。出口设备应尽量靠近场内侧，方便问题车辆退出。

②直道安装。入口设备和出口设备都应安装在直道上，方便驾驶员出入场。

③平地安装。出入口设备应尽量安装在水平路面上，方便驾驶员验证后起步。如果确实无法安装在平面上，则应尽可能在下坡。如果必须安装在上坡时，最好是一个车轮在坡道上，一个车轮在平地上。

④弯道回直。对需要拐弯的场合，设备安装位置应在拐弯处至少3m以外，保障驾驶员可将方向基本打直。

⑤单排/并排安装。出入口设备在一起且不需要岗亭时，通道长度和宽度决定着设备的安装方式，如果通道较长，路宽受限时，则采用单排安装方式，即出入口设备成一字排列；如果通道长度受限，宽度不受限制，则采用并排安装方式。

⑥右进左出。按照通常的右行原则，需采用右进左出的方式以免交叉。

2）场区部分设计

根据停车场建筑的结构布局，合理设计场区停车场的平面图。如图6-6和图6-7所示。

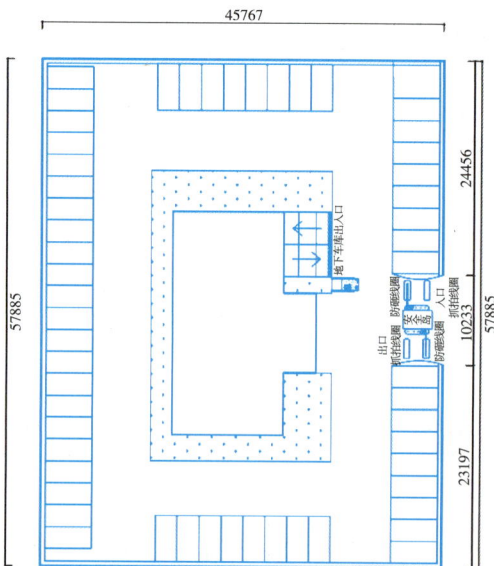

图6-6　停车场地面平面图

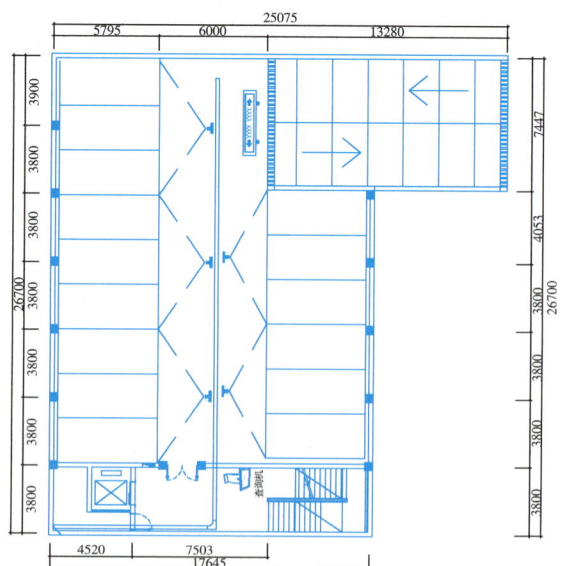

图6-7　停车场地下平面图

3）编制材料统计表

材料统计表主要用于工程项目材料采购和现场施工管理，实际上就是施工方内部使用的技术文件，必须详细写清楚全部主材、辅助材料和消耗材料等。见表6-3。编制材料表的一般要求如下：

停车场系统主材表　　　　　　　　　　　　　　表6-3

序号	设备名称	规格型号	数量	单位
1	自动道闸	ZBC-D501	2	台
2	智能识别一体机	ZBC-P601一体机	2	台
3	数字车辆探测器	ZBC-DG01	2	个
4	电脑	Windows操作系统 8G内存，i5处理器，1T硬盘	1	套
5	岗亭	HXGT-A2	1	个
6	入口信息屏	ZBC-DG01	1	个
7	室内引导屏	KR-PS03	1	个
8	视频车位探测器	ZBC-BC2111	5	个
9	网络交换机	网络交换机	1	台
10	地感线圈	特氟龙高温软线	2	个
11	查询机	PZTC-ZX-NT2	1	台

①表格设计合理，表格宽度和文字大小合理，编号清楚。

②文件名称正确，材料表一般按照项目名称命名，要在文件名称中直接体现项目名称和材料类别等信息。

③材料的名称和型号必须正确，需使用规范的名词术语。重要项目甚至要规定设备的外观颜色和品牌，由于每个产品的型号不同，质量和价格会有很大的差异，对工程质量和竣工验收有直接的影响。

④材料表中的线缆、配件、消耗材料等有很多种类，规格和数量都必须齐全。

⑤编制的材料表必须有签字和日期，这是工程技术不可缺少的。

6.2.4 问题思考

通过停车场系统设计内容的学习，你学会停车场系统设计的方法和步骤了吗？

1. 填空题

（1）停车场系统工程的设计应遵循规范性和适应性、_____、准确性与实用性、兼容性与扩展性、开放性与安全性原则。

（2）现场勘察结束后应编制_____，其内容应包括项目名称、勘察时间、参加单位及人员、项目概况、勘察内容、勘察记录等。

（3）主要设备和材料清单包括系统拟采用的主要设备材料_____、_____数量等。

（4）方案论证应对论证的内容做出评价，以通过、_____、不通过意见给出明确结论，并且提出_____，并经建设单位确认。

（5）施工图设计是设计方或承建方依据_____的评价结论和整改意见，对进行完善的一种设计活动。

2. 判断题

（1）停车库（场）系统的设计主要按照一定的流程进行。步骤如下：编制任务书、现场勘察、初步设计、方案论证、深化设计。（　　　）

（2）设备表主要用于工程项目材料采购和现场施工管理，实际上就是施工方内部使用的技术文件，必须详细写清楚全部主材、辅助材料和消耗材料等。（　　　）

3. 选择题

（1）（　　　）的功能就是直观清晰地反映停车场系统的主要组成部分和连接关系，在图中清楚反映各种设备之间的连接关系。

A. 系统图　　　　　B. 平面图　　　　　C. 图例　　　　　D. 安装详图

（2）停车场系统对需要拐弯的场合，设备安装位置应在拐弯处至少（　　　）m以外，保障驾驶员可将方向基本打直。

A. 2　　　　　B. 3　　　　　C. 4　　　　　D. 5

4. 问答题

（1）停车场系统工程的主要设计流程包括哪些内容？

（2）停车场系统工程设计任务书应包括哪些内容？

（3）停车场系统的主要设计内容有哪些？

6.2-3
习题答案

6.2.5 知识拓展

资源名称	停车场车辆管理的方案设计	停车场车辆管理系统工程设计举例
资源类型	视频	视频
资源二维码		

任务 6.3
停车库（场）管理系统的安装与接线

6.3.1 教学目标与思路

【教学目标】

知识目标	能力目标	素养目标	思政要素
1. 熟悉停车库（场）管理系统的施工流程； 2. 了解停车库（场）管理系统的施工准备。	1. 能敷设停车库（场）系统的管线； 2. 能安装停车库（场）系统的设备。	1. 具有良好的倾听能力，能有效地获得各种资讯； 2. 能正确表达自己思想，学会理解和分析问题。	1. 培养民族自豪感； 2. 树立以人为本，预防为主，安全第一的思想。

【学习任务】停车库（场）系统设计完成后，在现场安装智能化车牌识别一体机、安装道闸并完成接线。

【建议学时】4 ~ 6学时。

【思维导图】

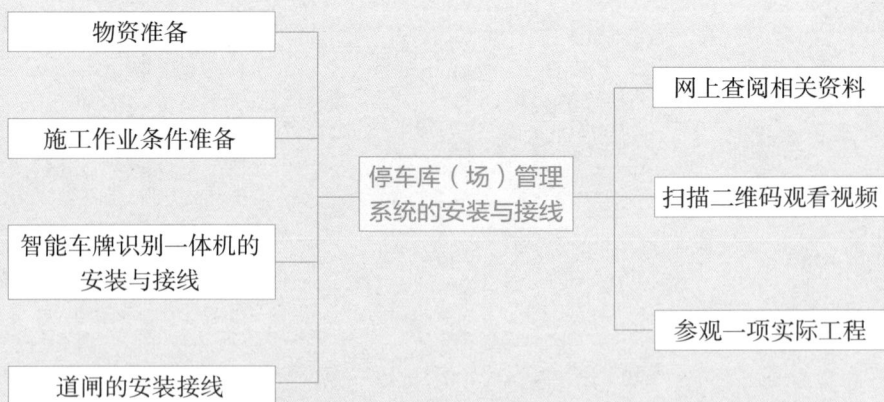

6.3.2 学生任务单

任务名称	停车库（场）管理系统的安装与接线	
学生姓名	班级学号	
同组成员		
负责任务		
完成日期	完成效果	
	教师评价	

自学简述	课前预习	学习内容、浏览资源、查阅资料		
	拓展学习	任务以外的学习内容		
任务研究	完成步骤	用流程图表达		
	任务分工	任务分工	完成人	完成时间

		本人任务	
		角色扮演	
		岗位职责	
		提交成果	

任务实施	完成步骤	第1步	
		第2步	
		第3步	
		第4步	
		第5步	
	问题求助		
	难点解决		
	重点记录	完成任务过程中，用到的基本知识、公式、规范、方法和工具等	成果提交
学习反思	不足之处		
	待解问题		
	课后学习		

过程评价	自我评价（5分）	课前学习	时间观念	实施方法	知识技能	成果质量	分值
	小组评价（5分）	任务承担	时间观念	团队合作	知识技能	成果质量	分值

6.3.3 知识与技能

1．技能点——智能车牌识别一体机的安装与接线

6.3-1
智能车牌识别一体机的
安装与接线

智能车牌识别一体机包含高清识别摄像机、红绿显示模组、显示屏控制板、12V供电电源、喇叭、LED频闪及爆闪补光灯、抓拍车检器、空气开关、一体机箱。智能车牌识别一体机的安装步骤大致分为以下部分：

（1）打开车牌识别一体机包装箱，取出车牌识别设备。

（2）立柱穿线。将网线、电源线穿过立柱，固定立柱到地面。网线、电源线穿过立柱时要注意不能损坏电线。

（3）将箱体与立柱连接。

（4）安装智能车牌识别一体机。智能车牌识别一体机安装在岗亭一侧的道闸前方，将箱体与立柱连接，按照接线要求，连接相机、显示屏的网线和电源线。一体机内部接线图如图6–8所示，接线方法及说明见表6–4。

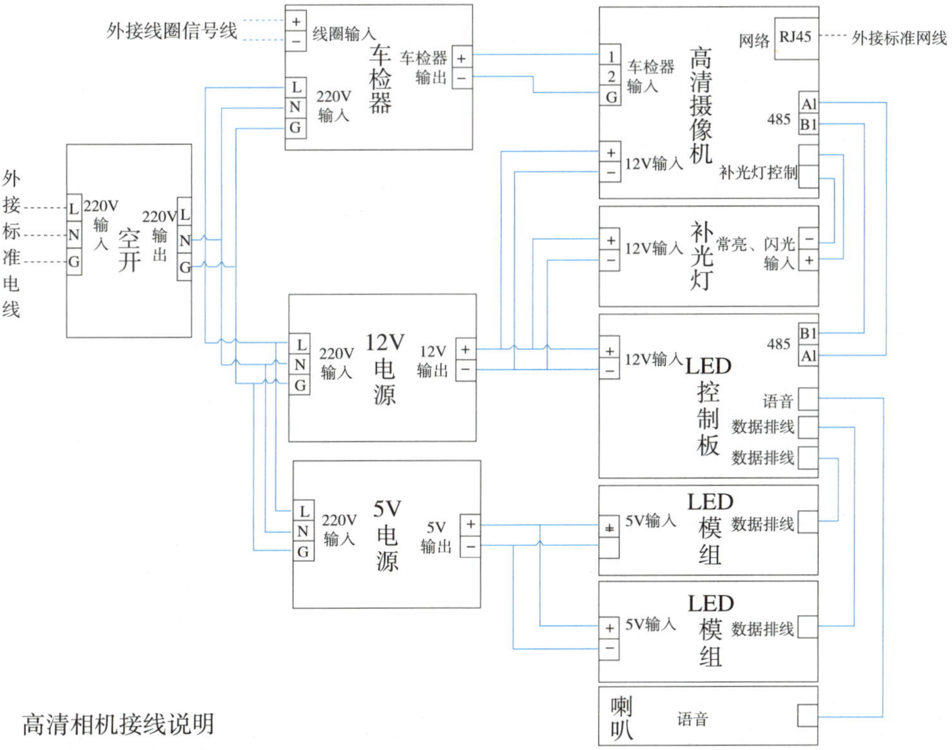

高清相机接线说明

3	4	G	03+	03−	04+	04−	TTL	A0−	A0−	Al+	Al−	usb
1	2	G	01+	01−	02+	02−	B1	A1	G	B2	A2	

图6–8　设备内部接线图

接线方法及说明　　　　　　　　　　表6-4

端子	连接设备	接线方法	备注
3	道闸	接道闸抬杆到位信号输出NO端	监测开关量道闸的起落杆行为
4	道闸	接道闸落杆到位信号输出NO端	
G	道闸	接道闸抬杆、落杆到位信号输出COM端	
O3+	道闸	接道闸起杆信号OPEN端	道闸抬杆控制
O3-	道闸	接道闸起、落杆信号输出COM端	
O4+	道闸	接道闸落杆信号CLOSE端	道闸落杆控制
O4-	道闸	接道闸落起、落杆信号输出COM端	
TTL	—	预留端子	—
AO-	—	预留端子	—
AO+	—	预留端子	—
A1+	—	预留端子	—
A1-	—	预留端子	—
1	车检器	接触发车检器输入信号	触发、防砸车检器输入信号
2	车检器	接防砸车检器输入信号	
G	车检器	接车检器输入信号G	
O1+	—	预留端子	—
O1-	—	预留端子	—
O2+	补光灯	接爆闪、常闪灯正极	外置补光灯控制
O2-	补光灯	接爆闪、常闪灯负极	
B1	LED屏	接LED控制板485-B-端	LED控制显示及TTS语音
A1	LED屏	接LED控制板485-A+端	
B2	伺服道闸	接伺服道闸控制板485的T-端	对指定型号的道闸起落
A2	伺服道闸	接伺服道闸控制板485的T+端	杆控制及监测

2. 技能点——道闸的安装接线

6.3-2
道闸的安装接线与调试

首先根据要求确定机箱位置，需浇筑混凝土基座事先已完成，在机箱固定位置心点控制室或岗亭之间预埋或开挖电缆线沟，埋放线管穿入设备所用电源线和控制线，确定无误后回填混凝土。根据设备安装图纸将道闸固定安装在相应位置，用M6的螺钉、螺母、垫片将道闸

和一体机固定。

将"入口道闸电源"端接到入口道闸空开的输入端，用道闸自带的双排线（黑红），将道闸空开输出端和控制板上的"火""零""地"接线端子连接。将做好线标的入口道闸电源线，安装三相插头的一端通过过线孔留在一体机外部。

3．知识点——停车库（场）系统工程施工准备及安装要求

停车场安全管理系统的设备应有强制性产品认证证书、"CCC"标志、进网许可证、合格证、检测报告等文件资料。产品名称、型号、规格应与检验报告一致，设备包括道闸、车辆检测器、网络交换机、识别摄像机、显示/存储设备等。

停车场安全管理系统安装除应执行现行国家标准《安全防范工程技术标准》GB 50348的相关规定外，还应根据设计方案、现场情况确定设备摆放位置。

（1）确定道闸摆放位置。首先要确保车道，以便车辆出入顺畅，车道宽度一般不小于3m，以4.5m左右为最佳。对于地下停车场，道闸上方若有阻挡物则需选用折杆式道闸，阻挡物高度减去1.2m即为折杆点位置。道闸的摆放位置直接关系到用户是否方便的问题，一旦位置确定，管线到位后，再要更改位置则会给施工带来很大的麻烦。

（2）确定识别一体机的位置。识别一体机中摄像机的视角范围，主要针对出入车辆在读卡时的车牌位置，一般选择自动光圈镜头，安装高度一般为0.5～2m。

（3）确定岗亭的位置。对于没有临时车辆的停车场岗亭的位置，可视场地而定，或者根本就不设岗亭；对于有临时车辆的停车场岗亭一般安放在出口，岗亭内放置一些控制主机以及其他一些设备，同时又是值班人员的工作场所，所以对岗亭的面积有一定的要求，最好不小于4m²。

（4）确定控制电脑的位置。控制主机是整个停车场系统的核心控制单元，若停车场出入口附近设有岗亭，则安放在岗亭内，若没有岗亭则安放在中控室。控制主机同出入口设备的距离一般不超过200m。

6.3.4　问题思考

根据你的学习，你觉得智能停车APP还可以开发哪些功能？

1．填空题

（1）智能车牌识别一体机安装在岗亭一侧的_____前方，将网线、电源线穿过立柱，固定立柱到地面，将箱体与立柱连接，按照接线要求，连接相机、显示屏的_____和_____。

（2）停车场安全管理系统安装除应执行现行国家标准_____GB 50348的相关规定外，还应根据设计方案、现场情况确定设备摆放位置。

2．判断题

（1）识别一体机中摄像机的视角范围主要针对出入车辆在读卡时的车牌位置，一般选择自动光圈镜头，安装高度一般为0.5～2m。（   ）

（2）地感线圈距离车牌识别设备立柱不能超过5m，也不能小于2m。（   ）

3．选择题

（1）岗亭的面积有一定的要求，最好不小于（   ）m²。

A．2   B．3   C．4   D．5

（2）确定道闸摆放位置，首先要确保车道，以便车辆出入顺畅，车道宽度一般不小于3m，（   ）m左右为最佳。

A．3.5   B．4.5   C．5.5   D．5

4．问答题

停车库（场）系统施工准备工作有哪些？

6.3-3
习题答案

6.3.5 知识拓展

资源名称	停车场控制器的安装接线	停车场、安防、防雷接地、综合布线安装
资源类型	视频	视频
资源二维码		

任务 **6.4**
停车库（场）管理系统的设置与调试

6.4.1 教学目标与思路

【教学目标】

知识目标	能力目标	素养目标	思政要素
1. 熟悉停车库（场）工程的调试要求 2. 了解停车库（场）系统工程的检验要求。	1. 能对停车库（场）工程系统进行调试； 2. 能对停车库（场）工程系统进行检验。	1. 具有较强的分析问题和解决问题能力； 2. 具有团队合作意识，善于与人沟通。	树立以人为本，预防为主，安全第一的思想。

【学习任务】车辆进入识别一体机的识别范围，识别车牌，道闸开启，智慧停车场系统开始计时收费，车辆进入后，道闸自动放下。车辆驶离停车场，识别一体机识别后产生停车费用，交费后，道闸开启放行。

【建议学时】2～4学时。

【思维导图】

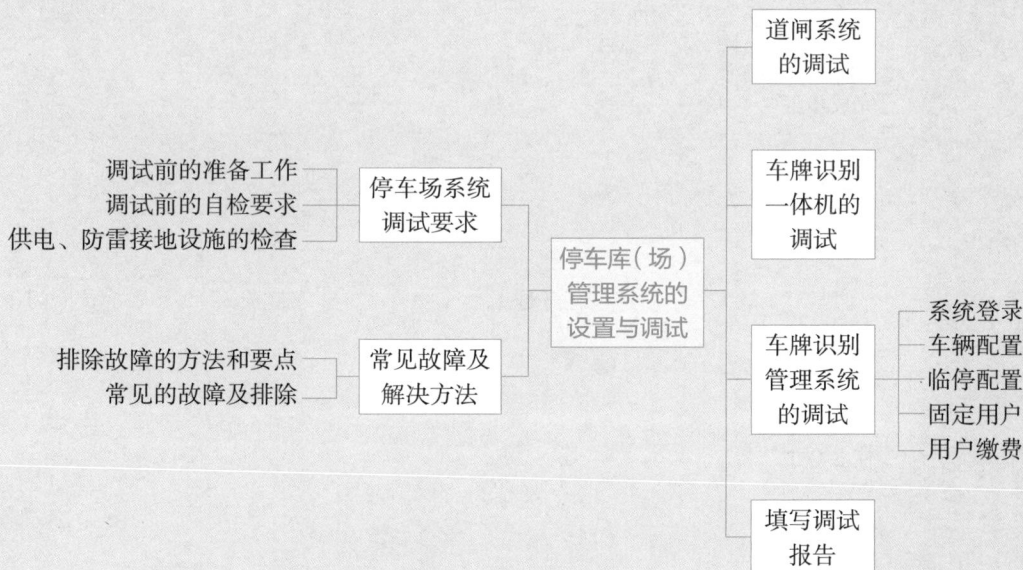

6.4.2 学生任务单

任务名称	停车库（场）管理系统的设置与调试		
学生姓名		班级学号	
同组成员			
负责任务			
完成日期		完成效果	
		教师评价	

自学简述	课前预习	学习内容、浏览资源、查阅资料		
	拓展学习	任务以外的学习内容		
任务研究	完成步骤	用流程图表达		
	任务分工	任务分工	完成人	完成时间

本人任务	
角色扮演	
岗位职责	
提交成果	

		第1步	
任务实施	完成步骤	第2步	
		第3步	
		第4步	
		第5步	
	问题求助		
	难点解决		
	重点记录	完成任务过程中，用到的基本知识、公式、规范、方法和工具等	成果提交
学习反思	不足之处		
	待解问题		
	课后学习		

过程评价	自我评价（5分）	课前学习	时间观念	实施方法	知识技能	成果质量	分值
	小组评价（5分）	任务承担	时间观念	团队合作	知识技能	成果质量	分值

6.4.3 知识与技能

1. 技能点——道闸系统的调试

（1）严格按照接线图依次接好对应的端子，要求接线要牢固，端子和端子之间不能短路。

6.4-1 道闸的安装接线与调试

（2）接通电源，控制盒电源指示灯亮，按下"开"按钮，"开"指示灯亮，闸杆自动上升，上升到与地面垂直时，自动停止；按下"关"按钮，"关"指示灯亮，闸杆自动下降，下降到与地面平衡时，自动停止。

（3）在正常状态下，升杆或降杆停止后，控制盒上的相应指示灯应发亮，如运行不正常或需对闸杆停止角度微调，请检查机内的光电限位开关，到位时输出电压$U \geqslant 6V$，运行输出电压$U \geqslant 0.5V$。

（4）检查电机好坏，检查中性线是否接错，电机对地电阻应大于$1M\Omega$，正常时另两条控制线与中性线的电阻大约为18Ω。

（5）检查连动机构是否运行正常，是否有负荷过重现象，运行区间是否到位。

（6）机内设置时间保护装置，如有异常请打开控制盒，同时断开"+12V、OP、CL、–"四条接线，再调节控制盒内可调电阻，直至闸杆升、降正常。

2. 技能点——车牌识别一体机的调试

（1）【系统管理】–【系统设置】界面，勾选【计费型摄像机模式】，点击【确定】按钮，将系统模式切换为计费型摄像机模式。

6.4-2 摄像机IP地址设置

（2）添加摄像机设备时，需提前修改每台摄像机IP，摄像机出厂IP为"192.168.168.188"。

【车场管理】–【车场设置】–【参数设置】–【视频/收费/监控】界面，勾选【启用网络视频】，点击【添加网络摄像机】按钮，进入摄像机添加界面。

设备类型选择：

1）S1206摄像机选择设备类型ZNYKTY6。

2）S1215HSD摄像机选择设备类型ZNYKTY15。

3）S1211D摄像机选择设备类型ZNYKTY11。

一般添加设备信息只需修改摄像机IP地址，其他信息默认不变，填完信息之后，点击【确认】按钮，添加设备信息方能生效。

（3）视频/收费/监控设置。【车场管理】–【车场设置】–【参数设置】–【视频/收费/监控】界面，图像路径栏选择需要保存的路径，图像路径也可以设置为网络路径

（例：\\192.168.2.31\Poto\）。

（4）收费标准加载。【车场管理】–【控机制设置】–【收费标准设置】，进入【收费标准设置】界面，根据实际要求设置收费标准。

收费标准免费时间设置为免费30min，假设停车36min，勾选【免费时间不计费】，实际收费的时间为6min（停车时间减去免费时间）；不勾选【免费时间不计费】实际收费的时间为36min（不减去免费时间）。

3．技能点——车牌识别管理系统的调试

系统默认登录账户及密码均为：admin。

请注意弹出窗口是否被浏览器拦截，请允许弹出窗口。登录系统后主界面划分为左右两部分：左侧为功能导航栏区域，显示系统各功能模块（系统功能模块包括：车场配置、临停配置、固定用户、停车券、系统用户管理、财务管理、运营服务、运行状态、系统配置等），右侧默认显示车场的基本信息。按车辆识别管理系统的用户手册，完成各功能模块的设置。

> 6.4-3
> 停车场管理系统
> 软件的安装

> 6.4-4
> 车牌识别管理系统
> 软件调试

4．知识点——停车库（场）系统常见的问题及解决方法

（1）排除故障的方法和要点

首先要对系统充分了解，例如系统的工作电压、电流、信号控制方式。各输出端口作用，配置数量，传输方式、传输距离、传输环境，设备使用环境与安装标准，接线工艺及与系统配套使用的设备技术要求。

> 6.4-5
> 停车场系统常见的
> 问题及解决方法

一般采取分段、分级、替换、缩小范围等方式，将故障范围缩小和确定在某一设备上面，让设备正常使用，排除故障。在排除过程中，重要设备、唯一设备必须保证是合格的，再向外查找，特别要注意的是系统参数设置，故障现象有无规律性、时间性，属于全部或是个别。重复出现的故障一定要及时找出具体原因，采取纠正和预防措施，保证系统稳定运行。

（2）常见的故障及排除

停车场系统的各种故障原因大多会涉及设备自身问题、传输线缆问题、线路的正确连接、系统的正确配置等，下面罗列了一些常见的故障及处理办法，见表6–5。

停车场系统常见故障及排除　　　　表6-5

常见问题	可能原因	处理方法
通信不通	通信线路断路、短路或错接	检查通信线路，确定接线正确
	控制板机号不正确	检查机号设置是否正确
	管理软件通信端口设置错误	检查管理软件通信接口设置是否正确
通信不稳定	通信线路过长，布线不规范，中间接头未规范连接	更换通信线缆或增加中继，如增加交换机等
	RS485通信转换器负载能力差	更换通信转换器
数据库连接失败不能登录	用户名或登录错误	输入正确的用户名
	SQL服务器未启动或未安装	正确安装并启动管理服务器
	计算机安全保护限制	正确设置相关保护软件
	网络连接故障	检修网络
无法实时监控图像	停车场软件设置不正确	在软件中重新设置视频卡相关选项
	视频捕捉卡驱动程序未安装或版本不匹配	重新安装正确的驱动
	视频捕捉卡损坏	更换视频捕捉卡
出入口不能图像对比或查询记录时图像调不出来	图像保存路径设置不正确	重新设置图像保存路径
识别相机或视频车位探测器不能正常工作	供电问题	检查电源
	网络连接不稳定	检查网络及线缆、检查IP是否冲突
	设备硬件损坏	更换设备
识别相机或车位探测器不能抓拍识别车牌	四倍相机安装角度不合理	调整相机安装角度
	车牌亮度不满足识别要求	检查相机参数和补光角度
道闸下落或弹起不顺畅	弹簧拉力问题	适度调整弹簧的松紧度或根据杆长确定挂弹簧的孔位
道闸处于常开状态，不能关闸	道闸处于锁定状态	在软件中，进行接锁操作
	车位检测器死机，道闸控制板一直输入有车信号	复位车位检测器
	道闸控制板三极管被击穿，一直输入开闸信号	更换同等类型的三极管

续表

常见问题	可能原因	处理方法
道闸开闸后，车过，不能落杆	车辆检测器与道闸控制板之间的线路松动或断开	检查线路，确定线路连接正确
	车辆检测器灵敏度过高	调整车辆检测器灵敏度并复位
显示屏不亮或个别区域不亮	显示屏上的保险管烧坏	更换保险管
	显示屏模块损坏	更换显示屏模块
显示屏乱码	显示屏字库芯片损坏	更换芯片或显示模块

6.4.4　问题思考

根据你的学习，你觉得停车库（场）系统工程常见的故障有哪些？工程施工过程中需要注意哪些问题？

1．填空题

（1）停车场系统的自检需要按照设计图纸和施工要求，全面检查和处理施工安装中的质量问题。对施工中出现的错接、＿＿＿＿＿＿、断路、＿＿＿＿＿＿或＿＿＿＿＿等问题应予以解决，并文字记录。

（2）停车场系统的调试中，要分别用主电源和备用电源供电，检查＿＿＿＿＿＿和备用电源的＿＿＿＿＿＿。

2．判断题

（1）出入口不能图像对比或查询记录时图像调不出来，可能是图像保存路径不正确。（　　　）

（2）道闸开闸后，车过，不能落杆，可能是车辆检测器灵敏度过高。（　　　）

（3）停车场系统的自检，首先要按设计文件要求，检查系统室内设备是否有防雷措施。（　　　）

3．选择题

（1）停车场系统的供电，应根据系统的供电消耗，按总系统额定功率的（　　　）倍设置主电源容量。

A．1.1　　　　　　　B．1.5　　　　　　　C．2　　　　　　　D．3

（2）识别相机或车位探测器不能抓拍识别车牌，常见的故障原因是（　　　）。

A．四倍相机安装角度不合理　　　　　B．车牌亮度不满足识别要求

C．供电问题　　　　　　　　　　　　D．网络连接不稳定

4．问答题

（1）停车库（场）系统调试前应做哪些准备工作？

（2）停车库（场）系统通信不通可能的原因是什么？怎么处理？

6.4-6
习题答案

6.4.5 知识拓展

资源名称	停车场控制器的调试
资源类型	视频
资源二维码	

附录　工程项目平面图及实训平台位置图

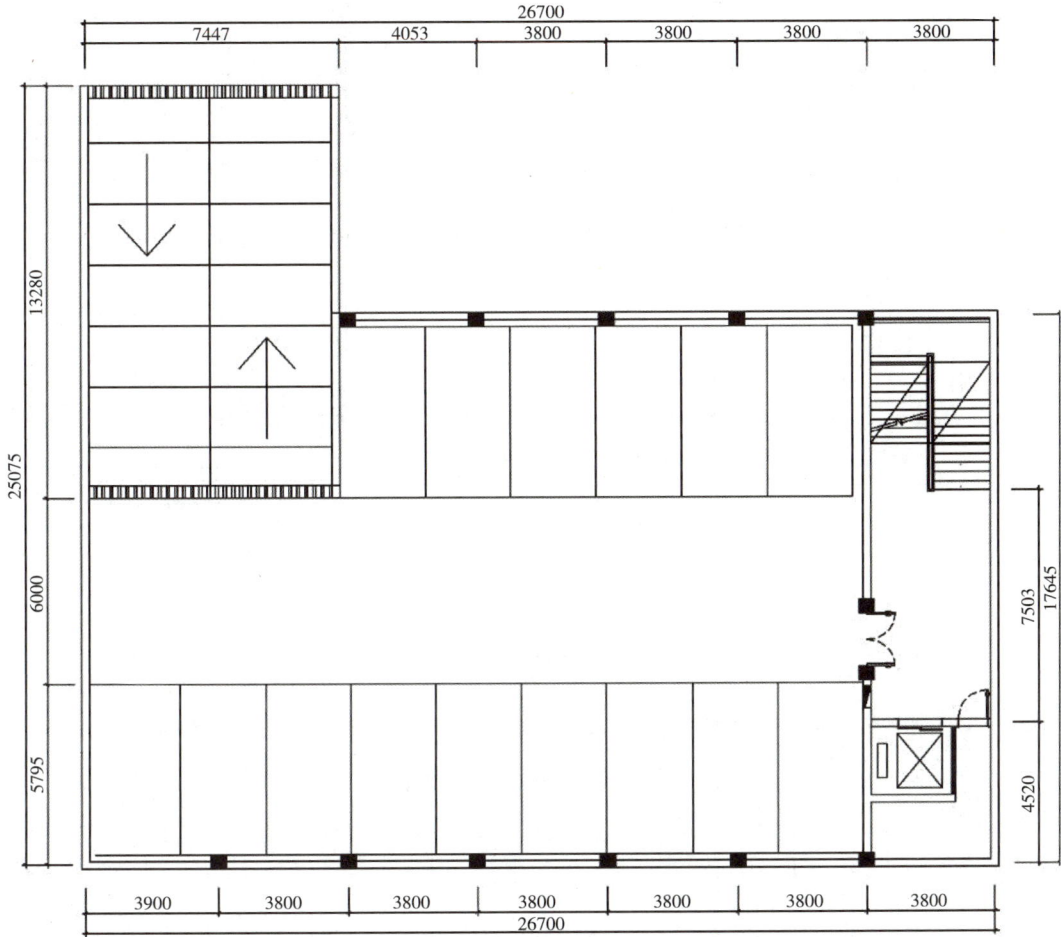

附图1　地下一层

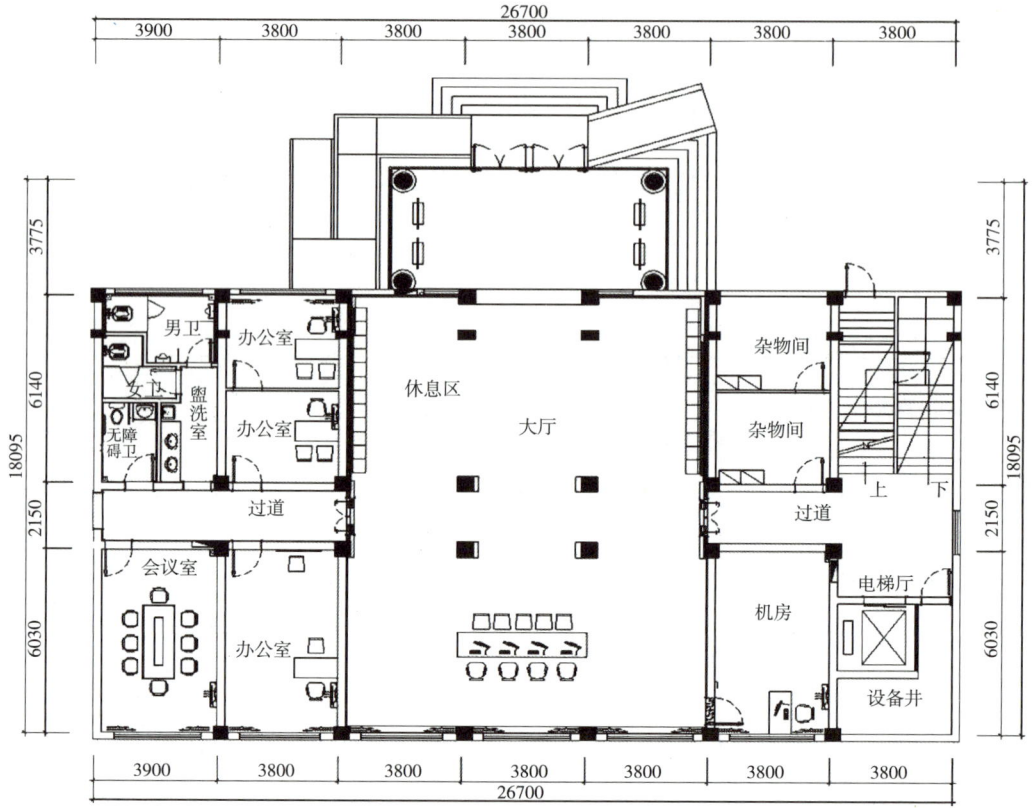

附图2 一楼

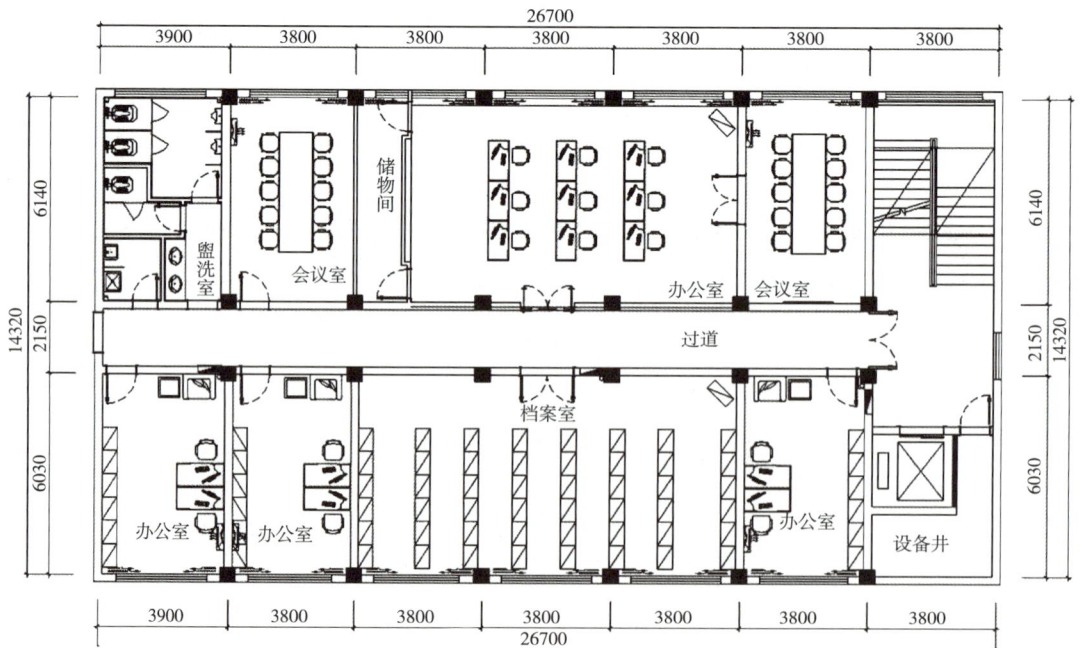

附图3 二楼

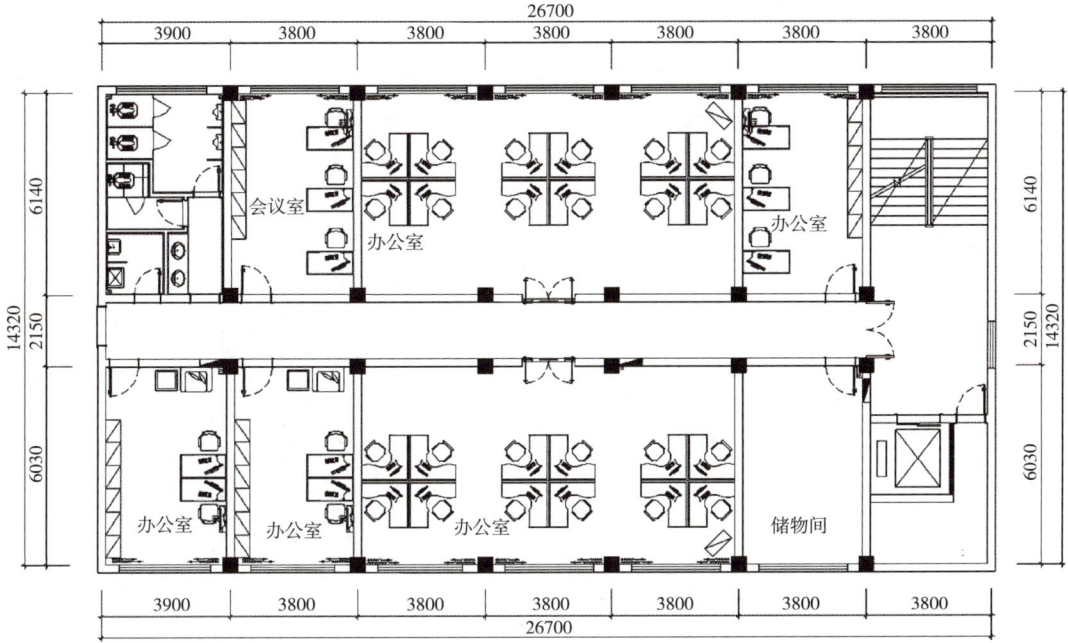

附图4　三楼

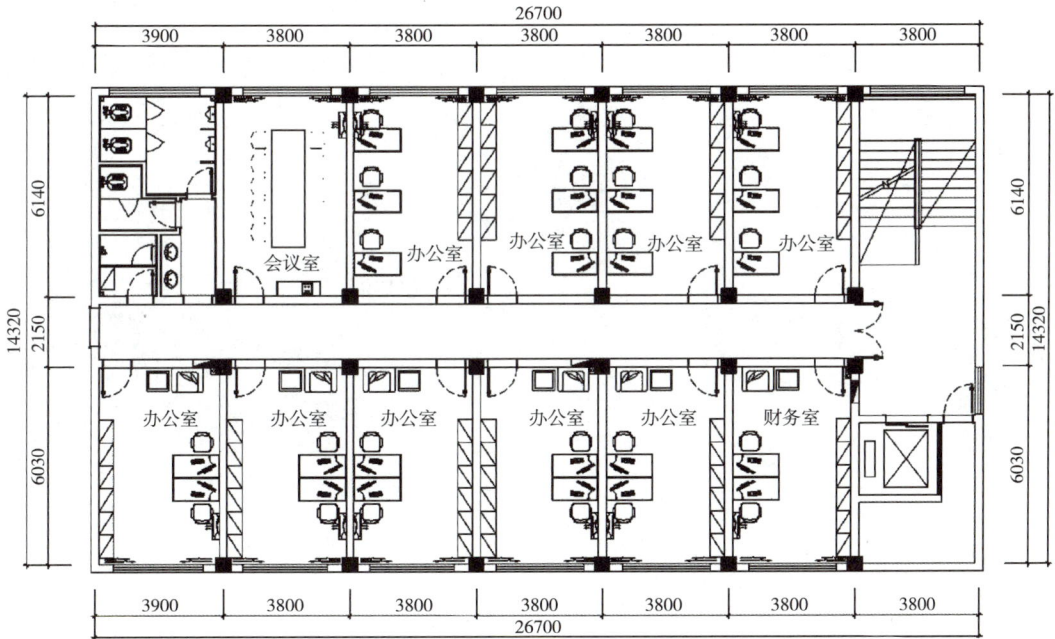

附图5　四楼

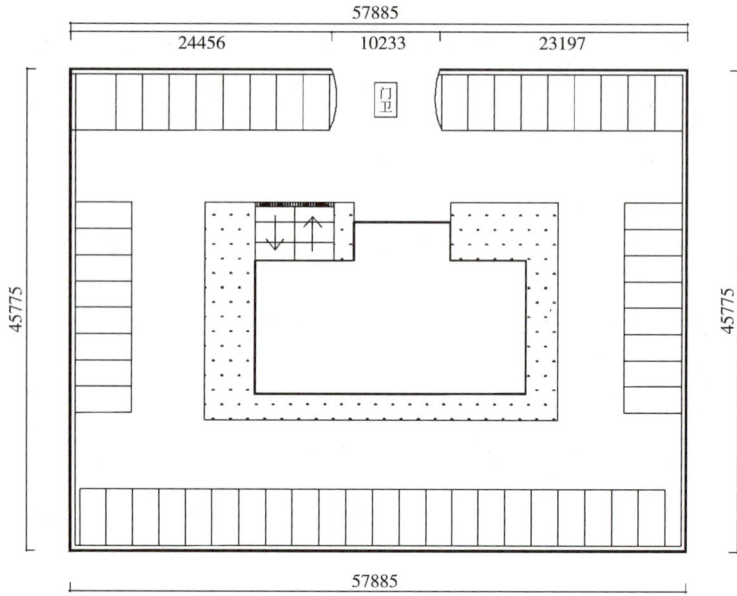

附图6　室外

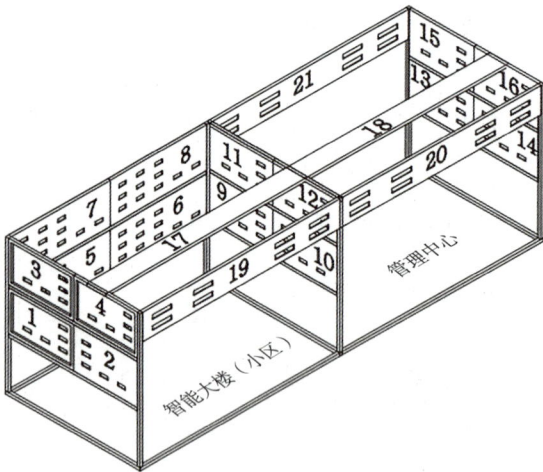

（a）设备功能区划分及网孔板编号图

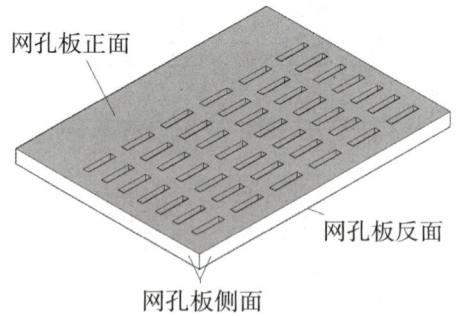

（b）网孔板正反面识别图

附图7　实训平台的位置示意图

参考文献

[1] 王建玉. 智能建筑安防系统施工[M]. 北京：中国电力出版社，2012.

[2] 雷玉堂. 现代安防视频监控系统设备维护与维修[M]. 北京：电子工业出版社，2018.

[3] 程国卿，程诗鸣. 安防系统工程方案设计[M]. 西安：西安电子科技大学出版社，2017.

[4] 徐慧，高福友. 安防工程施工管理与质量控制[M]. 北京：清华大学出版社，2011.

[5] 吴桂峰. 安全防范系统应用技术[M]. 北京：机械工业出版社，2016.

[6] 刘桂芝. 安全防范技术及系统应用[M]. 北京：电子工业出版社，2017.

[7] 陈志华. 安全技术防范管理[M]. 北京：中国人民公安大学出版社，2017.

[8] 余训峰. 安全防范技术原理与实务[M]. 北京：法律出版社，2015.

[9] 公安部第一研究所，公安部科技信息化局. 安全防范工程技术标准：GB 50348—2018[S]. 北京：中国计划出版社，2018.

[10] 中国建筑东北设计研究院有限公司. 民用建筑电气设计标准：GB 51348–2019[S]. 北京：中国建筑工业出版社，2019.

[11] 全国安全防范报警系统标准化技术委员会. 安全防范系统通用图形符号：GA/T 74–2017[S]. 北京：中国质检出版社，2019.

[12] 全国安全防范报警系统标准化技术委员会. 安全防范系统维护保养规范：GA/T 1081–2020[S]. 北京：中国标准出版社，2021.